DUMONT

Von heute auf morgen verliert Gene mit Maida seinen Lebensmittelpunkt. Nach den Wochen der ersten Trauer stolpert er ratlos durch sein Leben und weiß nicht, wie er fortan sein Leben leben soll. Maida hatte ihn stets mit allem versorgt, nicht zuletzt mit den sozialen Kontakten. In Gesprächen mit seiner Tochter Dary und seinen langjährigen Freunden Gayle und Ed sucht er Halt und stellt dabei fest, wie wenig er über die Menschen weiß, die ihm am vertrautesten sind. Gene begreift, dass er stets vieles einfach hingenommen hat, Konflikten und klärenden Gesprächen aus dem Weg gegangen ist. Wie soll er in seinem Alter zu neuen Gewissheiten finden und damit zu Glück, Liebe und innerem Frieden? Gene begibt sich auf einen ihm unbekannten Weg.

Katharine Dion, geboren in Oakland, Kalifornien, hat einen Abschluss des Iowa Writers' Workshop und erhielt dort das Iowa Arts Fellowship. Für ihre Arbeit ist sie mit mehreren literarischen Förderpreisen ausgezeichnet worden. ›Die Angehörigen‹ ist ihr erster Roman. Die Autorin lebt in Berkeley.

Katharine Dion

DIE ANGEHÖRIGEN

Roman

Aus dem Englischen
von Henning Ahrens

DUMONT

MIX
Papier aus verantwortungsvollen Quellen
FSC
www.fsc.org
FSC® C083411

Februar 2021
DuMont Buchverlag, Köln

Die amerikanische Originalausgabe erschien 2018 unter dem Titel
›The Dependents‹ bei Little, Brown Company, New York.

Übersetzung: Henning Ahrens
Umschlaggestaltung: Lübbeke Naumann Thoben, Köln
Umschlagabbildung: Katz, Alex/Harbour 9 © VG Bild-Kunst, Bonn 2019
Satz: Angelika Kudella, Köln
Gesetzt aus der Minion Pro
Druck und Verarbeitung: CPI books GmbH, Leck
Gedruckt auf säurefreiem und chlorfrei gebleichtem Papier
Printed in Germany
ISBN 978-3-8321-6586-4

www.dumont-buchverlag.de

EINS

1

Seine Frau war im Juni gestorben. Im Spätsommer, genauer in zwei Wochen, sollte eine Gedenkfeier stattfinden, und Genes Tochter war mit seiner Enkelin aus Kalifornien angereist, um bei den Vorbereitungen zu helfen. Er merkte, wie sehr ihn seine grundlegende Hilflosigkeit ärgerte, was nicht hieß, dass er die Hilfe seiner Tochter abgelehnt hätte, aber beide Gefühle hingen vermutlich zusammen. Heute früh hatte er seine Badehose nicht gefunden und trug deshalb eine Cordhose, die Dary über den Knien gekappt hatte. Sie hatte die Beine nicht auf gleicher Höhe abgeschnitten, und so war das linke Hosenbein länger und hatte einen fransigen, schiefen braunen Rand, der durchgeschwitzt an seinem schlaffen Oberschenkel klebte.

Er trug auch richtige Schuhe, sicher als Einziger am ganzen Strand. Klobige Kunststoffsneaker, die ältere Menschen wie zur Strafe und voller Demut tragen mussten, als hätten sie jedes Stilgefühl verloren. Dary war auf Dr. Forniers Rat zu dem weit entfernten, voll klimatisierten Einkaufszentrum, in dem man so fror, gefahren, dem mit den Topfpalmen, weil es leichter war, etwas für seine schwachen Knöchel zu tun als gegen seine Trauer. Er hatte sich nur kurz gegen die Schuhe gesträubt, denn als er begonnen hatte, sich mit Dary darüber zu streiten, hatte seine hinten im Auto sitzende zehnjährige Enkelin gerufen: »Wenn ihr euch zanken wollt, dann lasst mich zu Hause!«

Nun spielte Annie weiter den Strand hinunter mit einer Gruppe von Jungen und Mädchen, die sich der Tatsache, dass sie als Mädchen und Jungen miteinander spielten, noch nicht peinlich bewusst waren. Dary war gerade aufgebrochen, um sie zu holen, weil sie am Minigolfplatz mit den Donnellys verabredet waren. Minigolf interessierte ihn nicht, aber solange seine Tochter in der Stadt war, schien er ein Anhängsel zu sein, das sie überallhin begleiten musste, außer sie arrangierte etwas anderes für ihn. Er hatte versprochen, später zu Tochter und Enkelin zu stoßen, und sie hatten ihn mit einer Wasserkaraffe allein gelassen, deren Inhalt inzwischen sehr warm war, und mit ihren vom vielen Waschen fadenscheinigen Handtüchern.

Der volle Strand war ein Durcheinander aus rosiger Haut, zerkratztem Fußnagellack, Kühlboxen, zerknüllter Aluminiumfolie, silbrigen und halb mit Sand verklebten Getränkedosen, Schaufeln und Eimern in Primärfarben und gestreiften Sonnenschirmen, die in der nicht gerade kühlen Brise flatterten. In der Nähe hatten Teenager eine Kolonie gebildet. Sie lagen nebeneinander auf dem Bauch, umgeben von dem unglaublichen Berg an Kram, den sie aus ihren Taschen gezaubert hatten, Wasserflaschen, Energieriegeln, Sonnencreme, Frauenzeitschriften, Haarbürsten, aufblasbaren Kopfkissen, zuckerfreien Getränke, Schilfmatten und Radios. Ab und zu rollten sie sich wie Seehunde übereinander, um auf etwas in einer Zeitschrift hinzuweisen, und stießen dann ein kollektives Kreischen aus, vermutlich eine Art Lachen.

Ganz in ihrer Nähe half ein gut aussehender junger Mann mit braun gebrannten Unterarmen einem kleinen Mädchen beim Bau einer Sandburg mit vielen Türmen und Wehrgängen. Wenn er etwas tat, das dem kleinen Mädchen gefiel, rief es: »Mami, schau mal, was Roy gemacht hat!« Dann sah eine Frau, die mit einem Welpen im Schoß hinter den beiden saß, mit einem Ausdruck tiefster Zufriedenheit zu Roy auf und hob den pummeligen Welpen hoch, damit auch dieser den jungen Mann in dumpfer Seligkeit anglotzen konnte. Sie war älter als Roy, aber auf aggressive Art attraktiv; der Badeanzug quetschte ihre Brüste oberhalb des Ausschnitts zu kleinen Fleischbällchen zusammen. Schwer zu sagen, wie lange die beiden zusammen waren und ob Roy schon in die Vaterrolle eingeführt worden oder noch in der Probezeit war.

Genes Interesse an anderen Menschen beschränkte sich vor allem auf die Frage, worin das Geheimnis ihres Glücks bestand. Glückliche Kinder oder glückliche Eltern, die sich um glückliche Kinder und kleine Tiere kümmerten – hatten sie von Anfang an die Freude gepredigt? Der Anblick eines glücklichen Paares löste inzwischen eine ganz eigene Bedrückung in ihm aus, weil man diese menschliche Konstellation nur zu dem Zweck erfunden zu haben schien, alle anderen in die Verzweiflung zu treiben.

Am Strand rannten Ball spielende Männer hin und her, verteilten sich auf einem großen Areal und drängten sich dann wieder zusammen. Gene witterte sie, bevor sie an ihm vorbeiliefen, und ihr Geruch lag auch hinterher noch in der Luft, eine warme Luftmasse, in die sich ein nach Kohl riechender Schweißdunst mischte. Sogar Männer, die sonst keinen Sport trieben, die mit schmaler, knochiger Brust, weiß wie das Innere einer Gurke – sogar sie spielten Ball am Strand. Wenn diese Horde über eine Decke trampelte, sprang ein Rettungsschwimmer auf und rügte sie über das Megafon.

Während Genes Collegezeit waren die Rettungsschwimmer an diesem Strand faule Partylöwen gewesen, die für die Regeln nur Verachtung übriggehabt hatten, zumal, wenn diese von den Behörden New Hampshires erlassen worden waren. Sie hatten während der Pausen geraucht und Bier aus Flaschen getrunken, die in Papiertüten steckten, aber das war offenbar Geschichte.

Nun schien der Strand Bestandteil einer größeren öffentlichen Dienstleistung zu sein, die bierernst für Sicherheit und Gesundheit warb. Im letzten Sommer hatte eine mobile Klinik auf dem Parkplatz gestanden, und auf dem Weg zum Strand war man an fröhlichen Freiwilligen vorbeigelaufen, alle mit dem gleichen T-Shirt und Handzettel verteilend, die für diverse kostenlose Untersuchungen warben. Damals war einer der letzten heftigen Streits mit Maida entbrannt, ein Streit, der durch eine Freiwillige ausgelöst worden war, die gefragt hatte, ob sie ihnen einen Zettel geben dürfe. Er lehnte ab, aber Maida nahm den Zettel entgegen und las das Untersuchungsangebot laut vor, während sie über die Dünen marschierten. Gene ahnte, dass sie durch sein *Nein* in ihrem *Ja* bestärkt worden war, dass es auf einen Konflikt hinauslief. »Sie sind kostenlos«, sagte Maida. »Warum also nicht?« Doch es gab nichts umsonst, und das sagte er auch.

Hätten sie die Sache nach diesem halbherzigen Wortgefecht über Geld auf sich beruhen lassen, dann hätte er die Auseinandersetzung vermutlich längst vergessen. Stattdessen begannen sie, sich über die Frage zu streiten, was man wissen müsse und was nicht. Sie kapiere nicht, meinte Maida, warum sich jemand weigere, sich einer Untersuchung zu unterziehen, die etwas ans Licht bringen könnte. »Ahnungslosigkeit hat noch niemanden gerettet«, sagte sie, und das zu einem Zeitpunkt, als keiner von beiden ahnte, dass sie im nächsten Sommer sterben würde. Gene hatte ihre Logik damals durchaus lustvoll attackiert. Er wies darauf hin, dass es keine Untersuchung gebe, die den Zeitpunkt oder die *Umstände* des Todes exakt bestimmen könne. Die Untersuchungen würden seine Angst nur vermehren, und nach seiner Erfahrung sei das schlimmer als körperliche Schmerzen. »Für einen intelligenten Menschen«, erwiderte Maida, »bist du manchmal ziemlich dumm.«

Nun schlängelte er sich durch ein Labyrinth von Decken, weggeworfenen Bechern und Aasvögeln zum Wasser. Dunkler, von der Sonne ausgedörrter Seetang hatte sich in losen Haufen in den sandigen Mulden gesammelt, vermischt mit Müll, Gischt und Muscheln – überwiegend Trogmuscheln, aber auch einige Miesmuscheln. Im Todesjahr seines Vaters war der damals zehnjährige Gene mit der väterlichen Familie eine Woche am Meer gewesen – mit den französisch sprechenden Tanten, Onkeln, Cousins und Cousinen, alle aus derselben kanadischen Kleinstadt stammend –, und seine Cousins und Cousinen hatten ihm offenbart, dass man das Meer rauschen hörte, wenn man sich eine Muschel ans Ohr hielt. Er hatte die ganze Woche Miesmuscheln und Häuser von Purpur- und Mondschnecken gesammelt, jede einzelne abgespült und danach ausprobiert, weil er hoffte, nicht das Brausen des Ozeans, sondern die Stimme seines Vaters zu hören, wenn er nur das richtige kleine, glatte, hohle Behältnis fände. Zu seiner Verwunderung hatte er sogar jetzt, sechzig Jahre später, immer noch den Impuls, Muscheln aufzuheben, als könnte ihm eine den Vater zurückbringen.

Eine Frau mit Sonnenhut und weiter Hose schlenderte dicht am Wasser auf ihn zu. Irgendetwas an ihrem Gang löste plötzlich ein Gefühl der Vertrautheit aus, das ihn in Aufregung versetzte. Für einen flüchtigen Moment glaubte er, es wäre Maida, doch als sie näher kam, zerstob diese Illusion. Gesicht und Ausdruck stimmten nicht, und sie hatte dort Fettpolster, wo Maida schlank gewesen war. Aber er klammerte sich sogar nach der Zerstörung dieser Illusion weiter an die verzweifelte Hoffnung, dass seine Frau nicht die im Krankenhaus verstorbene Person, sondern noch am Leben war, dass die echte Maida irgendwie zu ihm zurückkehren würde.

Er hatte ihr manches verschwiegen. Zum Beispiel, dass er das mobile Gesundheitszentrum eine Woche nach dem Streit über die kostenlosen Untersuchungen doch aufgesucht hatte. Er hätte gern behauptet, dies für sie getan zu haben, beflügelt von einer Liebe, die eine radikale Offenheit gegenüber den Vorstellungen eines anderen Menschen bedeutete, aber der wahre Grund war eine Art Aberglaube gewesen. Nach all dem Gerede über mögliche gesundheitliche Probleme schlich sich ein fatalistisches Gefühl ein. Gene glaubte, das Universum würde ihn bestrafen, wenn er sich gegen eine Untersuchung sträubte. Also ließ er seinen Blutdruck messen und sich auf Diabetes untersuchen und bezahlte auf Anraten des Arztes, der ihn stirnrunzelnd abgehört hatte, auch noch für ein EKG, bei dem ein unregelmäßiger Herzrhythmus festgestellt wurde. Der Arzt konnte den Grund nicht nennen und empfahl ihm, seinen Hausarzt aufzusuchen. Kurz vor dem Termin bei Dr. Fornier bekam Gene jedoch Probleme mit den Fußknöcheln und war froh, dass diese Lappalie im Vordergrund stand.

Dann gab es noch die Fragen, die er Maida nie gestellt hatte. Zum Beispiel, ob sie der Meinung war, unter dem Strich ein glückliches Leben gehabt zu haben. Damit meinte Gene nicht die Äußerlichkeiten, sondern den Kern des Lebens. Er meinte das geheime Leben, das einem selten bewusst war. War Maidas Leben halbwegs glücklich gewesen?

Eine aus dem Nichts kommende Welle schäumte gegen seine Füße. Das Wasser schwappte über seine Schuhe, seine Füße wurden nass. Er watete tiefer hinein und spürte, wie die Kälte seine Shorts durchdrang. Wie immer, wenn das Wasser seinen Bauchnabel erreichte, wurde sein Körper von einem sonderbar fließenden Zucken geschüttelt.

Manche Leute meinten, die Trauer würde irgendwann abflauen, aber er bezweifelte das. Die Tatsache, dass der Tod seines Vaters nach so langer Zeit immer noch in ihm nachhallte, hieß wohl, dass man einen Tod nicht abhaken konnte, sondern sich im Kreis bewegte. Und ein neuerlicher Verlust führte einem vor Augen, dass man immer noch auf den alten Pfaden unterwegs war. Nur, dass er inzwischen älter und gebrechlicher war und Schicksalsschläge nicht mehr so gut wegstecken konnte. Denn jeder Körper hatte nur eine begrenzte Kapazität für die vielen Tode, die man irgendwie verdauen musste, um weiterleben zu können.

Eine Welle schwappte gegen seine Brust, und Wasser spritzte ihm ins Gesicht. Er schmeckte das schale Geschenk des Salzes, es biss in Mund und Nase. Dann flutete der Ozean zurück wie eine Membran, die in alle Richtungen gezogen und wie durch einen inneren Abfluss in die Tiefe und Breite gesogen wurde.

In seinem und Maidas Leben hatte kein Paar eine größere Rolle gespielt als Ed und Gayle Donnelly. Beide Paare hatten immer wieder gemeinsam Urlaub im White Pine Camp gemacht, dem Grundstück der Donnellys am Fisher Lake, und sich gegenseitig in die sommerlichen Rituale des Familienglücks eingeweiht – Baden, Bootfahren, Angeln, Vögel beobachten, Krocket, Kartenspiele, nächtliches Baden. Während dieser Urlaube hatten sie sich gemeinsam um kranke Kinder, von Mücken zerstochene Kinder und ganz normale quengelnde Kinder gekümmert. Babyausstattung und zu klein gewordene Kleider waren zwischen den Familien hin und her gewandert. Dary, ein Jahr nach Eds und Gayles ältestem Kind geboren, trug während ihres ersten Lebensjahres fast ausschließlich Brian Donnellys ausgemusterte Babykleidung. Und die zwei jüngeren Söhne der Donnellys, Michael und Colin, erbten später Darys bestes Spielzeug. In der oberen Schublade des Sekretärs der Donnellys lag ein Schlüssel für das Haus der

Familie Ashe (neben Briefmarken mit einem Motiv von Charles Demuth und einem Brieföffner aus Perlmutt), und in der Garderobe der Familie Ashe steckten Schlüssel für die Häuser der Donnellys in der Tasche eines viel zu großen Herrenmantels, an dessen Kauf sich niemand mehr erinnern konnte. Außenstehende hatten manchmal den Eindruck, dass die Familie Ashe eine Erweiterung der Familie Donnelly war und umgekehrt, und im Krisenfall verließ man sich aufeinander, ohne groß zu fragen.

Während der ersten Wochen nach Maidas Tod waren Ed und Gayle stets erschienen, wenn Gene kompetente Hilfe brauchte. Gayle beendete in aller Stille Maidas Beziehungen zu weltlichen Institutionen. Sie brachte Bücher in die Bücherei, übertrug Mitgliedschaften auf Genes Namen, kündigte den Dauerauftrag für das Fitnessstudio, das er nie besucht hatte, und regelte alle möglichen Angelegenheiten, an die er von sich aus nie gedacht hätte, die aber eine Belastung gewesen wären, wenn man sie nicht abgeschlossen hätte.

Ed kümmerte sich derweil um die Infrastruktur rund um das Haus. Er brachte Genes Auto termingerecht zur Inspektion und holte Angebote für die Reparatur des Daches ein. Er besorgte sofort einen neuen Kühlschrank, als sich während einer Hitzewelle eine übel riechende Pfütze unter den Gefrierfächern des alten gebildet hatte. Nachmittags war der Boden wieder sauber und trocken, das neue Gerät mit allem gefüllt, was das alte enthalten hatte, und obendrein mit gutem Bier und Aufschnitt.

Der selbstlose Einsatz seiner Freunde hätte Gene eigentlich milder stimmen müssen, aber er war nicht dankbar, sondern eher gereizt, und das verwirrte ihn. Diese Gereiztheit löste vor allem Ed aus, obwohl dieser nur helfen wollte. Je stärker Genes Gereiztheit wurde, desto tiefer waren seine Schuldgefühle, mit der Folge, dass er sich wiederholt gegen Hilfeleistungen sträubte, die eigentlich in seinem Interesse gelegen hätten, oder zu spät zu Verabredungen kam, die seine Freunde für ihn arrangiert hatten. So wie jetzt, als er mit Verspätung am Minigolfplatz eintraf, weil er unvernünftigerweise zu lange im Wasser geblieben war.

Der Platz befand sich einen Block weiter auf der anderen Straßenseite, in der Nähe der Muschel, in der die kostenlosen Sommerkonzerte stattfanden. Er hatte erwartet, dass die Promenade während der Mittagshitze etwas leerer wäre, aber sie wimmelte wie der Strand von eingecremten Menschen, die joggten, schlenderten oder müßig am Geländer standen. Den Anblick von Frauen, die nur im Badeanzug herumliefen, fand er immer noch gewöhnungsbedürftig – was ihn schockierte, war allerdings nicht die großflächig gezeigte nackte Haut, sondern der Gedanke, dass die betreffende Person vergessen hatte, sich anzuziehen. Eine braun gebrannte junge Frau im weißen rüschenbesetzten Bikini, mit Stirnreif und Schärpe, vermutlich Zeichen für ihren Junggesellinnenstatus, posierte für ein Foto, flankiert von einer Truppe ebenso braun gebrannter Frauen im Bikini, die alle aussahen, als hätten sie keine weitere Minute in der Sonne nötig. Ein großer, muskulöser Typ, der ein T-Shirt mit dem Airbrushmotiv einer obszön vollbusigen Frau trug, wurde von einer Frau begleitet, die halb so groß war wie er und das gleiche T-Shirt trug.

Als Gene die Straße überqueren wollte, wäre er auf dem Radweg beinahe von einem Inlineskater überfahren worden, der ihm zurief: »Nicht sterben, Alter!«

Vor den Spielsalons schien alle Welt zu futtern: drei Eiskugeln in der Waffel, Fried Dough oder dampfende Pizzastücke, auf zwei Papptellern gereicht. Der sieben Meter lange blaue Marlin sprang immer noch aus dem Dach des Fischrestaurants, das einen neuen Namen trug, aber die alten Gerichte im Angebot hatte. Ein Jugendlicher mit einer Reklametafel in Gestalt eines Klaviers vor

Brust und Rücken gab ihm einen Flyer, der für eine Bar mit privaten Karaokeräumen warb.

Außerdem gab es mehrere Minigolfplätze, aber nur einen mit Piratenthema. Gene wurde am Eingang von einem Skelett begrüßt, dem eine Hand fehlte, und lehnte den Pappsonnenschutz mit Schädel und gekreuzten Knochen ab, der ihm von einem Angestellten angeboten wurde. Da es keine gute Abkürzung über den Platz gab, musste er sämtliche Bahnen ablaufen, vorbei an Gruppen von Leuten, die allesamt den Sonnenschutz mit Schädel und gekreuzten Knochen trugen. Eine Bahn hatte ein Hindernis in Gestalt eines Schiffswracks; bei einer anderen musste man den Ball durch einen riesigen Schädel schlagen; eine dritte warf die Tentakel eines Monsterkraken aus. Er ging über eine schmale Holzbrücke und entdeckte schließlich seine Familie vor einem künstlichen Wasserfall, der über beigefarbige Plastikfelsen plätscherte.

»Aha«, sagte Ed. »Da nahet der Strandräuber. Wir haben ohne dich angefangen, ich hoffe, das ist okay.«

Seine Enkelin reichte ihm einen knallorangefarbenen Ball. Er gab Gayle einen Begrüßungskuss auf die Wange und fragte, ob er etwas verpasst hatte.

»Ed droht damit, White Pine Camp zu verkaufen«, erzählte Dary.

»Mensch, das kannst du nicht machen«, sagte Gene. »Du darfst es erst nach meinem Tod verkaufen.«

»Erst, wenn wir *alle* tot sind«, meinte Gayle.

»Ich habe nachgerechnet«, sagte Ed. »Im letzten Sommer waren wir schlappe zehn Tage dort. Und dich …« – er zeigte auf Gene – »… haben wir nur für einen Tag dorthin locken können, und das mit viel Mühe.«

»Das liegt an den Kindern«, sagte Gene.

»Na, besten Dank«, entgegnete Dary.

»Doch. Sie sind jetzt groß, das ist das Problem. Als sie kleiner waren, waren wir öfter dort.«

»Einspruch«, sagte Ed. »Ich widerspreche der Ansicht, wir hätten nur für die Kinder gelebt.«

»Nicht *nur*«, sagte Gayle.

»Bloß *überwiegend*«, sagte Ed mit einem trockenen, spöttischen Lächeln.

»Du würdest den Verkauf bereuen«, erklärte Gene.

»Bestimmt nicht«, erwiderte Ed, »denn ich habe in meinem bisherigen Leben niemals etwas bereut.«

»Du würdest ja nicht nur die Hütte aufgeben«, sagte Gene, »sondern das ganze Erlebnis. Die Luft und alles, was darin enthalten ist.«

»Ich habe jede Menge frische Luft. Die Bäume produzieren sie täglich für mich.«

»Es ist der herrliche Geruch des Sees, oder?«, sagte Gayle wehmütig. »Wenn man ihn riecht, ist alles wieder gut.« Sie ging zum Abschlagfeld und spielte den Ball, ein solider, wenn auch nicht besonders bemerkenswerter Schlag. Ed behauptete, sie hätte es vielleicht besser gemacht, wenn sie nicht geplappert hätte (die Familie Ashe beteiligte sich nicht an der Diskussion), und kurz darauf schlug Gene den orangefarbenen Ball eine Rampe hinauf und über ein Wasserhindernis. Er hatte geglaubt, kräftig genug geschlagen zu haben, aber der Ball plumpste ins Wasser.

»Dein Kopf«, sagte Ed.

»Was?«

»Du hast im letzten Moment den Kopf bewegt.«

Ed trat vor, um abschlagen. Er war über einen Meter achtzig groß, und der Schläger wirkte zu klein für ihn. Während der letzten zehn Jahre waren seine Muskeln etwas geschwunden, aber er wirkte immer noch kerngesund, ein Resultat lebenslangen täglichen Trainings. Er hatte jahrelang vergeblich versucht, Gene zu überreden, auch um fünf Uhr aufzustehen und am Fluss zu joggen, eine Route, die vor einem Coffee Shop endete, wo er von diversen Rentnern, alle in ihren Siebzigern, ehrfürchtig begrüßt wurde. Er schlug zackig und präzise. Der Ball überwand das Wasserhindernis und blieb dreißig Zentimeter vor dem Loch liegen. »Mal schauen, ob du es besser machst«, neckte er Dary.

Sie beförderte den Ball problemlos über das Wasser, und nach dem Ausrollen blieb er zwischen Eds Ball und dem Loch liegen.

»Nicht übel«, gab Ed zu.

»Demütige Worte des Mannes, der mich gelehrt hat, wie man spielt«, sagte Dary. »Und der behauptet, im Leben sei es wichtig, in ein oder zwei sinnlosen Spielen zur Meisterschaft zu gelangen.«

»Hättest du nicht auf mich gehört«, erwiderte Ed, »dann hättest du kein Einhorn gesehen.«

»Welches Einhorn?«, fragte Gene.

»Meinst du das Pony, das Mom mal gesehen hat?«, wollte Annie wissen.

»Ganz genau, Schätzchen.«

»*Sie* kennt die Geschichte?«, sagte Gene.

Schließlich erzählte Ed. Die Sache hatte sich zugetragen, als Dary elf oder zwölf gewesen war, Michael und Colin noch kleine Jungs. Eines Tages war Ed mit den Kindern aufs Land zu einem Minigolfplatz gefahren, von dem er gehört hatte. Wie sich herausstellte, war es eine heruntergekommene Farm, die die Eigentümer in eine Touristenattraktion hatten umwandeln wollen. Es war ein bizarrer, nur im Sommer geöffneter Ort mit einem Heuballenlabyrinth, einem schlichten Minigolfplatz mit neun Löchern und einem kleinen vernachlässigten Streichelzoo jener Art, bei der man, so Ed, auf die Werbetafeln mehr Sorgfalt verwendet hatte als auf die Gehege. Unter den Tieren war auch ein sehr elend wirkendes Pony. Sein Fell war von wabbeligen, grau glänzenden Stellen durchsetzt, als würde sich die Haut darunter zersetzen, und mitten auf seiner Stirn saß ein Horn, das sich halb abgelöst hatte. Das Pony stampfte, warf den Kopf hin und her und verrenkte sich wie wild, um das Horn abzuschütteln, was Michael und Colin große Angst machte. Ed wollte ihre Aufmerksamkeit gerade auf etwas anderes lenken, als Dary unvermittelt über den Zaun griff und das Horn mitsamt einem Hautfetzen abriss. Das Pony bleckte die Zähne und wieherte böse, und dort, wo das Horn auf der Stirn befestigt gewesen war, quoll gelber Eiter aus einer Wunde. Ed scheuchte alle ins Auto.

»Wie schrecklich«, sagte Gayle.

»Nein, war es nicht, das ist es ja gerade«, sagte Dary. »Jedenfalls rückblickend.« Während der Heimfahrt, erzählte sie, habe Ed darüber gesprochen, dass gute Taten manchmal unvorhersehbare Folgen hätten. Er versicherte ihr, sie trage keine Schuld daran.

»Hm«, sagte Ed mit zufriedener Miene. »Ich scheine nicht alles zu verbocken.«

Irgendjemand wechselte das Thema, und das Spiel wurde fortgesetzt. Ed und Gayle wollten am Wochenende mit Annie und ihren Enkelinnen, den Töchtern ihres Sohns Colin, zelten, und die Erwachsenen diskutierten, was man noch bedenken müsse und ob die Moskitos in diesem Jahr eine große Plage seien. Gene hörte nicht mehr zu. Seine Gedanken schweiften ab, denn er fand es rätselhaft, dass die anderen Eds Geschichte von dem armen Pony schon seit Jahren kannten. Maida auch? Höchstwahrscheinlich. Aber wenn es so war, warum hatte sie ihm nie davon erzählt?

Auf der Heimfahrt hielten die Ashes in Wheeler, einem Ort am Meer mit unprätentiösen Läden und Restaurants. Genau diese Vorzüge hatten Gene und Maida ein halbes Leben zuvor veranlasst, ihre Flitterwochen hier zu verbringen. Annie wünschte sich von Dary ein Souvenir, ein T-Shirt mit Spruch oder einen springenden Keramikdelfin. Als sie in einen Laden gingen, um sich Anhänger anzuschauen, meinte Gene, er wolle sich weiter oben in der Straße kurz etwas ansehen.

»Nicht vergessen!«, rief Dary ihm nach.

»Ich weiß, wo das Auto steht«, antwortete er.

»Zurückzukommen, meine ich.«

Er ging an einer Reihe von Geschäften mit sonnenvergilbten Schildern vorbei, hinter deren Türen lässige Unordnung herrschte, an Einzelhändlern, deren Regale mit knallbunter Bademode und Sarongs für den Strand gefüllt waren, und manchmal gab es eine Wand mit dem, was heutzutage »aktives« Schuhwerk hieß. Die Angebote der kleinen Läden schienen Variationen der immer gleichen Palette zu sein, was womöglich auf paradoxe Art erklärte, warum sie noch nicht dichtgemacht hatten. Sollte man die Stadt einmal umgestalten, dann würde es keine fünf Versionen desselben Ladens mehr geben, dann würde vermutlich nicht einmal einer der jetzigen Konkurrenten überleben. Andererseits war es sehr charmant, ja beruhigend, vor dem Beach Stop oder der Seagull Alley oder dem Wave Haven zu stehen und vor dem Eintreten zu wissen, dass es irgendwo im Laden ein Badetuch gab, bedruckt mit einem rosa-orangefarbenen Sonnenuntergang, und ein verbilligtes Bodyboard aus weichem blauem Schaumstoff. Gene hoffte, die Läden würden sich bis in alle Ewigkeit halten, nicht zuletzt, weil seine Erinnerung an den Ort darauf beruhte.

Er ging weiter, kam an einer Bar vorbei, in der die Happy Hour an jedem Sommertag schon um elf Uhr vormittags begann und um achtzehn Uhr endete. Zwei Teenagerinnen verkauften an einer Straßenecke Melonen von der Ladefläche eines staubigen Pick-ups, den sie, jung wie sie waren, sicher noch nicht fahren durften. Ein Minisupermarkt warb für »eiskaltes Eis«. Nach drei Blocks kleckerten die Geschäfte aus und wichen Büschen und Sträuchern, die Grundstücksgrenzen markierten. Der Bürgersteig verschwand, und Gene ging parallel zur Straße in einer Rinne, übersät von Kies und Fetzen von Gummireifen.

Nun war es nicht mehr weit.

Er bog in eine kiesbedeckte Einfahrt ein. Dort kam ihm ein Junge in graubrauner Uniform entgegen, der ein Fahrrad auf der Schulter trug. Es wirkte federleicht, und als er nach dem Erreichen der Straße aufstieg, übertrug sich diese Leichtigkeit auf seinen Körper. Er schien nicht auf das Fahrrad zu steigen, sondern seine natürliche Gestalt anzunehmen. Vor dem Hintergrund des Buschwerks wirkte er klein, und es war schön anzusehen, wie seine Beine mit dem Fahrrad verschmolzen und ihn davontrieben, ein Junge, der die Räder, zugleich seine Beine, regelmäßig kreisen ließ, bis er nur noch ein Strich am Horizont war. Ein silbriger Fleck, ein dunkler Punkt – dann war der Junge frei, befand sich auf der anderen Seite der sichtbaren Welt. Gene wusste nicht genau, warum ihn dieser Anblick so berührte, aber da war es, dieses Gefühl, das ihm die Brust zuschnürte.

Auch dies war eine Form der Trauer, und dass die Erfahrung der Trauer in gewisser Weise ein Wahnsinn war, lag nicht so sehr an dem Leid, das sie bereitete, sondern eher an flüchtigen Empfindungen dieser Art. Warum war er so empfänglich für banale Begebenheiten, die einem Valentinsgruß der Welt an sich selbst glichen, für eine Schönheit, die sich ganz nebenbei zu offenbaren schien und ihm das Gefühl gab, als würde die wahre Macht des Universums in dieser ebenso zufälligen wie willkürlichen Pracht bestehen? Warum dieser flatterhafte Aufruhr in seiner Brust? Das ließ sich nicht nur mit seinen gemarterten Sinnen erklären. Er fand es unbegreiflich, dass der Anblick eines radelnden Jungen, der an einem späten Nachmittag die Luft zersplittern ließ, pure Freude in ihm auslöste, obwohl er eigentlich lieber tot gewesen wäre. Jedes Mal, wenn er glaubte, seine Trauer und ihre Ursachen definieren zu können, kam es zu diesem Aufruhr in seiner Brust.

Er überquerte eine Insel aus struppigem Gras, die Autos auf die halbmondförmige Auffahrt vor dem Sandpiper Inn lenkte, ein dreistöckiges weißes Schindelgebäude, das keinen übertrieben gepflegten Eindruck machte. Schiefe Fensterläden, eingesunkene Veranda, und die einst bunten Sitzkissen der Schaukelstühle waren so stark ausgeblichen, dass sie einen ländlich rauen Charme vermittelten. Im Erdgeschoss gab es ein Restaurant, und während ihrer Flitterwochen hatte der Gestank des Bratfetts morgens den Meeresgeruch überlagert und sich in der Bettwäsche festgesetzt. Die Cottages mit altmodischen Namen wie Eagle's Lookout, Plover's Perch und Crane's Cranny verteilten sich hinter dem Inn an einem gewundenen Spazierweg. Gene erinnerte sich an den Pfad, der zu einem kleinen grauen, von zerklüfteten Felsen übersäten Strand führte.

Er konnte sich auch noch an den Angestellten erinnern, der sie nach der Hochzeit eingecheckt hatte. Die Feier hatte auf dem Hinterhof des Hauses von Maidas Onkel stattgefunden. Von ein paar Freunden abgesehen, waren die meisten Gäste Familienangehörige, und die Party hatte die steife Atmosphäre einer Familienfeier gehabt. Als Ed »Earth Angel« auflegte, einen Song, den Gene für diesen Moment ausgewählt hatte, war es ihm zu peinlich gewesen, mit seiner Braut vor den Augen beider Familien zu tanzen, und sie hatten nur Händchen gehalten, einander angeschaut und dümmlich gelächelt, bis die Penguins ihren letzten

Ton gegurrt hatten. Sie waren der Party so früh wie möglich entflohen und kichernd und atemlos im Inn angelangt, und der Junge an der Rezeption – genau genommen ein junger Mann, gut aussehend und jovial – hatte sie mit einem leisen, wissenden Lächeln empfangen. Gene war so nervös, dass er nicht mehr wusste, ob er das Zimmer sofort oder danach bezahlen musste, und der Junge fragte grinsend: »Nach was?« Während Gene fahrig mit Scheckbuch und Stift hantierte, sprach Maida den Jungen auf dessen Tätowierung an. Auf seinem Arm prangte eine halb nackte, vollbusige Meerjungfrau mit einem grünen Fischschwanz, und im Laufe des Gesprächs entstand eine neckische Vertrautheit. Als Gene aufblickte, zog der Angestellte gerade sein Hemd hoch, um Maida zu zeigen, dass sich die Tätowierung auf seinem Oberkörper fortsetzte. Die Schwanzflosse der Meerjungfrau verschwand unter seiner Hose, und Gene fragte sich kurz, ob er auch diese ausziehen würde. Plötzlich schwirrte ihm der Kopf, und es brannte in seiner Kehle, doch als er glaubte, sich setzen zu müssen, ergriff Maida seine Hand und drückte sie. Da verstand er, dass sie auf dem Umweg über den jungen Mann mit ihm flirtete. Sie wollte seine Vorfreude auf das schüren, was sich später im Cottage zwischen ihnen abspielen würde.

Im feuchtwarmen Büro des Inn, durch dessen Jalousien der Sonnenschein des späten Nachmittags drang, versuchte Gene, der Frau an der Rezeption zu erklären, was ihn mit Cottage Nummer fünf, dem Pelican's Nest, verband. Er bat darum, einen Blick hineinwerfen zu dürfen. Sie meinte, dort würde man gerade Klempnerarbeiten erledigen, aber wenn ihn das nicht störe, könne er sich das Häuschen gern anschauen, es sei nicht abgeschlossen.

Auf dem Fußboden des unbewohnten Cottages lagen ein paar mit Matsch beschmierte Handtücher, aber davon abgesehen war es so schlicht, wie er es in Erinnerung hatte. Die Fenster hatten keine Scheiben, sondern nur Fliegengitter, und wenn man sie schließen wollte, musste man draußen die Haken lösen, die verhindern sollten, dass die Fensterläden bei Wind zuknallten. Es gab nur ein Zimmer und ein winziges Bad ohne Wanne, und Wände und Fußboden waren in einem wässerigen Weiß gestrichen, unter dem das knorrige Kiefernholz zu sehen war. Als er sich auf das breite Bett setzte, sank die Matratze so tief ein, dass er die Sprungfedern unter dem Steißbein spürte.

Wie bizarr die ersten Stunden der Ehe gewesen waren! Sie hatten eilig möglichst viel Abstand zwischen sich und die Hochzeitsgäste in Colton gebracht. Als sie allein im Cottage waren, war die fast irrsinnige Dringlichkeit, die ihn während der Autofahrt erfüllt hatte, schlagartig von ihm abgefallen. Die Tatsache, dass das, was er begehrte, in greifbare Nähe gerückt war – und Sex obendrein *erwartet* wurde –, schien sein Begehren zu dämpfen.

Sie saßen mehrere Minuten stumm auf dem Bett und hielten Händchen. Maida trug ein weißes Seidentop mit Spitzenbesatz, und ihre Mutter hatte dazu passende weiße Bänder in ihr Haar geflochten. Sie schien ihre Gefühle hinter dem feierlichen Weiß zu verbergen, und ihm dämmerte, dass er die Sache in die Hand nehmen musste.

Er war mit ihren Lippen, ihren Brüsten, ihrem Bauch und der Innenseite ihrer Oberschenkel vertraut, und zwei Tage vor der Hochzeit war er mit den Fingern in sie eingedrungen. Im Gegenzug hatte sie sich entgegenkommend gewunden und außerdem versucht, ihn mit der Hand zum Orgasmus zu bringen, fast mit Erfolg. Am Ende hatte er nachhelfen müssen, weil sie nicht mehr im Gleichtakt gewesen waren.

Als er sie im Cottage berührte, schloss sie die Augen, und das war eine Erleichterung, weil sich das Risiko von Peinlichkeiten minimierte, wenn man nichts sah, sondern nur spürte. Um sein

Gefühl der Absurdität zu überwinden – und er fand es absurd, dass die lange Phase des Werbens und all der Feierlichkeiten am Ende auf *dies* hinauslief –, konzentrierte er sich in erster Linie darauf, sie zu befriedigen. Sie war still und ergeben, und ihr Schweigen trieb ihn zu noch hektischerer Aktivität. Er stellte sich vor, Motoren unter den Händen zu haben, kleine Motoren unter der Zunge, und er glaubte, erst dann aufhören zu dürfen, wenn sie vor Lust schrie. Doch sie gab keinen Ton von sich, und ihr Schweigen absorbierte nicht nur jeden Laut, den sie hätte von sich geben können, sondern auch sein Stöhnen und Wimmern. Er hätte nie gedacht, dass er sich so einsam fühlen würde.

Später jedoch, in einem seligen Halbschlaf liegend, fragte er sich, welchen Rausch sie gerade erlebt hatten. Was sich zwischen ihnen abgespielt hatte, kannte diverse Namen, aber keiner war zufriedenstellend. Keiner erklärte, warum sich die tiefe Zärtlichkeit, die er für sie empfand, noch weiter vertieft hatte, oder wie es kam, dass er sich der Frau, die neben ihm schlief, in seinem innersten Wesen noch verbundener fühlte als jemals zuvor.

2

Sie hatten sich durch Ed kennengelernt.

Im Frühjahr seines dritten Jahres an der Universität von New Hampshire war ihm Ed von einer Studentenorganisation, die akademische Lernhilfe anbot, als Tutor zugewiesen worden. Gene studierte Wirtschaftskommunikation, und die Anforderungen für den Abschluss erlaubten es ihm, ein paar Literaturkurse zu belegen, eine Gelegenheit, die er sich nicht entgehen lassen wollte. Er hatte irgendwie die Vorstellung gewonnen – nicht durch seine Eltern, die, soweit er sich erinnerte, niemals ein Buch gelesen hatten –, dass ein Leser jemand war, den andere Menschen reizvoll fanden. Dieser Reiz hatte einerseits mit Einsamkeit und andererseits mit Intimität zu tun – mit der plötzlichen Verbundenheit zweier Menschen, die das gleiche Buch gelesen hatten. (Ihm war nicht entgangen, dass die hübschesten Mädchen am College Literatur studierten.) Bücher übten eine geheimnisvolle Macht aus, und diese hatte eine fast erotische Dimension, weil man sich Texte nur durch hartnäckige Hingabe erschließen konnte, wenn überhaupt.

Im Jahr zuvor hatte er recht erfolgreich ein Seminar zum Roman des neunzehnten Jahrhunderts besucht, und in einem Shakespeareseminar, in dem Verfilmungen der Stücke gezeigt worden waren, hatte er sogar noch besser abgeschnitten. Aber all das hatte ihn weder auf das anspruchsvolle Lyrikseminar noch auf den runzeligen, krummen älteren Professor vorbereitet, dessen bissige, unverblümte Kommentare in einem krassen Gegensatz zu seinem Äußeren standen. Wenn Gene einen mit Anmerkungen übersäten Aufsatz zurückerhielt, war er jedes Mal geknickt, weil er die Tragweite der Gedichte offenbar nicht entsprechend tiefsinnig zu interpretieren verstand. Es war ihm peinlich, dass er Zeit vergeudete – die des Professors, aber auch seine eigene –, und selbst die Tatsache, dass Lyrik im Grunde genommen ziemlich bedeutungslos war, konnte seine Zerknirschung nicht mindern. Also suchte er sich einen Tutor und verbrachte jeden Donnerstagnachmittag in Eds Wohnung, um sich mit Fußknöcheln in den Gedichten Emily Dickinsons, mit Äpfeln in der Lyrik Rilkes und mit Vögeln in der von Wallace Stevens zu befassen und zu ergründen, was diese Fußknöchel, Äpfel und Vögel zu bedeuten hatten.

Die Wohnung bestand aus einer Reihe verlotterter Zimmer, die Ed und Braxton, sein Mitbewohner, ironisch »Old Glory« nannten, dies nach der zerknitterten amerikanischen Flagge, die der Vormieter an der Wand über dem Kamin hatte hängen lassen. Gene kannte kaum einen Studenten mit eigener Wohnung – die meisten lebten wie er im Wohnheim oder bei ihren Eltern. Eds Wohnung hatte einen speziellen Geruch, eine raffinierte Mischung aus dem Rauch der Zigaretten, die Braxton fast ununterbrochen qualmte, den Donuts, die jeden Morgen unten in der Bäckerei gebacken wurden, dem nassen Kaffeesatz, der den ganzen Tag in der Küchenspüle lag, einem süßlichen chemischen Geruch, den die Mausefallen in der Küche verbreiteten, wie Ed meinte, und den feuchten, erdigen Ausdünstungen der Topfpflanzen, die Ed in der Wohnung verteilt hatte, weil sie den Mief absorbieren sollten. In der Wohnung fehlten immer wieder genau jene Möbel, die für ein Studentendasein eigentlich unverzichtbar waren – manchmal der Schreibtisch, oft die Stühle –, und wenn man sich nach einem

Möbelstück erkundigte, erhielt man stets die Antwort, es sei von den Nachbarn weiter hinten auf dem Flur ausgeliehen worden oder während einer der zahlreichen Partys von Ed und Braxton zu Bruch gegangen. Es gab nicht genug Stühle, aber ein Teil des Wohnzimmers war mit weichen Kissen ausgelegt. Wenn Gene wieder einmal automatisch eines aufhob und auf einen Stuhl legte, sagte Ed mit milder Stimme: »Liegen lassen, Ashe. Es gehört auf den Fußboden.«

Wie sich herausstellte, studierte Ed nicht Literatur, sondern Molekularbiologie, aber da er die Literaturseminare erfolgreich absolviert hatte (ebenso jene in Kunstgeschichte, Politikwissenschaft, Philosophie, Ökonomie und außerdem die Pflichtseminare seines Hauptfachs), hatte ihn die studentische Organisation als Tutor für all diese Fächer auf die Liste gesetzt. Gene hatte zunächst geglaubt, Ed wäre älter und außerdem in einer Großstadt aufgewachsen, weil er nicht auf dem Campus wohnte und mit Collegeakademikern blendend zurechtkam, aber beides traf nicht zu. Ed war wie er im dritten Studienjahr und in einer Kleinstadt aufgewachsen, auf der anderen Seite des Flusses, direkt gegenüber von Colton.

Ed war der Organisation eher spontan beigetreten, weil ihn die Leiterinnen, zwei junge, attraktive Frauen, dazu aufgefordert hatten. Er hatte die Ausbildungseinheit übersprungen, denn er hatte beschlossen, den Job auf seine Art zu machen. Er unterrichtete eher indirekt – so indirekt, dass Gene manchmal befürchtete, nichts zu lernen. Ihre Gespräche schweiften mit schöner Regelmäßigkeit von dem Text ab, über den sie sich beugten, und wandten sich allen möglichen anderen Themen zu: ob das Bewusstsein, dass man irgendwann sterbe, von Bedeutung sei; ob man selbst seines Glückes Schmied sei oder ob Glück in erster Linie von guten Beziehungen zu anderen Menschen abhänge; ob romantische Liebe die Mühe lohne und, wenn ja, ob sie das interessant oder langweilig mache. Wenn sie sich schließlich wieder dem Text zuwandten, hatte Gene die Fußknöchel, Äpfel und Vögel ganz vergessen, dann musste er Ed drängen, darüber nachzudenken, ob ein bestimmter Vers ein Trochäus war oder nicht.

Ed hatte gemeint, sie könnten sich auch in der Bibliothek treffen, aber Gene wollte nicht auf das campusexterne Leben von Ed verzichten, weil ihn dieses insgeheim faszinierte. Die Bücher in der Wohnung hätten ausgereicht, um eine Person über Jahre zu beschäftigen. Bücher über Religion und Medizin und Philosophie, über Gärtnerei, Theater und politische Ökonomie. Während der Stunden haftete Genes Blick stets auf bestimmten Bänden, etwa auf einer schmalen cremefarbigen Ausgabe von *Siddhartha* oder auf dem schwarzen Buchrücken mit dem Titel *Unzeitgemäße Betrachtungen* in weißen Blockbuchstaben. Ein Regal enthielt nur Bücher über Fotografie, und in einer Ecke des Wohnzimmers stand eine Großformatkamera mit Blitzlicht und Reflexschirm. Wie Gene zuerst um ein paar Ecken und dann von Ed selbst erfahren hatte, lud dieser Passanten, die er auf der Straße sah, in die Wohnung ein, um Porträtfotos von ihnen zu machen. Gene hoffte insgeheim, Ed würde auch ihn bitten, sich fotografieren zu lassen.

In der Wohnung hingen oder standen allerdings keine Fotos, sondern nur Gemälde, deren Auswahl keinem klaren Prinzip zu folgen schien: Teils waren es langweilige Stillleben mit Steingutkaraffen und einem Durcheinander von schillerndem Obst wie man sie aus Lehrbüchern kannte, teils abstrakte Gemälde in grauenhaft unharmonischen Farben, Hellgrün und Karminrot, Bronze und Vogelkacke. Manchmal ertappte sich Gene dabei, Ed zu dessen Geschmack zu beglückwünschen, obwohl er eigentlich ganz anders dachte.

»Gefällt's dir, ja?«, fragte Ed. »Mir auch.«

Wie sich herausstellte, stammte alles aus Trödelläden. Das meiste würde wieder dorthin zurückkehren, sobald Ed die Nase voll davon hatte.

Gene erinnerte sich manchmal daran, dass Ed genau wie er aus einer Kleinstadt in New Hampshire stammte, eine Tatsache, die ihn immer wieder verblüffte. Undenkbar, dass Ed eine Kindheit wie er gehabt hatte, in der man hungrigen Kindern manchmal einen Waschlappen zum Lutschen gab, in der Hosen mit Fetzen von Mehlsäcken geflickt wurden und in der sich die Kinder abends im Park vergnügten, indem sie die Schwammspinner zählten, die in Lichtfallen gefangen worden waren, aufgestellt von Männern, die erforschen wollten, warum alle Bäume kahl waren. Wenn man 1931 in Colton geboren wurde, bedeutete das, in einer sterbenden Stadt aufzuwachsen. In einem Jahr schloss die Amoskeag-Spinnerei über Weihnachten und nahm den Betrieb danach nie wieder auf, und drei Jahre später machte die letzte Baumwollspinnerei in Colton dicht. Nicht mehr lange, sagte Genes Mutter, dann würden auch all jene, die wie sein Vater in der Gerberei arbeiteten, gemeinsam mit den anderen abgehalfterten Männern am Straßenrand Stachelbeersträucher beschneiden. Der kleine Gene hatte die Zusammenhänge damals nicht verstanden, doch er konnte sich noch an die Stimmung erinnern, die geherrscht hatte, wenn sich die Erwachsenen versammelten und leise unterhielten, eine ängstliche und verwirrte Stimmung, die dafür sorgte, dass sie herumwirbelten und ein Kind schalten, das wissen wollte, warum es vor dem Schlafengehen keine heiße Schokolade mehr bekam. Colton, das waren arbeitslose Männer und Frauen, die sich um ihre Kinder kümmerten, das waren Kirchen und Wasserstraßen und die eingegangene Textilindustrie, und die Kultur, mit der Ed sich umgab, war weder dort noch in vergleichbaren Kleinstädten zu finden. Deshalb stellte sich Gene gern vor, Ed wäre eine Art Wechselbalg, eine Person, deren Interessen und Vorlieben nicht seiner Herkunft entsprachen, und dieser Widerspruch gefiel ihm und steigerte seine Bewunderung noch weiter. Wenn Ed erzählte, als Kind Ausflüge in die White Mountains unternommen oder in Spielhallen Skee-Ball gespielt zu haben, war Gene enttäuscht, weil das hieß, dass sie doch nicht in unterschiedlichen Universen aufgewachsen waren.

Einmal, sie hatten Yeats' Gedicht »Die wilden Schwäne auf Coole« analysieren wollen, dann aber darüber diskutiert, ob man im Leben etwas – *irgendetwas* – erreichen könne, wollte Gene von Ed wissen, warum er Biologie studiere, obwohl ihn die Lyrik so fasziniere.

»Man kann nicht ständig über Gedichten brüten und gleichzeitig erwarten, von einer guten ärztlichen Hochschule akzeptiert zu werden«, antwortete Ed.

Gene hätte nicht verblüffter sein können, wenn Ed verkündet hätte, in eine Höhle ziehen zu wollen, um Karriere zu machen. In einer Höhle zu hausen, fand Gene, passte besser zu Ed als der Arztberuf, der feste Arbeitszeiten, konkrete Abläufe, ständige Weiterbildung und regelmäßige Kontrollen mit sich brachte. Eds Vater war Urologe, und Gene kam der Gedanke, dass die Berufswahl damit zusammenhing, aber Ed wies das von sich.

»Wünscht du dir nicht insgeheim«, fragte Gene, »Schriftsteller zu werden? Oder irgendein anderer Künstler?«

»Die Welt braucht nicht noch mehr Schriftsteller«, erwiderte Ed. »Haben Schriftsteller je eines der Probleme gelöst, die uns auf den Nägeln brennen? Ich will etwas aus meinem Leben machen, und deshalb werde ich Arzt. Wir haben vermutlich weniger Zeit, als wir meinen, und ich will in dem Bewusstsein abtreten, in dieser irdischen Freakshow etwas bewirkt zu haben. Als Arzt wäre das möglich. Man hat Macht über Leben und Tod. Verglichen damit können Gedichte und Gemälde wenig ausrichten. Ich studiere den menschlichen Körper, bis ich ihm sagen kann, wie er seinen Job zu machen hat.«

»Aber Kunst ist doch irgendwie edel, oder?«, fragte Gene.

»Diese Frage solltest du dir verkneifen, Ashe. Du kannst sie mir stellen, ja, aber wenn du sie an den Falschen richtest, wird man dir die Eier schneller in die Kehle stopfen, als du dir die »Mona Lisa« vorstellen kannst. Ein guter Rat: Wenn dir jemand erzählt, Kunst sei edel – oder, noch schlimmer, *seine* Kunst sei edel –, dann nimm die Beine in die Hand.«

»Ich halte Künstler nicht für besonders gefährlich.«

»Genau darum musst du abhauen«, erwiderte Ed. »Leute, die von der edlen Kunst labern, fürchten sich vor dem Gestank ihrer eigenen Scheiße. Und so ein Typ bist du nicht, oder?«

»Ich …«

»Du musst nicht antworten. Aber du musst alles beschnuppern.«

Eines Tages schauten sie in Eds Wohnung aus dem Fenster und sahen eine Frau auf der Straße vorbeigehen. Sie trug eine weit geschnittene, an den Beinen aber eng zulaufende Batikhose und hielt eine Manx-Katze im Arm, die mit den Krallen nach den vielen Silberketten auf ihrer Brust griff.

»Was meinst du?«, fragte Ed. »Will sie mit ihrem Freund Schluss machen und ihm das Valentinstagsgeschenk zurückgeben?«

»Vielleicht ist sie auf dem Weg zum Tierarzt«, sagte Gene.

»Sollen wir sie hereinbitten? Sie und … Whiskers?«

»Wie? Du meinst jetzt gleich?«

»Wann denn sonst?«, erwiderte Ed und zog die Schuhe an.

»Wir haben keine Stühle.«

»Ich setze mich auf den Fußboden. Oder du.«

»Am besten, du bittest sie herein«, meinte Gene, »und ich verschwinde derweil durch die Hintertür.«

»Angst vor Frauen oder was?«

»Wenn du jetzt nicht runtergehst, ist sie weg.«

»Na gut«, sagte Ed und zog die Schuhe wieder aus. »Diese lassen wir laufen.« Er setzte sich auf eines der Kissen, die auf dem Fußboden lagen. »Vielleicht kannst du mir mal verraten, alter Freund, warum du den Eindruck erweckt hast, aus dem Fenster springen zu wollen, als ich über das Mädchen auf der Straße geredet habe. Gibt es denn keine Frau, egal welche, die du spontan anrufen könntest?«

»Und was sollte ich zu ihr sagen?«

»Du feierst eine Party und möchtest, dass sie kommt.«

»Aber wir feiern keine Party.«

»Könnten wir aber machen, und das innerhalb von zehn Minuten. Ich gehe einfach zum Getränkeladen und bitte Freddie, uns ein paar Flaschen bringen zu lassen. Ist Whisky okay? Normalerweise nehme ich einen Whisky und einen Wodka, aber sie haben nur eine Sorte, und die wird aus einem Land importiert, dessen Politik absolut lausig ist. Also weigere ich mich, ihn zu kaufen, das ist mein kleiner Akt zivilen Ungehorsams.«

»Warum lausig? Ist es ein kommunistisches Land?«

»Ja, aber eines, dessen Regierung keine Fantasie mehr hat. Ich habe den Wodka gekauft, solange man dort gute Ideen hatte, aber inzwischen sind die Ideen ziemlich lahm. Wie heißt das Mädchen?«

»Welches?«

»Na, das Mädchen, das du einlädst! Wenn ich runtergehe und die Katzenfrau einfange, muss ich ihr doch sagen können, wie es heißt.«

Gene dachte eine Weile nach. In seinem Lyrikseminar gab es

ein Mädchen, das ihm einmal ihre Notizen geliehen hatte, als er krank gewesen war, was ihn ermutigt hatte, sie ins Kino einzuladen. Sie hatten sich auf einen Termin geeinigt, aber einen Tag vorher hatte sie mit der Begründung abgesagt, es gehe ihr nicht gut. Gut möglich, dass sie tatsächlich krank gewesen war, aber die Erfahrung hatte ihn deprimiert, und als er sie das nächste Mal im Seminar sah, bildete er sich ein, sie würde ihn schneiden. Er überlegte, wer sonst noch infrage käme. »Ich rufe meine Cousine an«, sagte er. Seine Cousine Rose arbeitete in einem Versicherungsbüro in Manchester; sie würde kommen, wenn er ihr die Situation erklärte.

»Mensch, Ashe, du lädst auf keinen Fall deine Cousine ein! Was ist denn los mit dir? Ist unsere Lektüre total an dir vorbeigegangen? Und ich dachte, du wärst ein smarter Typ.«

Gene, der vorübergehend vergaß, dass er geneckt wurde, sonnte sich in Eds Kompliment. Ein Mensch, den er für überdurchschnittlich intelligent und scharfsinnig hielt, stufte ihn, Eugene Ashe, als smart ein. Er war so geschmeichelt, dass der Wunsch, seinem Freund zu gefallen, noch stärker war als sonst. »Ich glaube, du würdest meine Cousine mögen.«

»Du musst keine Frau für mich aufreißen, Ashe. Aber wie es aussieht, muss ich das für dich übernehmen. Auf welchen Typ stehst du? Groß und schlank? Klein und fett? Brünett oder blond? Oder mit komplett ausgezupften Haaren?«

Gene wusste nicht genau, ob die Frage ernst gemeint war oder ob er wieder geneckt wurde. »Ich bevorzuge keine bestimmte Haarfarbe«, antwortete er. »Wenn du die Frau magst, mag ich sie bestimmt auch.«

»Du brichst mir das Herz, Ashe, und das dürfen eigentlich nur wunderschöne Frauen, die ich niemals nackt gesehen habe. Verstehst du? Du musst unbedingt deine Schüchternheit abbauen, okay? Ich habe keine Lust, das Mädchen für dich einzuladen, nur um zu erleben, dass du dich aus dem Staub machst.«

Während der folgenden Wochen hatte Gene den Eindruck, bei einem inoffiziellen, aber entscheidenden Freundschaftstest versagt zu haben. Andererseits konnte die Tatsache, dass ihre Gesprächsthemen danach nicht mehr so vielfältig waren, auch andere Ursachen als eine latente Trübung ihrer Freundschaft haben. Das Semester ging zu Ende, die Abschlussklausuren standen bevor, und sie mussten sich für den Sommer einen Job suchen. Sie verabschiedeten sich in aller Freundschaft und mit dem Versprechen, sich im Herbst wiederzusehen.

Sobald sich Gene im Herbst für seine Seminare angemeldet hatte, besuchte er Ed, und zu seiner Erleichterung redeten sie bis in die Puppen. Während des Sommers war viel passiert – Ed hatte sich für ein Medizinstudium beworben und zwei Bewerbungsgespräche geführt, weitere standen bevor. Gene wiederum war ein paarmal mit einer Freundin seiner Cousine ausgegangen. Ed hatte zum ersten Mal seit langer Zeit wieder eine feste Freundin, die er auf einer Kostümparty kennengelernt hatte; sie war als Diätgetränkflasche verkleidet gewesen, er als Strohhalm. Die neunzehnjährige Gayle Carey bearbeitete Arbeitsanweisungen in der Marinewerft, und Ed versprach, sie Gene demnächst vorzustellen. Er erwähnte auch ein Mädchen, das Gene unbedingt kennenlernen müsse, eines, das er von der Highschool kenne und das auf keinen Fall »verloren gehen« dürfe. Gene hatte den Verdacht, dass Ed die junge Frau verschmähte, weil sie irgendeine Macke hatte. Vermutlich war sie hässlich oder schwer von Begriff oder hinterfotzig oder niederträchtig.

Nichts davon erwies sich als zutreffend. Maida Halloran war attraktiv und intelligent. Sie hatte einen hübschen Hals, der durch ihren blonden Kurzhaarschnitt betont wurde, und ihre Zurückhaltung schien anzudeuten, dass sie früher einmal verletzt worden war und sich nun mit Würde wappnete, um weitere Wunden zu vermeiden. Sie erzählte nicht viel von sich, erwähnte nur, sie sei die letzten zwei Jahre am Bates gewesen, bis es zu Meinungsverschiedenheiten mit der Verwaltung gekommen sei. Sie ging so gelassen mit dem Thema um, dass Gene den Eindruck gewann, sie würde dem Studentenleben nicht groß nachtrauern. Sie war nach Durham gezogen, weil ihr Vater ihr einen Job in einem Architektenbüro besorgt hatte. Sie hatte Eds Vorschlag angenommen, sie unter seine Fittiche zu nehmen und Leuten vorzustellen.

Für Gene war es geradezu epochal, dass er nicht nur eine, sondern gleich zwei großartige Frauen kennenlernte. Er hatte Eds Freundin fast genauso gern wie Maida. Gayle war jemand, die aufstand, um eine eintretende Person zu begrüßen, selbst wenn diese nur kurz Limonen für die Drinks holte. Wenn man sie bat, sich wieder zu setzen, ignorierte sie dies und nahm den Leuten Mantel oder anderes ab und mixte danach für alle Drinks, obwohl man das eigentlich selbst hätte tun sollen. Maida war hübsch, aber auch schlank, und schmale Mädchen wirkten körperlich oft so angespannt, dass man meinte, die leiseste Berührung würde in ihrem kompletten Nervensystem Alarm auslösen. Gayle war rundlicher, also das genaue Gegenteil. Gene war es nicht gewohnt, Frauen freundschaftlich zu berühren, aber Gayle ging so liebevoll auf die Leute zu wie ein Welpe, drückte sie, zupfte an ihnen oder klopfte ihnen auf die Schulter. Vor einem Menschen wie ihr musste man sich nicht fürchten. Stattdessen vermittelte sie einem das Gefühl, dass man eine lebenslange Verbündete in ihr gefunden hatte.

Gayle war in mancher Hinsicht unfassbar naiv – sie hielt Essensmarken für eine Art Briefmarken und glaubte, ein Pessar wäre ein Fisch –, ein Wesenszug, der Ed auf die Nerven ging. Er ärgerte sich vor allem darüber, dass Gayle die Marinewerft, in der sie arbeitete, für ein selbstständiges Unternehmen hielt und nicht begreifen wollte, dass sie dem Militär angegliedert war. Ed war überzeugt, dass es ein flächendeckendes, amoralisches Beziehungsgeflecht zwischen Politik und Militär gab, und um Gayle von seiner Meinung zu überzeugen, sammelte er Zeitungsartikel über den unbestätigten Test einer Wasserstoffbombe auf dem Eniwetok-Atoll im Pazifik. »Wie hat man die Bombe deiner Meinung nach auf diese Inseln mitten im Ozean geschafft?«, fragte er Gayle, die nur lachte, als wollte sie sagen, dass Ed nicht ernsthaft von ihr erwarten könne, eine Meinung zu etwas zu haben, über das sie nichts wusste. »Denk nach«, sagte Ed. »Geh in dich und denk mal eine Minute nach.« Gayle tat so, als würde sie den Artikel studieren. Dann sagte sie in einem Ton milder Überraschung: »Offenbar hat es auf der Insel gebrannt. Vielleicht wurde das Feuer von den Bewohnern gelegt.« Daraufhin wandte sich Ed ab und fragte Maida, was sie von dem Vertrag mit Japan halte. Gene hatte Verständnis für Eds Frustration, fand Gayles Verzicht auf intellektuelle Selbstdarstellung aber erfrischend.

Gene hatte manchmal das Gefühl, dass Gayle das Wort *nein* nicht kannte, dass sie immer nur geben und niemandem etwas abschlagen würde, egal wie die Bitte lautete, ganz gleich wie groß oder wie verzweifelt das Anliegen war. Eines Abends, sie hatten den Tag zu viert verbracht, und Gayle war die Letzte, die er zu Hause absetzen musste, fragte er sie, ob er einen Blick in ihre Wohnung werfen dürfe, die sie sich mit zwei anderen Mädchen im ersten Stock eines großen Hauses teilte. Er war vor allem neugierig darauf, wie sie wohnte, wollte aber auch wissen, wie sie reagierte. Ihre Küche war bunt und gemütlich, die Tapete war mit gelben Streifen und Rosen gemustert, und auf dem Tisch stand eine gelbe

Zuckerdose in Gestalt eines Vogels. Sie bereitete eine Karaffe mit frischer Limonade zu, obwohl es schon ziemlich spät war und sie am nächsten Tag früh zur Arbeit musste. Sie gab erst zu, Kopfschmerzen zu haben, als er bemerkte, dass sie ihren Nacken rieb. Er führte sie bei der Hand in den dunklen Wintergarten und bat sie, sich auf eine Bank zu setzen und in die Nacht zu schauen. Dann begann er, ihre Schläfen zu massieren, berührte dabei mit den Handflächen ihre Wangen, die Ohrläppchen, ihren Hals. Er fand ihre Verwundbarkeit aufregend. Er senkte den Kopf tief über ihren Nacken – dieser roch nach den Limonen, deren Saft sie ausgepresst hatte. Seine Hand glitt auf ihre Taille, deren Geschmeidigkeit garantiert Rückschlüsse auf ihre Brüste zuließ. Aber dann stand sie unvermittelt auf. Sie finde es grässlich, sagte sie, wenn man zu viel Aufhebens um sie mache.

Bald darauf stellte er Ed eine Frage, die ihn schon länger beschäftigte: Was fand er an Gayle? Gene begriff, warum er sie mochte, aber es war ihm ein Rätsel, dass Ed, der so viele Frauen gehabt hatte, ausgerechnet Gayle als feste Freundin ausgewählt hatte.

»Ja, das mag auf den ersten Blick etwas seltsam sein«, gestand Ed. »Sie wirkt manchmal ein bisschen spießig, stimmt's?« Er lächelte leise. »Aber lass dich nicht täuschen. Die Spießer – sie tragen die meisten dunklen Geheimnisse in sich.« Er tippte mit zwei Fingern gegen seine Brust. »Ihre Biederkeit ist nur aufgesetzt. Sie sind diejenigen, die das meiste zu bereuen, das meiste zu verbergen haben. Ich ergründe sie gern.« Sein Lächeln wurde breiter. »Und ich glaube, es gefällt ihnen, wenn man sie ergründet.«

Gene glaubte, Ed würde Gayle rasch ergründen, sich danach die nächste Frau angeln und dem Spaß, den sie zu viert hatten, ein Ende setzen. Aber sechs Monate später, als Ed Maida und Gene einlud, ein paar Sommerwochen im White Pine Camp zu verbringen, dem privaten Feriendomizil der Donnellys, war er immer noch mit Gayle zusammen. Gene war an Maida interessiert, hatte aber noch nicht gehandelt, und er fasste Eds Einladung als freundliches Ultimatum auf – in diesem Sommer musste er entweder die Initiative ergreifen oder Maida in den Wind schießen.

Die Vierertruppe fuhr im Juli für zweieinhalb Wochen zum White Pine Camp und setzte ihre Tradition des Herumtreibens fort. Sie wanderten auf den Mount Orry, um Vogelnester und Schlangeneier zu suchen; sie hielten Monologe auf den alten Grundmauern der lokalen Fabrik, in der man einst Garnrollen und Wäscheklammern hergestellt hatte; sie durchstreiften die Wälder und sumpfigen Niederungen, um wilde Erdbeeren zu pflücken; wanderten zum Mühlenweiher, der von Hechtkraut überwuchert war, und schnitten die länglichen lila Blüten für die Vase ab; sie paddelten und warfen Hufeisen; und entflohen der Hitze selbstverständlich jeden Tag durch einen Sprung in den See.

Kurz vor der Reise hatte Ed den Studienplatz für Medizin an der Universität von Michigan angenommen, und er stritt sich mit Gayle immer wieder über die Zukunft ihrer Beziehung. Bei diesen Gelegenheiten schaute Gayle ihn so sehnsuchtsvoll und leidend an, dass sich alle anderen, die mit im Raum waren, fast für sie schämten. Gene ärgerte sich jedes Mal darüber, obwohl das natürlich egoistisch war, aber diese Diskussionen drohten stets das zu ruinieren, was ein weiterer perfekter Tag hätte sein können. Maida schien genauso genervt zu sein. Eines Tages, als Gayle wieder ihr Klagelied anstimmen wollte, sagte sie: »Oh, das reicht jetzt, Gayle. Du verdirbst uns den ganzen Spaß.« Dummerweise setzte Ed in genau diesem Moment ein Lächeln auf, was Gayle veranlasste, weinend aus dem Zimmer zu rennen – aber nicht, ohne zuvor gesagt zu haben: »Wieso bin ich hier, wenn alle gegen mich sind?«

Als sich das Gespräch das nächste Mal in diese Richtung bewegte, setzten sich Gene und Maida ab. Theoretisch gesehen war das eine positive Entwicklung, die Gene die Möglichkeit bot, eine Weile mit Maida allein zu sein, aber tatsächlich war diese Situation eine Quelle tiefer Angst, denn wenn Maida nichts anderes vorhatte, schwamm sie oft lange. Er stand zögernd in seiner Badehose am Strand, während sie sich vom Ufer entfernte, und kam sich vor wie eine amtlich bestätigte Landratte.

Mit zweiundzwanzig machte er genau einen Schwimmzug. Es war weder Kraulen noch Brust, sondern ein Hybrid, bei dem sich Arme und Beine bewegten wie getrennte Systeme, die nur ein gemeinsames Ziel hatten, nämlich seinen Kopf über Wasser zu halten. Er wirbelte wild mit den Händen, seine Beine klebten zusammen, und alle paar Sekunden klatschen seine Füße laut ins Wasser. Maida neckte ihn damit.

Sie hatte schon schwimmen gelernt, da hatte er noch nicht einmal lesen können. Ihre Schwimmzüge waren elegant, sie durchschnitten mühelos den See, und ihr Beinschlag war so effizient, dass die Bewegungen auf der Oberfläche kaum zu sehen waren. Im Sommer lag eine Badeinsel zwanzig Meter vom Ufer entfernt vor Anker, und sie hievte sich hinauf, ohne die Leiter zu benutzen. Sie sonnte sich eine Weile, bis es sie wieder ins Wasser zog, dann schwamm sie zum anderen Ufer, holte dabei manchmal ein Kanu ein, wenn die Person darin zu gemütlich paddelte. Sie kehrte stets um, bevor sie ihren kleinen Strand aus den Augen verlor.

Nachdem sie Ed und Gayle allein gelassen hatten, fragte Gene, ob er ihr beim Schwimmen Gesellschaft leisten solle. »Wie du willst«, sagte sie und tauchte in den schillernden See. Aber sie war nicht so gleichgültig, wie sie tat, und als er aufs Geratewohl hinterherpaddelte, half sie ihm, seine Schwimmtechnik zu verbessern.

Der Versuch, eine Kunst zu meistern, die er wohl nie perfekt beherrschen würde, war sowohl demütigend als auch quälend. Die Kindheitsjahre, in denen Gliedmaßen und Gehirn eng miteinander verbunden gewesen waren, konnte er schlicht nicht zurückholen. Als Maida meinte, er strenge sich unnötig an und werde niemals richtig schnell schwimmen, wenn er den Kopf nicht unter Wasser halte, hasste er sie, weil sie nicht ahnte, wie verteufelt schwierig das für ihn war. Er schluckte Wasser, das dann schmerzhaft aus der Nase lief. Er musste husten. Sie packte ihn und schleppte ihn zur Badeinsel, was die Sache noch peinlicher machte.

Als sie auf der Badeinsel saßen, einander gelegentlich mit den Knien streifend, erinnerte er sich an ihr Bemühen, ihm zu helfen. Ihre Worte, die er zunächst als ungeduldig und unsensibel aufgefasst hatte, empfand er jetzt als großmütige Angebote. Und ihr Handeln war genauso großmütig gewesen – sie hatte sicherstellen wollen, dass ihm nichts passierte. Sie hätte jederzeit allein losschwimmen und ihn zurücklassen können. Stattdessen war sie bei ihm geblieben und passte sich seinem Unvermögen an.

Es war früher Abend. Der See wellte sich unter einem Himmel, aus dem das Licht noch nicht ganz gewichen war. Kinder zogen Flöße aus dem Wasser und vertäuten sie an Anlegern. Leute machten sich auf den Heimweg. Ringsumher kam alles zur Ruhe. Das Wasser nahm eine moosige Dunkelheit an und roch so würzig wie Mutterboden, und die Bäume, über den dunklen See geneigt, entließen letztes Licht aus ihren Kronen. Die Welt verlor ihre Farben und dämpfte dadurch einen Lärm, der Gene nicht bewusst gewesen war, schuf einen Raum, in dem er sich plötzlich lebendiger fühlte. Er bemerkte die Spannung, die zwischen ihren Körpern herrschte, ein intensives Gefühl, das einer fast unmerklichen Regung entsprang, der Art, wie seine Haut über den trennenden Abstand hinweg ihre Haut suchte und manchmal nur Luft fand. Sie nicht berühren zu können tat weh, es war ein fast körperlicher Schmerz. Anfangs war es nur ein unbehagliches Gefühl, wie ein Jucken. Während sie dasaßen, verstärkte es sich jedoch und verwandelte sich dann in einen Schmerz in seiner Brust. Er merkte, dass sein Körper ein Anhängsel ihres Körpers war, und ahnte, dass er immer so empfinden würde, wenn sie sich nahe waren. Und da begriff er, dass er sie liebte. Er hatte alle vorbereitenden Schritte übersprungen: Verabredungen, Telefonate, einen ersten Kuss. Er kannte ihren Charakter und war sich ihrer guten Eigenarten genauso sicher wie seiner eigenen Mängel. Er war längst verliebt.

Die Phase zwischen der Erkenntnis, dass er Maida liebte, und seiner Liebeserklärung war in mehrfacher Hinsicht die sowohl aufregendste als auch die schlimmste Zeit seines Lebens. Zwei Wochen lang schaltete sein ganzer Körper auf einen quälenden Zustand der Hellhörigkeit um, wenn er Maida sah. Er bezog alles, was sie tat, auf sich selbst, befand sich in einem rauschhaften Zustand des Leidens, in dem er sich selbst vernachlässigte, weil er sich nur als Erweiterung ihrer Person empfand, mit der sonderbaren Folge, dass sein Gespür für sich selbst sowohl wuchs als auch schwand. Er fühlte sich groß und stark, wenn sie ihn wahrzunehmen schien, und er fühlte sich klein und schwach, wenn er das Gefühl hatte, von ihr ignoriert zu werden.

Er wusste, dass er seine Liebe über kurz oder lang würde gestehen müssen – das Geheimnis war schlicht zu groß. Und der Augenblick, in dem er das Geheimnis mit ihr teilte, würde sie beide verwandeln. Nur war die Liebe kein Thema, mit dem man über einer Schale Haferbrei herausplatzte. Er malte sich stets aus, ihr seine Gefühle zu beichten, wenn sie gemeinsam auf der Badeinsel lagen. Ihr Mund wäre dann nur Zentimeter von seinem entfernt, und er müsste seine ganze Willenskraft aufbringen, um während des Geständnisses in ihre Augen und nicht auf ihre Lippen zu schauen, die er verzweifelt gern küssen wollte. Ihre Körper wären fast auf Tuchfühlung, und wenn sie zitterte, weil der Wind auffrischte, würde er sie in die Arme nehmen und mit seinem Körper schützen. Danach würden sie in dem Gefühl zum Ufer zurückschwimmen, dass sich etwas Entscheidendes zwischen ihnen ereignet hatte.

Der Tag der Abreise aus White Pine Camp rückte näher, aber Gene wartete immer noch auf den passenden Zeitpunkt, den richtigen Moment. Zwischen Ed und Gayle hatte sich etwas verändert – sie gingen heiterer und liebevoller miteinander um –, eine Wendung, die zwar dazu beitrug, die Stimmung in der Hütte zu verbessern, aber auch dafür sorgte, dass Gene fast nie mit Maida allein war. Schließlich blieb nur noch ein Tag. Es stand also fest, dass ihr letzter Urlaubstag *der* Tag sein musste. Dummerweise bekam Maida prompt einen Hitzeausschlag auf Armen und Beinen. Sie kratzte sich, weil es juckte, und erklärte sich für hässlich und abstoßend. Als Ed meinte, sie solle sich nicht so anstellen, fauchte sie: »Ich stelle mich an?« Gayle bot an, in die Stadt zu fahren und eine Salbe zu besorgen, aber Maida lehnte ab. Sie schien eine Kraft aus ihrer Gereiztheit zu beziehen, so als wäre ein triftiges Leiden besser als lindernde Abhilfe. Aber dann verflog der Zauber, für den ihre Dickköpfigkeit gesorgt hatte, und sie fühlte sich wieder so kläglich wie zuvor. Als Gene anbot, ihr ein Glas Orangensaft zu holen, tat sie so, als müsste sie würgen, und als er sich neben sie legte, um ihren Rücken zu streicheln, war sie auf einmal still und verdrossen.

Ed schlug vor, sie allein zu lassen. Es sei ihr letzter Tag; wenn sie ihn leidend verbringen wolle, könne sie das gern tun, nur müssten die anderen da nicht mitspielen. Was ihn betreffe, so gehe er jetzt schwimmen.

»Geh nur«, sagte Maida zu Gene, nachdem Ed und Gayle verschwunden waren. »Ich würde es genauso machen.« Doch er blieb bei ihr, während sie unruhig auf dem Sofa schlief. Einmal schien sie zu weinen. Er lag neben ihr auf dem Fußboden, auf Augenhöhe mit einer Scrabble-Schachtel, die an den Ecken geklebt worden war, und einem Wälzer mit dem Titel *Bäume des Nordostens*, der Indexzungen hatte wie ein Lexikon, und während er ihrem leisen, traurigen Wimmern lauschte, erfüllte ihn eine ungewohnte Angst. Er befürchtete, sie nicht von ihren Schmerzen erlösen zu können. Er befürchtete, ihr Unglück wäre auch das seine, solange sie an diesen rätselhaften Schmerzen litt.

Er schob den Gedanken beiseite, weil ihm dämmerte, dass auch dies nur eine Verzögerungstaktik war. Er suchte nach Ausflüchten, um sich nicht offenbaren zu müssen, nach einem Trick, der es ihm ermöglichte, seine eigenen Gefühle für unwirklicher zu erklären als die Gefühle anderer Menschen. *Nun sag's schon,* befahl er sich selbst. Gleich, wenn sie ihre Augen öffnet – *sag's ihr einfach.*

Maida richtete sich benommen auf und rieb ihre Augen. Die Worte platzten aus Gene heraus, und ihre Hände verharrten kurz in der Bewegung. Sie hielt sich die Fäuste vor die Augen, senkte sie schließlich. »Wirklich?«, fragte sie.

Sie sprachen nicht weiter darüber, weil Ed und Gayle gerade zurückkehrten, die Haare nass vom Baden.

»Alles klar hier?«, fragte Ed in dem strengen, aber liebevollen Ton eines Vaters, der hoffte, seine zankenden Kinder hätten sich während seiner Abwesenheit wieder versöhnt. »Gut, gut«, sagte er dann, ohne eine Antwort abzuwarten. Er bückte sich und gab beiden einen Kuss auf die Stirn, überraschender Weise zuerst Gene, danach Maida.

Am nächsten Tag verließen sie White Pine Camp, und damit begann für Gene eine lange Phase der Ungewissheit. Er bekam Maida tagelang nicht zu Gesicht, und doch war sie in seinen Gedanken so präsent, als hätte man sie an den Handgelenken zusammengekettet. Sein Körper führte während des ganzen Tages irgendwelche Handlungen aus, aber seine Gedanken entwickelten ein Eigenleben: *Reagiert sie oder nicht?* In seinen Träumen war er körperlos. Er war nur ein Geist, der um den ganzen Erdball flog, eine wässerige Weite aus herrlichen Grün- und Blautönen, doch er konnte nicht landen, weil es keinen festen Boden gab, und so blieb ihm nur die Wahl, weiterzufliegen. Morgens war er müder als beim Zubettgehen.

Anfangs glaubte er, sie *müsse* auf sein Geständnis reagieren. Aber als die Tage verstrichen, ohne dass er von ihr hörte, kam ihm der Gedanke, sie wisse vielleicht gar nicht, dass sie reagieren musste. Vielleicht ging sie davon aus, dass er wieder an sie herantreten würde, wenn er sie stark genug begehrte. Er wusste nicht, wie das funktionierte.

Als er Ed besuchte, war die Wohnung beklagenswert kahl. Ed hatte seine Bücher ausgemistet. Eine kleine Kiste war nach Michigan geschickt worden, alle anderen Bücher gingen an Eds jüngeren Bruder, der im Herbst sein Studium am Bowdoin College antreten würde. Die Großformatkamera war gegen eine kleinere eingetauscht worden, das Blitzlicht lag draußen vor der Tür. Ed hatte die meisten Gemälde weggegeben, und der einzige verbliebene Stuhl hatte ein kaputtes Bein. Gene stand mit Ed vor dem kleinen Küchentisch. Mitten darauf stand eine angeknackste Tonschale mit einer Handvoll Pistazien.

»Ich habe Maida meine Liebe gestanden.«

»Pistazie?« Ed hielt ihm die Schale hin.

»Nein danke. Ich habe Maida meine Liebe gestanden«, wiederholte er.

Ed nahm eine Pistazie und stellte die Schale wieder hin. »Wie ist es gelaufen?«

»Sie hat nicht viel dazu gesagt.«

»Was hat sie gesagt?«

»Sie sagte nur: ›Wirklich?‹.«

»Tja, besser als nichts.«

Dann trat eine Stille ein, in der nur zu hören war, wie Ed die Nuss zerbiss.

»Was soll ich jetzt machen?«, fragte Gene.

»Hast du noch mal mit ihr gesprochen?«

»Wie denn? Ich treffe sie ja immer nur, wenn sie bei dir ist.«

»Du musst sie anrufen, Gene. Ruf sie an. Wahrscheinlich muss sie sich erst mal durchsortieren.«

»Aber wenn sie mich liebt, hätte sie das doch wohl gleich nach meinem Geständnis gesagt«, meinte Gene.

»Willst du einen Papagei?«, erwiderte Ed, warf eine Pistazie in die Luft und fing sie mit dem Mund auf. »Warum erwartest du, dass sie dir im Gegenzug sofort ihre Liebe erklärt? Willst du eine Frau, die jedes Wort, das du von dir gibst, supertoll findet?«

»Gayle reagiert immer sofort.«

»Das ist etwas anderes. Ich brauche ihre Bestätigung nicht, also kann ich sie ignorieren.« Er klopfte Gene auf den Arm. »Mach dir keinen Kopf. Maida kreuzt früher oder später wieder auf. Sie kehren normalerweise zurück, selbst wenn sie das gar nicht vorhaben.«

»Wenn du etwas weißt«, sagte Gene, »dann sag es mir bitte. Du musst es mir sagen. Wenn ich etwas über Gayle wüsste, würde ich dir das niemals vorenthalten. Wenn sie zum Beispiel scharf auf jemand anderen wäre, würde ich dir das sofort erzählen.«

»Wäre eine hochinteressante Wendung der Dinge, wenn Gayle scharf auf jemand anderen wäre, obwohl sie mit mir verlobt ist …«

»Ihr seid doch gar nicht verlobt! Oder … halt mal, seid ihr …?«

»Wir wollen heiraten«, erklärte Ed fast tonlos.

Gene hatte für Sekunden das Gefühl, als wäre ihm etwas geraubt worden.

»Das lag während des ganzen Sommers in der Luft«, sagte Ed. »War dir doch klar, oder?«

Gene wusste nicht recht, ob ihm das klar gewesen war. »Und wie ist das zustande gekommen?«, fragte er. »Was hast du zu ihr gesagt? Was hat sie gesagt?«

»Es begann wie üblich mit einem Streit«, antwortete Ed. »Und ich hatte die Nase langsam voll – ich hatte keine Freude mehr daran, und deshalb sagte ich eines Tages: ›Wenn dir wirklich so viel an mir liegt, dann komm doch mit nach Michigan.‹ Und sie meinte: ›Ist das jetzt ein Heiratsantrag, Ed Donnelly?‹ Und ich sagte: ›Ich glaube, wir wissen beide, wie das gemeint ist.‹ Dann fing sie an zu heulen und sagte: ›Aber ich kann nur mit dir zusammenleben, wenn wir verheiratet sind! Das weißt du doch!‹ Und ich sagte: ›Nichts auf der Welt wird dich daran hindern, nach Michigan zu ziehen. Das machen die Deutschen schon seit zig Jahren.‹ Und sie sagte wieder: ›Ich kann das nicht tun, das weißt du doch. Wenn es nur um mich ginge, würde ich gleich morgen aufbrechen, aber du kennst ja meine Familie – du weißt, dass sie einen Wisch sehen wollen.‹ ›Du brauchst nur einen Wisch, dann kommst du mit?‹ ›Ja.‹ ›Also gut‹, sagte ich. ›Also gut?‹ ›Ja, du bekommst deinen Wisch.‹ ›Meinst du das ernst?‹ ›Wenn du willst, besorgen wir uns zehn solcher Wische.‹ ›Oh, mach jetzt keinen

Witz daraus, bitte nicht, denn mir hat noch nie jemand einen Heiratsantrag gemacht!‹ Dann sprang sie mich an und warf ihre Arme um meinen Hals und erbebte, als müsste sie gleich schluchzen, und gerade, als ich dachte: *Was habe ich da getan?*, fasste sie sich wieder, und dann war es vorbei, seitdem streiten wir uns nicht mehr.« Er erzählte, sie würden sich nächste Woche im Rathaus trauen lassen und die eigentliche Feier dann im nächsten Sommer nachholen. »Du weißt schon«, ergänzte er trocken, »für die *Familien*.« Sie würden am Tag nach der Trauung nach Michigan aufbrechen. »Ach, komm«, meinte Ed, »sei nicht so trübsinnig. Sobald ich den anderen Wisch in der Tasche habe, kehren wir zurück.«

»Das kannst du nicht versprechen«, erwiderte Gene, der zum ersten Mal den Vorgeschmack eines Verlustes bekam, und das in dieser entscheidenden Lebensphase. »Du weißt nicht, wie es dort sein wird.«

»Aber klar«, meinte Ed. »Dort gibt es ein Footballteam und Schnee und hübsche Bäume mit viel Laub. Aber ich mag keinen Football, und alles andere gibt es auch hier. Du tust gerade so, als würde ich nach China abzwitschern. Vergiss nicht, dass ich im Sommer weiterhin etwas Freizeit habe, jedenfalls bis zur Sesshaftigkeit. Wir fahren an den See – du wirst schon sehen.«

»Das wird aber nicht mehr wie früher sein.«

»Und das ist gut so. Mann, wäre doch öde, wenn es immer dasselbe wäre. Und wer weiß? Vielleicht hast dann sogar du eine Freundin.«

Damals glaubte Gene, das wäre das Ende ihrer Viererclique. Die Erinnerung bliebe, aber sein Leben würde vermutlich auf eine bescheidenere, weniger intensive Art weitergehen und nicht mit jener Phase mithalten können, in der sie mehr Freiheiten als Verantwortlichkeiten gehabt hatten. Er stellte sich vor, in Zukunft die Abwesenheit der anderen zu spüren, die ihr eigenes Leben führten, und zu betrauern, dass diese intensiven Freundschaften in jenem Moment auseinandergerissen worden waren, als sie gerade begonnen hatten, sich richtig zu entfalten.

Doch er sollte sich irren. Nachdem Ed und Gayle nach Michigan gezogen waren, hatten er und Maida plötzlich etwas gemeinsam, nämlich den traurigen Verlust ihrer Freunde. Maida ging nie direkt auf die paar Worte ein, die sie am letzten Tag im White Pine Camp gewechselt hatten, aber sie begann, Gene als Begleiter zu Veranstaltungen mitzunehmen, bei denen auch ihr Vater anwesend war. Mr. Halloran hatte überall in New Hampshire berufliche Kontakte in der Bauindustrie, und Maida musste oft an Treffen teilnehmen, obwohl es selten jemanden gab, mit dem sie hätte reden mögen. Ihr Vater hatte außerdem die Tendenz, sie zu beschämen, indem er seinen Kollegen erzählte, er habe seiner Tochter einen Job vermittelt, um ihren guten Ruf zu retten, den sie am College um ein Haar erfolgreich ruiniert hätte. Maida gefiel rein gar nichts an diesen Partys, und das Einzige, was sie tröstete, war der Scheck, den sie jeden Monat zur Aufstockung ihres Gehalts von ihrem Vater bekam.

Als Gene ihrem Vater zum ersten Mal begegnete, schüttelte Mr. Halloran seine Hand und meinte: »Du bist nicht besonders groß, wie?« Danach hatte er Gene ein Bier gereicht, das dieser schweigend und dankbar getrunken hatte. »Seit dem letzten Mal bist du kaum gewachsen, was?«, sagte Mr. Halloran bei der nächsten Begegnung, und Maida erklärte Gene später unter vier Augen, eigentlich sei das ein Kompliment, weil es bedeute, dass ihr Vater nichts weiter an ihm auszusetzen habe. »Du bist still, du bist nett anzuschauen, und du bist gut zu mir«, sagte Maida. Gene wusste nicht genau, ob das positiv gemeint war, aber da sie ihn mitzunehmen schien, damit er die Rolle ihres festen Freundes spielte, erlaubte er sich entsprechende Freiheiten, legte ihr einen Arm um die Schultern oder rief sie zurück, wenn sie zur anderen Seite des Raumes geschlendert war. Sie entmutigte ihn nicht, ganz im Gegenteil. Sie neckte ihn, wackelte mit den Hüften oder zog einen Schmollmund. Sobald sie dann wieder draußen standen, schrumpften seine Ambitionen im grellen, gewöhnlichen Tageslicht wieder zusammen, und er griff auf den Smalltalk zurück, dessen einfachste Variante Spekulationen darüber waren, wie es Ed und Gayle in Michigan erging.

An einem solchen Tag, sie saßen vor einer Kneipe auf einer Bank, seufzte Maida und sagte: »Ist dir klar, dass wir auch ohne sie ein Leben haben?« Und sie legte ihm ohne Vorwarnung und ganz unverblümt eine Hand auf den Schritt.

Gene vermutete, dass dies der offizielle Beginn ihrer Beziehung war. Sobald er nicht mehr der bequeme Lückenbüßer, sondern ihr richtiger Freund war, hatte er jedoch das Gefühl, dass sie schon seit einer Ewigkeit zusammen waren. Als sie Ed und Gayle die Neuigkeit in einem Brief mitteilten, erhielten sie eine Antwort, die aus einem einzigen, mitten auf dem Blatt stehenden Wort bestand:

ENDLICH!!!

Sie versuchten erst gar nicht, Maidas Vater über die Nuancen aufzuklären. Das hätte nur Verwirrung gestiftet – denn er hatte die ganze Zeit angenommen, dass sie ein Paar waren. Er schien trotzdem eine gewachsene Zuneigung zu bemerken, denn seine Haltung gegenüber Gene wandelte sich von Duldung zu väterlicher Zuwendung. Er nahm Gene wiederholt beiseite, um ihn über die Eigenschaften zu belehren, die man für den Erfolg in der Geschäftswelt brauchte, Eigenschaften, mit denen er selbst von Natur aus gesegnet war, die sich Gene jedoch ungewöhnlich hart würde erarbeiten müssen, wenn er in der Lederimportfirma, in der er nach seinem Abschluss eine Stelle bekommen hatte, Karriere machen wollte.

Und dann, sein Leben schien gerade in ebenso ehrbare wie langweilige Bahnen eingeschwenkt zu sein, kehrten Ed und Gayle für die Hochzeitsfeier, die sie ihren Eltern schuldig waren, nach New Hampshire zurück. Die Feier fand auf einem privaten Anwesen statt, und während Ed und Gayle die Torte anschnitten, ruderte Gene mit Maida mitten auf den Teich und machte ihr dort einen Heiratsantrag. Sie antwortete nicht, sondern begann, ihre eleganten Kleider abzustreifen, und er fragte sich schon, ob sie einwilligte, indem sie ihm gewährte, was er seit Langem begehrte. Aber als sie nur noch Slip und BH trug, ließ sie sich aus dem Boot ins Wasser gleiten. Gene fand dieses Verhalten verwirrend bis verletzend, und sie blieb eine gefühlte Ewigkeit unter Wasser. Als sie endlich wieder auftauchte, half er ihr ins Boot und wischte mit seiner Krawatte schleimiges Grün von ihrem Gesicht. Er war überzeugt, dass sie ihm einen Korb geben würde. Aber sie sagte, sie wolle ihn heiraten, ja, und es tue ihr leid, dass sie seine Krawatte ruiniert habe.

In jenem Sommer fuhren die vier Freunde an den See, wie von Ed angekündigt. Alle waren in Feierlaune, und sie stießen auf ihre glückliche Zukunft an und tranken zu viel. Ed und Gayle kehrten nach Ann Arbor zurück, und Gene begann ernsthaft, darüber nachzudenken, wie er seine zukünftige Braut und die geplante Familie ernähren sollte. Er war fest davon überzeugt, dass Unternehmertum der Schlüssel zum Reichtum war. Als er erfuhr, dass der Eigentümer eines Schuhgeschäftes in Colton einen Käufer suchte, weil er sich zur Ruhe setzen wollte, bat er seinen zukünftigen Schwiegervater um ein Darlehen und legte ihm einen Geschäftsplan vor. Mr. Halloran lehnte es ab, sich damit zu befassen, bevor Gene und Maida verheiratet waren, und obwohl sie eigentlich im Hochsommer hatten heiraten wollen, ließen sie sich im kühlen Frühjahr 1955 im Eiltempo kirchlich trauen und veranstalteten einen kleinen Hinterhofempfang. Nach dem Empfang, noch bevor er mit Maida zum Sandpiper Inn aufbrach, überreichte ihm Mr. Halloran einen Umschlag mit einem unterzeichneten Scheck.

Gene erwarb das Schuhgeschäft und zog mit seiner Braut in ihre erste Wohnung in Colton, im dritten Stock, ohne Fahrstuhl und Ofen, dafür mit Herd und einem winzigen Bad, in dem die Wanne so viel Platz einnahm, dass man seitwärts auf dem Klo sitzen musste. Die folgenden Jahre, in denen sie den Umsatz zu steigern und den Rhythmus ihres Ehelebens zu finden versuchten, waren arbeitsreich und anstrengend.

Doch es gab die Sommer am See. Gene schloss das Geschäft in jedem Jahr für zwei Wochen, und Maida blieb oft noch etwas länger, nachdem er nach Colton zurückgekehrt war. Als Ed sein Medizinstudium abschloss, war Gayle im sechsten Monat schwanger, und im folgenden Jahr brachten die beiden einen kleinen Jungen namens Brian mit ins White Pine Camp. Danach wurde Maida schwanger, und im nächsten Sommer hatte das Ehepaar Ashe ein Kleinkind dabei. So ging es weiter, in jedem Jahr gab es eine neue Entwicklung, und beide Familien glitten in ein gemeinsames Leben, in dessen Mittelpunkt die Kinder standen.

Denn in Wahrheit gehörten die Sommer am Fisher Lake den Kindern. An jedem Tag hallten Freudenschreie durch das von Bergen umgebene Tal, wenn sich die Kinder rings um den See auf Anleger, Badeinseln und Kanus stürzten. Boote tuckerten von einem Ufer des Sees zum anderen und warfen die großen Wellen, in die die älteren Kinder begeistert mit zugehaltener Nase tauchten. Abends stand man am offenen Fenster und schüttelte sandige Handtücher aus oder badete und kämmte die Kleinsten. Danach wurden sie mit nassen Haaren und duftenden Nacken auf den Schoß von Erwachsenen gehoben, die mit Wein, Bier und Gin auf der Terrasse hinter der Hütte saßen, um zu beobachten, wie der Spiegel des Sees allmählich im Dunkel versank. »Schau mal«, sagte dann jemand zu seinem brabbelnden Nachwuchs, als könnte ein Baby das spektakuläre Schauspiel wahrnehmen und sich später daran erinnern – den Rückzug des goldenen Glanzes, als würde man direkt unter der Wasseroberfläche einen purpurnen Vorhang zuziehen.

Natürlich gab es hin und wieder Verstimmungen. Gene hatte den Sommer in Erinnerung, als Ed *Anna Karenina* las und unter dem »Tolstoi-Bann« stand, wie Gene und Gayle es nannten. In jenem Sommer predigte Ed allen und jedem, was für ein Genie Tolstoi sei und dass jeder diesen Roman lesen müsse, weil er das ganze Leben umfasse: den ewigen Zwist zwischen Frauen und Männern, die leidigen Notwendigkeiten der Politik, lange und wunderbare Naturschilderungen, einen Mann, der sich in einem Krankenzimmer an sein Leben klammere, die widersprüchlichen Motive von Verliebten. Er schleppte das Buch ständig mit sich herum und saß, während die anderen mit Brettspielen beschäftigt waren oder Angelschnüre entwirrten oder ein Tipi für die Kinder errichteten, schmökernd abseits. In einem anderen Sommer schnitzte er die Worte *Gebrochene Erkenntnis* mit Hohlmeißel und Stemmeisen in Kiefernholz. Das Brett sah so rustikal aus, dass man eigentlich erwartet hätte, *Gott segne dieses Heim* oder *Eigener Herd ist Goldes wert* darauf zu lesen, doch es hieß: *Gebrochene Erkenntnis*. Wenn sie eine vierte Person für die Kajaks oder eine sechste für das Krocket brauchten, konnten sie nicht auf Ed zählen, weil der an seinem Spruch schnitzte. Als er fertig war, hängte Gayle die Schnitzerei im Bad auf, und wenn danach jemand aufs Klo ging, musste er zwangsläufig über diesem geheimnisvollen Erguss von Eds philosophischer Seele brüten.

Dennoch herrschte im White Pine Camp meist ein einträchtiger Geist. Sie hatten ihren kleinen Sandstrand, nicht spektakulär, aber stets präsent, auf dem abgefallene und zerbrochene Kiefernnadeln belebend unter den Fußsohlen prickelten. Dazu der herrliche Anblick der aus dem See watenden Frauen, mit Wassertropfen auf der Haut, die das Licht magnetisch anzuziehen schienen. Das Summen alter und junger Stimmen, die durch das Tal hallten, und das Glitzern des stahlgrauen Wassers zwischen den Bäumen. Sie hatten es stets vor Augen, ein Gebet an die menschliche Gewöhnlichkeit, das dennoch erhebend war.

Nachdem Ed seine Zeit als Arzt im Praktikum absolviert hatte, zogen die Donnellys wieder nach Colton. Ed eröffnete eine Praxis für Allgemeinmedizin, Gene hatte sein Geschäft, und die Familien begannen, neben den gemeinsamen Sommern auch ihren Alltag miteinander zu verweben.

Das Leben, das sie führten, war ein gutes Leben, und wenn Gene den Wunsch verspürte, mehr zu erreichen (weniger Zeit im Geschäft, höheres Einkommen, mehr Anerkennung), kam ihm dies Bedürfnis stets lächerlich vor. Er hatte Angst, zu viel zu verlangen – befürchtete, das Erreichte aufs Spiel zu setzen, wenn er in einem Universum, das sich stets irgendwie einzupendeln versuchte, zu großen Ehrgeiz entwickelte. Außerdem konnte man auch Glück haben, dann fiel einem das Erwünschte in den Schoß.

Das war ihm sogar jetzt, trotz seiner Trauer, bewusst. Ihm war klar, dass er in entscheidender Hinsicht immer Glück gehabt hatte.

3

Dary hatte sich in die Vorstellung verliebt, die Gedenkfeier in St. Mary's abzuhalten, der Kirche, in der Gene und Maida getraut worden waren. Sie war von ihren Eltern niemals zur Teilnahme am Religionsunterricht oder zum Besuch von Gottesdiensten gezwungen worden, und vielleicht lag es daran, dass sie Kirchen charmant und romantisch fand und ihre religiöse Funktion als einen eher sonderbaren, rein zufälligen historischen Faktor betrachtete. Sie war überzeugt, dass die Traditionskirche der Familie ihrer Mutter einen malerischen Hintergrund für die Gedenkfeier bilden würde, und Gene musste sie daran erinnern, dass Maida und er vereinbart hatten, nach der Trauung nie wieder einen Fuß in eine Kirche zu setzen.

Darys zweite Wahl für die Feier war Walden, das private College, in dessen Kindertagesstätte Maida über dreißig Jahre, also während des größten Teils ihres Erwachsenendaseins, gearbeitet hatte. Nach Darys Wechsel zur Highschool passierte es oft, dass Maida nach ihrem Arbeitstag auf dem Campus blieb, um am Collegeleben teilzunehmen, denn fast jede Woche hielten Koryphäen Vorträge über ihre jeweiligen Fachgebiete, und im Hörsaal wurden häufig restaurierte Filme gezeigt. Maida bat manchmal Gene dazu und manchmal nicht, und manchmal erschien er, und manchmal blieb er zu Hause. Er fühlte sich auf dem Campus unwohl, denn dort kam er sich vor wie ein ewiger Student, der sich an eine Lebensphase klammerte, mit der er längst abgeschlossen hatte, und je älter er wurde, desto stärker war sein Unbehagen. Deshalb passte ihm Walden nicht, obwohl es kein Problem gewesen wäre – er hätte nur die Papiere unterschreiben und eine Kaution hinterlegen müssen. Er hatte im Laufe der Jahre an mehreren Gedenkfeiern teilgenommen, meist für Professoren, die im Collegeleben eine zentrale Rolle gespielt und sich einen Kultstatus mitsamt studentischen Jüngern erworben hatten. Maida hatte im Grunde nicht weniger geleistet, nur waren ihre Mittel Malbücher und Buchstabenwürfel gewesen. Die Vorstellung, dass sich der große Innenhof ihr zu Ehren mit Menschen füllte, wäre ihr peinlich gewesen.

Nach den Zusagen der auswärtigen Gäste begriff Gene, dass er in der Auseinandersetzung mit Dary über die Größe der Veranstaltung den Kürzeren gezogen hatte. Nun ging es darum, einen letzten Rest Macht auszuüben. Gleich nach der Ankunft seiner Tochter hatte er mehrere Alternativen zur Kirche vorgeschlagen: die örtliche Elks Lodge, die von einem alten Klassenkameraden geführt wurde, zu dem er gute Beziehungen hatte; ein respektables Pub, in dem die Sandwiches nach den Gründern von Coltons Baumwollspinnereien hießen; oder das Veteranenzentrum, das den Vorzug besaß, mitten in der Stadt zu liegen, in der Nähe des Büros, das er nach der Aufgabe seines Geschäfts behalten hatte. Als sie einige dieser Orte besuchten, hatte Dary aber stets etwas zu meckern. »Dieser Ort hat einen Gruselfaktor von neunundachtzig«, sagte sie zum Beispiel. Oder, nach der Heimkehr: »Den schalen Mief des Ladens kann man bis hierher riechen.«

Sie standen also wieder am Anfang. Nur dass der Anfang zu einer Art Mitte geworden war, weil das Scheitern der anderen Optionen die Kirche wahrscheinlicher machte.

»Wie wäre es mit St. Mary's?«, fragte Dary, als wäre ihr diese Idee zum ersten Mal gekommen.

Sie standen auf den Stufen des Veteranenzentrums, wo sie sich gerade mit den Verantwortlichen getroffen hatten, einer Schar verschrumpelter alter Frauen, die die Asche ihrer Zigaretten in Kaffeetassen schnippten.

»Deine Mutter hat mir das Versprechen abgenommen, die Kirche nie wieder zu betreten.«

»Das habe ich sie nie sagen hören.«

»Das war ja auch vor deiner Geburt.«

»Du tust immer so, als wäre jede wichtige Entscheidung vor meiner Geburt gefällt worden.« Sie seufzte leise und genervt. »Das lag an Mémère, richtig? Sie hat dafür gesorgt, dass ihr die Kirche nie wieder betreten habt.«

Seine Mutter hatte ihnen die Hochzeit tatsächlich erschwert. Damals, als irische und französische Gläubige noch streng getrennt in unterschiedliche Kirchen gegangen waren, war sie ein frommes Gemeindemitglied von St. Charles gewesen. Die Auffassung seiner Mutter von Sitte und Anstand war in einer grauen Vorzeit zementiert worden, als man das Kind einer französischen Mutter und eines irischen Vaters oder umgekehrt in amtlichen Dokumenten als »gemischtrassig« bezeichnet hatte. Als er und Maida 1955 heiraten wollten, schien es, als wäre diese Vorzeit seit mehr als einem halben Jahrhundert Geschichte, aber es gab immer noch Menschen, die geistig darin verharrten. Die spirituelle Kluft zwischen St. Charles und St. Mary's war in den Augen von Genes Mutter so tief wie die zwischen einem Protestanten und einem Juden. Sie glaubte zeitlebens, es sei ein Zeichen göttlichen Wohlgefallens, dass die Glocken von St. Charles einige Sekunden früher ertönten als die von St. Mary's. Sie lehnte die Trauung von Gene und Maida nicht rundheraus ab, brachte ihr Missfallen aber durch die Unterstellung zum Ausdruck, sie hätten sich für St. Mary's entschieden, um sie zu düpieren.

Trotzdem hatte es nicht an seiner Mutter gelegen, dass sie die Kirche nie wieder besucht hatten. Der eigentliche Grund war viel alberner. Während ihrer Flitterwochen im abgeschiedenen Pelican's Nest hatten sie festgestellt, dass eigentlich keiner von ihnen kirchlich hatte heiraten wollen und dass sie ihre wahren Gefühle hintenangestellt hatten, um dem jeweils anderen einen Gefallen zu tun. Nachdem ihnen dies bewusst geworden war, ärgerten sie sich, weil sie das versaut hatten, was ein perfekter Tag hätte sein können. Aber bald darauf lachten sie darüber, wandten sich vereint gegen die Macht, die sie verraten hatte, und schworen, die Kirche aus ihrem Leben herauszuhalten.

»Nein, das lag nicht an deiner Großmutter«, erwiderte Gene.

»Warum seid ihr nie mit mir in die Kirche gegangen?«, fragte Dary.

»Weil wir der Ansicht waren, dass du auch ohne Kirche ein guter Mensch werden würdest. Und so ist es ja. Du bist fast perfekt, außer …«

»… dass ich vergessen habe zu heiraten.«

»Das wollte ich nicht sagen.«

»Und was wolltest du sagen?«

»Ich wollte sagen: ›Du bist fast perfekt, außer dass du grässliche Ideen für die Gedenkfeier hast.‹«

»Das ist nicht dein Ernst, oder?«

»Dass du fast perfekt bist? O doch. Aber wir sollten die Vorlieben deiner Mutter bedenken.«

»Sie mochte ihren Job«, meinte Dary. »Sie mochte Walden.«

»Sie mochte Pfingstrosen«, sagte Gene. »Für sie gab es nichts Schöneres als weiße Pfingstrosen in einer Vase.«

»Sie hat auch gern Mais enthülst, aber das heißt ja nicht, dass wir die Feier in einer Scheune abhalten müssen.«

»Wäre keine üble Idee«, erwiderte Gene. »Sie hat die Farm in

Hampton Falls gern besucht, wo man die Äpfel selbst pflücken konnte und in der Kutsche herumgefahren wurde.«

»Die Äpfel waren nicht der Grund.«

»Fujis gibt es nur dort. Für amerikanische Apfelsorten hatte sie nichts übrig. Unfairerweise, wie ich finde.«

»Die Obstwiesen gehören Bobby Jaeger.«

»Und wer ist Bobby Jaeger?«

»Er war Moms erster fester Freund.«

»Falsch. Ich war ihr erster fester Freund. Abgesehen von einem Kleinhirn am College, einem Typ, der den Fehler beging, ihr zu sagen, er müsse die Beziehung beenden, weil er sie zu sehr liebe.«

»Genau – Bobby Jaeger.«

»Nein, das war irgendein Kunstgeschichtsschwachkopf.«

»Und warum hat er Schluss gemacht, wenn er sie so sehr liebte?«

»Das hat sie mir nie erzählt.«

Es herrschte ein kurzes Schweigen.

»Pfingstrosen«, sagte er schließlich. »Die müssen wir unbedingt besorgen.«

Abends setzte er sich an den Computer, der in seinen Augen immer noch Dary gehörte, weil sie das Ding für ihn und Maida in einer Wohnzimmerecke eingerichtet hatte. Anfangs vergaß er ständig sein Passwort und rief sie mitten am Tag an, damit sie ihm auf die Sprünge half. Irgendwann hatte sie genug davon, und deshalb klebte sie bei ihrem nächsten Besuch einen handschriftlichen Zettel mit Benutzernamen und Passwort auf den Bildschirmrand. Er hatte das Passwort längst verinnerlicht, schaute aber weiter automatisch auf den Zettel, eine Maßnahme, die irgendwie zu bestätigen schien, dass er durch das Einloggen in seinen AOL-Account eine Welt betrat, die unendlich groß war, aber eher Dary gehörte als ihm.

Bei seinen ersten Vorstößen in das Internet hatte er sich darauf beschränkt, die E-Mails seiner Tochter zu beantworten und ab und zu die viel zu schrillen, aber schwer auszublendenden Nachrichten zu lesen, die über den Browser auftauchten. (Er fragte sich, ob die Einstellungen Dary verrieten, dass er Artikel wie »Nackter verpasst sich versehentlich einen Elektroschock« oder »›Beano‹-Bandit gefasst« angeklickt hatte.) Als Dary merkte, wie selten er den Computer benutzte, wollte sie ihm unter die Arme greifen, aber das Einzige, was nach ihren Anleitungen bei ihm haften blieb, war die Vorstellung, man könne eine Frage ins Internet stellen, jede beliebige Frage, und würde nicht nur eine, sondern Dutzende Antworten erhalten. Aus irgendeinem krausen Grund fand er das beruhigend, weil es zu bedeuten schien, dass jemand am anderen Ende der Internetverbindung, jemand in der Welt der Menschen – und bestimmt nicht nur ein einziger Jemand –, die gleiche mehr oder weniger private Frage durch diesen anonymen Datenfilter schickte, weil er das als weniger heikel empfand.

Nun tippte er in die Eingabeleiste: »Wie schreibt man einen Nachruf«. Er fand es gut, auf jeden Fall unvoreingenommen, dass das Internet keine Vermutungen über die wahren Fähigkeiten der Benutzer anstellte. Vielleicht war man jemand, der sich Mühe gab, vielleicht auch ein halber Automat, der als einigermaßen passabler Mensch durchzugehen versuchte. Hätte er den Nachruf nicht selbst schreiben wollen, dann hätte es hier zig Möglichkeiten gegeben: Strukturschablonen, vorgegebene Themen, inspirierende Zitate, sowohl klagende als auch triumphierende Gedichte. Er suchte jedoch etwas anderes, etwas, das seine Gedanken nicht vorformulierte, sondern ihm einen Tipp gab, wie er beginnen konnte, über das Undenkbare nachzudenken.

Die vernünftigste Website, die er fand, stammte von einem Geschöpf, das sich »Dame in Schwarz« nannte. Sie bezeichnete das Verfassen eines Nachrufes als »eine persönliche Reise, auf der man Erinnerungen sammelt«. Sie schlug vor, Gegenstände des Verstorbenen herauszusuchen und sich mit diesen zu beschäftigen, »bis sie zu dir sprechen – natürlich nicht buchstäblich!«. Er beherzigte den Vorschlag der Dame in Schwarz, stand vom Computer auf und ging nach oben ins Schlafzimmer, um derlei Dinge zu suchen.

Er öffnete die oberste Schublade von Maidas Kommode. Sie hatte sich nie die Mühe gemacht, ihre Strümpfe zu ordnen, sondern diese einfach zwischen Unterwäsche und BHs gepackt, und ihre Strumpfhosen waren häufig ausgeleiert oder verknotet. Wie oft hatten sie sich bei einer Veranstaltung verspätet, weil er unterwegs vor einem Drugstore halten musste, damit sie sich eine neue kaufen konnte? Sie zog sie dann gleich auf dem Parkplatz an, neben dem Auto, während sich Gene tief hinter das Steuer duckte und betete, niemand möge sie sehen. Es hatte ihn immer wieder geärgert, dass sie für Verspätungen sorgte, aber inzwischen dachte er liebevoll an ihre chaotische Art. Plötzlich war alles – die Münzen, die sie stets in der Tasche gehabt, die Uhrzeit, auf die sie ihren Wecker zuletzt gestellt hatte – mit Bedeutung überfrachtet. Die Zeit schien ihm einen verrückten Streich zu spielen, denn das Trauern um seine Frau glich dem Gefühl, sich frisch in sie zu verlieben.

Er untersuchte die schwarzen oder silberfarbigen Zylinder mit den knalligen Lippenstiften, jeder auf andere Art abgenutzt und anders konkav, jeder ein anderes Negativ der Wölbung ihrer Lippen. Wie sehr hatte er ihre Lippen geliebt! Er hatte alle Details ihres Körpers geliebt – das von der Sonne ausgebleichte Haar, ihre Augen, bewacht von dunklen Brauen, die Spott zum Ausdruck zu bringen schienen, wenn man sie ignorierte –, aber ihren Mund hatte er besonders geliebt, die üppige Unterlippe, die sich sogar beim Lächeln leicht nach unten zu wölben schien. Er berührte seine Lippen mit dem Lippenstift, der am häufigsten benutzt worden war: Er schmeckte so seifig wie die geschminkten Lippen seiner Frau. Es war der Geschmack, der ihm sagte, dass er sie nicht küssen durfte, weil sie sich gerade geschminkt hatte, und es war der Geschmack des Kusses, den er ihr dann trotzdem gab.

Vielleicht, dachte er, hatte die Dame in Schwarz nicht bedacht, dass manche Leute nicht nur ein oder zwei Dinge aussuchen konnten. Was, wenn man über vierzig Jahre mit einem anderen Menschen unter einem Dach gelebt hatte und mit jedem Blick Hinweise auf dessen Vorlieben entdeckte? Hatte er je einen Toaster ausgewählt? Seine Meinung zum Stil eines Schrankes geäußert? Alles, was sie besaßen, schien ihren Geschmack zum Ausdruck zu bringen, sogar die Wohnzimmermöbel, die sie anlässlich eines Hochzeitstages von ihren Eltern bekommen hatten – das Sofa mit der geschwungenen Rückenlehne aus Holz, die dazu passenden Sessel in der Farbe einer eingelegten Olive, der niedrige, schlittenartige Couchtisch und der Rollwagen für den Fernsehapparat. Wie sollte er sich zwischen alldem entscheiden?

Zerbrich dir nicht den Kopf über die Auswahl »der wichtigsten Dinge«. Was auch immer du auswählst, hat eine Bedeutung. Die Bedeutung ist die Mutter der Erinnerung, sagt man.

Ihre sowohl schönen als auch teuren Schuhe stammten aus Katalogen, die eigentlich nur an Frauen in Hyannis, Boston oder New York verschickt wurden. Wenn der Katalog für die neue Saison im Geschäft eintrudelte, merkte sich Gene sofort vor, was er für Maida bestellen wollte, denn ihr Äußeres war ein Zeichen seiner beruflichen Kompetenz, und die Frau eines Schuhhändlers hatte ebenso edle Schuhe verdient wie Frauen in der Großstadt. Er hatte stets darauf geachtet, dass die Schuhe in ihrem Schrank so sorgfältig gearbeitet waren wie Kunstwerke: Stiefeletten aus Pferdeleder mit eleganten Nähten auf dem Spann; Sandalen, deren Schnallen unter der Genialität des Designs verschwanden; Slipper mit spitzer Kappe, aus einem Stück Kalbsleder gefertigt.

Er entdeckte ein Nachthemd, das er ihr geschenkt hatte, ein hübsches, seidiges buttercremefarbiges Stück Stoff, dessen Ausschnitt und Träger mit Spitze besetzt waren. Damals hatten sie eigentlich kein Geld für teuren Tand dieser Art gehabt, aber genau deshalb hatte er das Nachthemd gekauft (wozu hatte man sonst eine Kreditkarte?). Im Grunde war es nur ein Fetzen – der Preis pro Quadratzentimeter Stoff war enorm –, aber die Wiederbelebung der Liebe kannte keine Preisgrenzen. Maida hatte sich geschämt, als er es ihr, in weiches Papier und eine Hochglanzschachtel verpackt, mitgebracht hatte. Sie bat ihn, das Hemd zurückzugeben, doch er erwiderte, es sei bezahlt und könne nicht reklamiert werden.

Warum hatte er das Nachthemd gekauft? Wenn er zu Beginn der Ehe etwas Frivoles im Schlafzimmer hatte anstellen wollen, hatte er immer das verstörende Gefühl gehabt, seine Mutter würde seine Begierden schon im Vorfeld wittern. Sie schien irgendwo in der alten Heimat neben einem Apparat zu sitzen, der einen Lochstreifen mit Beweisen für seine Lüsternheit ausspuckte. Was hatte sie ihm durch ihren Glauben, der seine Energie aus einem grundlegenden Misstrauen gegenüber allen körperlichen Genüssen bezog, sonst noch verdorben? Er war vielleicht elf gewesen, da hatte er mit dem kleinen Mädchen von nebenan im Wohnzimmer Wange an Wange zu »Stardust« getanzt, und nachdem sie von seiner Mutter dabei ertappt worden waren, hatten beide einen Beichtbrief an den Priester schreiben müssen. Danach durfte Gene nicht mehr mit dem Mädchen spielen, aber manchmal, nachdem seine Mutter abends das Gebet über ihm gesprochen und ihn allein gelassen hatte, stieg er aus dem Bett und knipste das Licht im Zimmer an und aus. Dann warfen sie einander durch das Fenster Papierflieger zu, auf die sie Geheimbotschaften geschrieben hatten. Er hatte noch das Gebet im Ohr, das seine Mutter vor dem Schlafengehen gesprochen hatte: »Ich bitte Dich, o Herr, schenke ihm die Liebe zur Tugend der heiligen Demut, denn er soll seine aufmüpfigen Gefühle zähmen und seine Eigenliebe ablegen. Und ich bitte Dich, o Herr, schenke ihm die heilige Reinheit des Körpers und die Gabe, allen bösen Versuchungen zu widerstehen …« Die Vorstellung, dass sie seine geheimsten sexuellen Regungen wittern konnte, war so tief in Gene verwurzelt, dass er sogar nach ihrem Tod noch jahrelang darunter litt.

Nicht, dass Maida und er jemals darüber gesprochen hätten. Beide hatten stillschweigend vereinbart, einander nicht zu nahe zu treten. Deshalb hatte Gene nie erwähnt, dass er sich seine Mutter mit dem Lochstreifenapparat vorstellte; hätte er Maida davon erzählt, dann wäre das eine Belastung für sie gewesen, die er nicht hätte lindern können. Außerdem hätte es die Macht, die diese Fantasie über ihn hatte, noch gesteigert. Was aber nicht hieß, dass er mit seiner Frau niemals über Sex gesprochen hätte. Sie tauschten sich oft aus, nur taten sie das meist ohne Worte.

(Das war natürlich kein Thema für einen Nachruf.)

Ein Foto der Verstorbenen ist bei diesem Prozess sehr hilfreich. Nimm ein besonderes Foto mit auf deine persönliche Reise.

Fotos, die Maida zu Hause zeigten, waren Mangelware. Im oberen Flur, der die Schlafzimmer miteinander verband, gab es eine Art Fotogalerie, die Dary gewidmet war, und die wenigen Bilder, die Maida zeigten, waren meist bei offiziellen Anlässen aufgenommen worden, etwa am Tag ihrer Heirat, auf der Backsteintreppe von St. Mary's am Geländer stehend. Maida hatte aus ihrer Abneigung, sich fotografieren zu lassen, nie einen Hehl gemacht. »Ich weiß, wie ich aussehe, besten Dank«, sagte sie dann und schickte ihn mit der Kamera fort, noch bevor er den Verschluss geöffnet hatte. Kurz nachdem sie ein Paar geworden waren, bat er sie um ein Bild, das sie als Kind zeigte. »Ist doch Quatsch«, meinte sie, erlaubte ihm aber, ein mit Tinte und Wasserfarben gemaltes Porträt mitzunehmen, das daheim in ihrem Zimmer stand. Es stammte von einem Mann, der sich als Künstler betrachtet hatte und hoffnungslos in die zweitälteste der drei Halloran-Töchter verliebt gewesen war, und es zeigte die jungen Frauen wie Tauben auf einem mit Gras bewachsenen Hang. Sie saßen dicht beisammen, und das Bild hatte ihre sowohl charmanten als auch demütigen Mienen und ihre Haare mit den rosa Reifen, die zu den rosa Knöpfen ihrer weißen Schürzen passten, bis in alle Ewigkeit konserviert. Die Szene sei frei erfunden, hatte Maida gesagt – sie hätten nie zusammen auf einem Hang gesessen und schon gar nicht so alberne Kleider getragen. Aber Gene störte sich nicht daran, dass es nur eine Fantasie war, denn das Porträt weckte starke Gefühle in ihm.

Nimm die kostbaren Gegenstände mit an einen stillen Ort, wo du nicht abgelenkt wirst und die Geschichten hören kannst, die sie zu erzählen haben.

Das Haus hatte drei Schlafzimmer, eines größer als die beiden anderen. Eines der kleineren, die direkt nebeneinanderlagen, hatte Dary bewohnt, das andere war das Gästezimmer, und in beiden stand der gleiche kleine Schreibtisch aus Holz und Metall, schlicht und adrett, aber nicht sehr praktisch, außer als Ablage für Schlüssel oder Brieftasche. Sie hatten den Tisch in Darys Zimmer gestellt, nachdem sie nach Kalifornien gegangen war, weil Maida das Kinderzimmer in ein weiteres Gästezimmer mit neutraler Atmosphäre hatte umwandeln wollen. Danach war Gene in das Zimmer mit dem schnurlosen Telefon gegangen, hatte die Tür hinter sich geschlossen und auf die Schnellwahltaste mit Darys eingespeicherter Nummer gedrückt. Sie war erstaunt gewesen, denn er rief selten an. Um seiner Frau nicht den Schwarzen Peter zuzuschieben, hatte er Dary lediglich mitgeteilt, in ihrem Zimmer habe es ein paar Veränderungen gegeben, und ihre Mutter habe auch manches andere verändert, und obwohl er sich nicht einmischen wolle, müsse Dary wohl erfahren, dass ihr Zimmer nicht mehr dasselbe sei. Darauf hatte sie unsentimental erwidert: »Aber es ist nicht mein Zimmer.«

Er setzte sich im Zimmer, wo Annie schlief, an den Tisch und breitete alle Gegenstände, die er eingesammelt hatte, aus, um sich für den Nachruf inspirieren zu lassen. Er betrachtete das Foto, das Maida und ihn am Tag ihrer Heirat zeigte. Seine Augen waren trübe und aufgequollen wie nach einer schlechten Nacht. Seine Hose war zu groß, und seine Haare waren viel zu oft gekämmt worden, aber er machte einen selbstbewussten Eindruck, schien seine Männlichkeit auf lässige Art zu demonstrieren, und das gefiel ihm. Er hatte einen Arm um Maidas Taille gelegt, und sie hatte den Kopf leicht gehoben, als hätte jemand direkt vor der Aufnahme ihren Namen gerufen.

Er wusste, dass ihn das Foto mit seiner Frau zeigte, aber es war ihm doch etwas fremd. Auf jeden Fall fiel es ihm schwer, in diesen zwei Personen jenes Paar zu erkennen, das sie schließlich geworden waren, das Paar, das neunundvierzig Jahre miteinander verleben sollte. Er suchte unwillkürlich nach visuellen Anhaltspunkten für die Geschichte ihres späteren gemeinsamen Lebens, war sich der fruchtlosen Anstrengung, jedes Detail mit Bedeutung aufzuladen, jedoch bewusst, und bei diesen Details handelte es sich nicht nur um ihre Mienen oder ihre Körperhaltung, sondern auch um die Taube in der Ecke, die sich an der ungewohnten Fülle von Reis mästete, um die lang gezogenen Wolken, die über der Kirche zu sehen waren, oder um das spezielle gelblichgraue Licht, das den Himmel grauer, ihre Gesichter aber gelber färbte. Die Wahrheit war, dass er dieses Foto nicht mehr mit Bedeutung füllen konnte. Er hatte keine physischen Erinnerungen – weder daran, auf der Treppe zu stehen, noch daran, einen Arm um Maida zu legen, und er wusste auch nicht mehr, wie es sich angefühlt hatte, zum ersten Mal insgeheim sagen zu können: *meine Frau, meine Frau, meine Frau*. Am Ende stellte er fest, dass das Foto seine Erinnerung nicht auffrischte, sie entsprach einfach dem Foto und dessen Beschränkungen und Details.

Er legte es weg.

Irgendjemand hatte eine schmale Vase mit einer Hortensie auf eine Ecke des Tisches gestellt, und ihm war klar, dass die Blume aus seinem Garten stammte. Irgendjemand hatte das getan, und dieser *Irgendjemand* war natürlich Gayle. Sie hatte am Tag vor der Ankunft von Dary und Annie die Betten in den zwei Gästezimmern bezogen und, wie er erst jetzt merkte, sogar ein Schälchen mit After Eights auf die Kommode gestellt, daneben ein umgedrehtes Glas, sorgsam auf einer Serviette platziert. Er schob die Vase ins Licht. Das Wasser war farblos und sauber, es trieben keine Blätter darin. Gayle war nach der Ankunft seiner Tochter und Enkelin also noch einmal hier gewesen, um in den Zimmern nach dem Rechten zu schauen, und all das heimlich, still und leise und ohne um irgendetwas zu bitten. Er fragte sich, warum sie das getan hatte, warum sie ihm all die kleinen, privaten, netten Dienste erwies, die er oft gar nicht bemerkte, sondern nur sporadisch wahrnahm, wenn er Gayle vor ihrem Verschwinden zufällig erwischte. Wie kam es, dass diese unerwiderten Gesten während all der Jahre für sie beide akzeptabel gewesen waren, wie kam es, dass sie gab und er nahm, und all das unausgesprochen? Der bloße Gedanke wärmte ihm das Herz, aber es verstörte ihn auch, dass ihn diese Frage so tief berührte, während er die Aufgabe, etwas über Maida zu schreiben, als extrem lästig empfand.

Vermutlich hatte es mit Bedauern zu tun. Hinsichtlich eines lebenden Menschen konnte man die Fantasie schweifen lassen, im Falle eines verstorbenen Menschen war jedoch alles abgeschlossen. Was sich zwischen dem Toten und einem selbst zugetragen hatte, spielte in Gegenwart und Zukunft keine Rolle mehr. Stattdessen war man auf Fakten aus der Vergangenheit angewiesen, die weder aufgezeichnet worden waren noch im Nachhinein verändert werden konnten. Nicht, dass er seine Ehe in irgendeiner Weise bereut hätte. Nein, er bereute nichts, nicht einmal den Fehltritt, der ihm nach Ansicht einfacher denkender Menschen vermutlich bis heute im Magen liegen müsste.

In Wahrheit spendete der Gedanke an den Lapsus sogar Kraft, obwohl er so weit zurücklag, dass es Gene fast peinlich war, ihm noch eine Bedeutung beizumessen. Er hatte sich vor über vierzig Jahren im White Pine Camp zugetragen, als Maida wieder ihren Hitzeausschlag bekommen und sich geweigert hatte, Dary zu stillen, die in ihrer tragbaren Wiege geheult und gestrampelt hatte und so rot geworden war wie Wasser, in dem man Rote Bete kochte. »Was ist denn los?«, fragte er, und Maida sagte, sie könne das Baby nicht stillen, weil ihre Haut wie Feuer brenne. »Du kannst sie nicht stillen? Was soll das heißen?«, erwiderte er. »Funktioniert das praktisch gesehen nicht mehr?« Und sie sagte: »Mensch, Gene, geh einfach zum Laden und besorg mir eine Schachtel Limonen-Wassereis, ja?«

Vielleicht hätte er weniger heftig reagiert, wenn sie nicht auf einer bestimmten Geschmacksrichtung bestanden hätte, denn die Tatsache, dass sie Limone verlangte und zugleich nicht imstande oder willens war, ihr Kind zu stillen, weckte seinen Zorn. Wie konnte eine Mutter so nachlässig mit einem hilflosen Wesen umgehen, das sie selbst geboren hatte? Vielleicht hatte er das laut gesagt, vielleicht auch nur im Stillen – er wusste es nicht mehr –, aber seine Verärgerung war offenbar so stark, dass sie ihm auch ohne Worte anzumerken war, und so schimpfte Maida ihn ein Arschloch und sagte, er solle sich verpissen. Er war so außer sich, dass er das Baby nicht mitnehmen konnte; also packte Ed die Kleine in sein Auto und drehte eine Runde.

Es war eine der seltenen Gelegenheiten, bei denen er Gayle etwas Unfreundliches über einen anderen Menschen sagen hörte. Maida hatte sich in ihrem Elend oben im Schlafzimmer eingeigelt, und Gene saß auf der Terrasse und versuchte, sich zu sammeln. Er betrank sich mit Gin und sah zu, wie sich Brian im Laufstall auf die Beine zog und wie er wieder auf den Windelpopo plumpste, sich hochzog und hinplumpste, und dann legte Gayle von hinten die Arme um Gene und sagte: »Manchmal ist sie eine echte Zicke, oder?«

Er drehte sich um und küsste sie stürmisch, zog ihren warmen, üppigen Körper an sich. Ihre Zunge schmeckte wie seine nach Salz und Wacholder, und sie erwiderte seinen Kuss. Nachdem sie sich voneinander gelöst hatten, verspürte er benommen den verzweifelten Drang, sich und seine Familie zu beschützen, ein Drang, der im Irrsinn des Augenblicks für den Impuls sorgte, Gayle und Brian ins Auto zu setzen und so schnell und so weit wie möglich wegzufahren. Als er Brian aus dem Laufstall heben wollte, begann dieser aber zu jaulen, und durch sein Geschrei, spitz und ungewohnt, verflog das Gefühl der Unwirklichkeit, das Gene erfasst hatte.

Bald darauf kehrte Ed zurück und stellte die schlafende, noch im Körbchen liegende Dary in der Hütte direkt hinter die Tür, damit sie hören konnten, wenn sie wach wurde. Danach schoben sie die Stühle auf der Terrasse zusammen und tranken zu dritt ohne böse Gefühle weiter, tunkten das Limoneneis, das Ed unterwegs besorgt hatte, in den Gin, während sie besprachen, ob sie vor dem Wochenende noch einen Angelausflug organisieren sollten.

Gene und Gayle hatten nie über diesen Kuss gesprochen. Er hatte ihn für sich behalten, sah auch keinen Anlass, davon zu erzählen. Sie hatten sich danach nie wieder so geküsst. Und wenn er überlegte, welche Folgen der Kuss gehabt hatte, kam er zu der Einsicht, dass diese nicht in Sex oder romantischen Gefühlen bestanden hatten, sondern in einer noch tieferen Verbundenheit – zwischen ihnen beiden, verrückterweise aber auch zwischen ihren Ehepartnern. Er hatte fast den Eindruck, als hätten sich die leidenschaftlichen Gefühle – das kindische Verhalten seiner Frau, sein Jähzorn und Gayles Komplizenschaft – nur geäußert, um jedem von ihnen zu helfen, sich williger in die Leben zu fügen, die sie führten. Damals war ihnen das nicht bewusst gewesen, aber heute lag es auf der Hand.

Er betrachtete wieder das am Tag ihrer Heirat aufgenommene Foto, aber die Details waren dieselben und gaben noch immer nichts preis. Er konnte nicht rekonstruieren, was damals in ihm vorgegangen war. Irgendetwas Konkretes war verloren gegangen.

Genau das war sein Gefühl: *Irgendetwas Konkretes war verloren gegangen.* Er notierte den Satz und zählte die Wörter. Näher war er der Formulierung dessen, was früher eine unumstößliche Wahrheit gewesen war, nie gekommen. Konnte ein Nachruf aus vier Wörtern bestehen? Vielleicht wäre er ein Trendsetter und würde Trauernde von der Qual erlösen, gedanklich eine Ordnung herstellen zu müssen, im Nachhinein eine absolut unmögliche Aufgabe.

Vielleicht – doch er hatte seine Zweifel.

Als er auf die Uhr schaute, stellte er fest, dass er schon seit über einer Stunde am Tisch saß. Und auf seinem Blatt standen immer noch nur schlappe vier Wörter. Wenn er etwas zustande bringen wollte, musste er offenbar in sein Büro.

4

Am nächsten Morgen ging er in die Stadt, ein kurzer Weg, der an der stillgelegten Baumwollspinnerei vorbeiführte. Diese war eine Backsteinfestung mit vier Stockwerken, die sich über mehrere Blocks erstreckte und ein stets abgesperrtes Eisentor mit einer Halterung für eine Glocke hatte, die irgendwann gestohlen worden war. Links neben dem Tor gab es ein Fenster mit einer Scheibe von der Farbe trüber Milch. Die Zukunft der Spinnerei war oft Gegenstand von Diskussionen, die zufälligerweise stets mit den Kommunalwahlen zusammenfielen, aber die einzige Maßnahme, der die Wähler zustimmen mochten, war die Stabilisierung der Schornsteine, damit diese nicht in den Fluss oder auf die Straße stürzten.

Coltons Innenstadt sah nur unwesentlich besser aus. Es gab verwaiste Grundstücke und leer stehende Läden, doch die Bars konnten sich über einen Mangel an Gästen nicht beklagen, und im Save Mart gab es zwei Sorten löslichen Kaffees. Im Frühling stellte man immer Kübel mit weißen, lila und rosa Geranien auf den Bürgersteig, die einige Wochen üppig blühten und dann als Aschenbecher und Mülleimer missbraucht wurden. Einige der schönsten Altbauten mit besonders hohen Fenstern und raffiniert gesetzten Backsteinen waren von neuen Mietern renoviert worden.

Im letzten Frühjahr hatte ein Laden in seinen ehemaligen Geschäftsräumen eröffnet. Wie dieser überlebte, war Gene ein Rätsel, zumal das Sortiment bunt zusammengewürfelt war: winzige spinnenartige Sukkulenten, Scheren mit schmiedeeisernen Griffen in Gestalt von Blättern, Lederarmbänder, klitzekleine Holzlöffel und Haushaltsstreichhölzer in glockenförmigen Krügen. Er war der Besitzerin ab und zu auf der Straße begegnet, eine Frau mit niedriger, breiter Stirn und weit auseinanderliegenden Augen, die ihr sowohl etwas Unschuldiges als auch etwas Bedrohliches verliehen. Sie hatte stets versucht, ihn zu einer Tasse Tee in ihrem Laden zu überreden, hatte fröhlich versichert, er sei dort jederzeit willkommen. Bei einer dieser unbehaglichen Begegnungen hatte sie ihm einen Topf mit einem zarten Sukkulent in die Hand gedrückt. Er hatte unter dem Vorwand ablehnen wollen, keinen grünen Daumen zu haben, aber sie hatte darauf bestanden und gesagt, das kleine Gewächs, das schon jetzt nicht mehr genug Erde hatte, brauche nur ab und zu ein Tröpfchen Wasser. »Ich glaube an Sie«, hatte sie gesagt. Bei seinem letzten Besuch in der Innenstadt war er mit Annie in den Laden gegangen, weil sie sich eine Halskette anschauen wollte, ein billiges Ding mit Band, Hühnerfedern und einem kleinen Talisman aus Metall, das, wie sie sagte, auch jemand namens Sugar Dakota trug, laut ihren Worten »so ziemlich die beste Sängerin, die es je gab«.

Im Nachbarhaus stieg er auf einem bräunlichen Treppenläufer nach oben, unter dem diverse Luftpolster saßen und der nach Katzenpisse und schalem Zigarettenrauch stank. Drei Treppenfluchten höher, auf einem dreieckigen, offenbar als Absatz geltenden Treppchen, schloss er eine Tür auf, deren Oberseite im spitzen Winkel gekappt worden war, weil man sie einem unsichtbaren Element des Daches hatte anpassen müssen. Er gab der Tür einen kräftigen Stoß, und sie schrammte über den Teppich.

Das Büro, das er trotz Ruhestand unterhielt, hatte wiederholt für Streit gesorgt. Wenn Maida das Thema anschnitt, dann stets unter finanziellen Gesichtspunkten: wieso die Miete für ein Büro, obwohl es zu Hause ungenutzte Zimmer gab und der Laden dicht war? Diese Auseinandersetzungen hatten sich, wie er glaubte, nicht nur um Geld, sondern auch um andere Dinge gedreht. Maida hatte sich stets um die Finanzen gekümmert, vielleicht, weil er das Darlehen ihres Vaters akzeptiert hatte, vielleicht auch aus Gewohnheit, denn sie hatte ihm anfangs bei der Buchführung geholfen. Er hatte bis heute ein herrliches Bild vor Augen: Sie saß neben seinem Schreibtisch auf dem Fußboden, die bestrumpften Beine unter den Po gezogen und über die Abrechnungen gebeugt, während ihr Schopf im spätnachmittäglichen Sonnenschein leuchtete. Es hatte ihn stets überrascht, wenn sie, tief versunken dasitzend, plötzlich verdrossen aufsah und meinte, sie müssten entweder die Schulden umschichten oder endlich die Buchhaltung auf Bargeldbasis aufgeben.

Ihre Zusammenarbeit hatte für das Gefühl einer gemeinsamen Aufgabe gesorgt, das sich in dieser Intensität nie wieder eingestellt hatte. Es dauerte nicht lange, da kam Dary, die Maida ständig in Atem hielt, tagsüber und manchmal auch nachts. Und als das Baby endlich pflegeleichter war, begann Maida, davon zu reden, sich eine Arbeit suchen zu wollen. Gene war zunächst dagegen; die Vorstellung, dass sie arbeitete, obwohl Dary noch so klein war, gefiel ihm nicht. Aber sie wollte nicht den ganzen Tag mit dem Baby zu Hause hocken, und er wusste nicht, wie er ihr etwas schmackhaft machen sollte, das ihr nicht schmeckte. Als sie den Job am Walden bekam, redete er sich ein, es sei nur ein Experiment. Am Ende währte dieses Experiment dreißig Jahre, und seine Einstellung änderte sich irgendwann. Er begann, die Vorteile ihres Jobs zu schätzen: die Krankenversicherung, der bezahlte Urlaub, die Pensionskasse.

Das Geld war also das eine, nur erklärte es nicht, warum Maida sich so über sein Büro aufregte. Er hätte ihr gern erklärt, warum er es behielt, brachte dies aber nicht über sich, weil die Wahrheit sein Selbstverständnis zu sehr berührte. Es gab eine Phase, da war er schon im Ruhestand, Maida aber noch nicht – was sollte er in dieser Zeit mit sich anfangen? Er konnte nicht den lieben langen Tag zu Hause hocken und die Schränke neu sortieren. Das tat niemandem gut, und es war auch nicht gut für das Gehirn, wenn man rund um die Uhr tiefschürfende Probleme im Haushalt erfand und anschließend über deren Lösung brütete. Er war es gewohnt, außer Haus einen eigenen Bereich zu haben, wo er mit einer zeitlosen, nicht alternden Version seiner selbst in Kontakt stand, wo die Alltagssorgen keine Rolle spielten, wo er sich selbst als tiefsinnige, reflektierte Person wiederentdecken konnte. Sogar in den besten und umsatzstärksten Jahren gab es immer wieder ruhige Nachmittage, an denen er den Highschooljungen, die für ihn jobbten, den Laden überlassen konnte, um mit Muße seinen Gedanken nachzugehen. Im Lyrikseminar am College hatte er diesen Tipp bekommen, hatte ihn in der Fußnote über einen Lyriker, der Lebensversicherungen verkauft hatte, entdeckt. Es war das Beste, was er aus dem Kurs mitgenommen hatte. Gene hatte die Gedichte als vorsätzlich kryptisch empfunden, aber ein guter Rat des Lyrikers war haften geblieben, nämlich der, täglich ein oder zwei Stunden nachzudenken, sich dem *reinen Denken* zu widmen, selbst wenn man anfangs über das Chaos und die Ziellosigkeit der eigenen Gedanken erschrak.

Das hatte etwas. Im Schutz der Einsamkeit fällte niemand ein Urteil über die Richtung der Gedanken, niemand lobte sie als produktiv oder verwarf sie als Zeitverschwendung. Sobald er den Wunsch zu gefallen und das Bedürfnis, immer recht zu haben, abgeschüttelt hatte, stellte er fest, dass sich sein Geist beruhigte, und je weiter seine Gedanken abschweiften, desto fokussierter wurden sie. Diese müßigen, zweckfreien Stunden im Büro waren der einzige Teil seines Lebens, der ihm ganz allein gehörte, weil er von den Rollen als Ehemann, Vater und Versorger abgekoppelt war. Er genoss eine Freiheit, die sich der Tatsache verdankte, dass er während dieser Stunden niemandem Rechenschaft schuldete.

Er knipste das Licht an. Direkt vor der Tür konnte ein Erwachsener bequem stehen, aber je weiter man in das Zimmer ging, desto schräger wurde die Decke, sodass der hintere Teil nur als Stauraum nutzbar war. Diese Besonderheit passte Gene gut in den Kram; erstens minderte sie die Miete, zweitens hatte er unter der Dachschräge Kartons deponiert, deren Inhalt er bei passender Gelegenheit zu sichten gedachte. Sie enthielten nützliche Dinge wie Schnürbänder, Dekorationen für jede Saison, Damenstrümpfe, Dosen mit schwarzgrauer Schuhcreme, halb gefüllte Notizbücher und Blöcke, Großhandelskataloge aus vier Jahrzehnten und Ladenhüter in Gestalt von Herren- und Damenschuhen, produziert von nicht mehr existierenden amerikanischen Firmen.

Der Herstellungsprozess eines Schuhs umfasste 212 Schritte, und er kannte sich mit den meisten aus: Man schnitt die gegerbten Häute mit Zieheisen, stanzte Löcher für die Schnürsenkel in das Oberleder, nähte die Sohle auf den Rahmen und versiegelte die Ränder mit einem heißen Eisen, schmirgelte sie ab, wachste und polierte das Oberleder. Er fand es sehr befriedigend, seinen Kunden zu erklären, woran man Qualitätsschuhe erkannte: Man schabte mit dem Daumennagel außen an der Sohle, um zu schauen, wie tief das Leder gefärbt war, oder hob die Einlegesohle an, um die Machart des Schuhs zu untersuchen, wobei man darauf achten musste, ob die Nähte auf Ober- und Unterseite verliefen und im Fußbett versenkt waren.

Das veränderte Kaufverhalten seiner Kunden überrumpelte ihn. Sie wussten plötzlich schon im Voraus, was sie wollten, und nahmen die Schuhe einfach aus dem Regal. Wenn er vorschlug, zunächst einmal die Schuhgröße zu messen, fühlten sie sich bedrängt, und wenn er versuchte, ein freundliches Gespräch anzuknüpfen, wurden sie so misstrauisch, als glaubten sie, er wolle sie übers Ohr hauen. Er war entgeistert, als er merkte, dass sein Fachwissen nicht mehr gefragt war, obwohl es ganz eindeutig gebraucht wurde, denn wie oft geschah es, dass Leute elegante Lederschuhe in der Größe ihrer Sportschuhe kaufen wollten. Er kniete schweigend neben Kunden, die ungeduldig auf die Kappe des Schuhs drückten und erklärten, dieser passe wie angegossen, obwohl der Fuß viel zu schmal für den Schuh war. Oder er hörte stumm zu, wenn eine Frau mit hohem Spann meinte, sie brauche keinen breiteren Schuh. Und dieselben Leute beklagten sich dann bitterlich über die Preise und verlangten Rabatte, die er nicht gewähren konnte, nannten Preise im Internet, die er für reinen Irrsinn hielt. Sie schienen nicht zu bedenken, dass er von etwas leben musste. Er musste ja auch für alles zahlen. Lebensmittel, Rezepte, Grundsteuer, Autos. Wenn diese Kunden nachts um drei in dunklen, vom fahlen Blau des Bildschirms erfüllten Zimmern Schuhe bestellten, waren sie vermutlich froh und glücklich, weil sie sich in einer Welt bewegten, in der sie Leute wie ihn umgehen konnten.

Er zog einen leeren Notizblock aus der Schreibtischschublade und kramte seinen Lieblingsstift hervor, einen schwarzen Kugelschreiber mit einem kleinen goldenen Kiwi darauf, das Geschenk eines Großhändlers. Er hatte den großen Kalender für das Jahr 1998, der in seiner Vinylhülle auf dem Schreibtisch lag, noch nicht entsorgt. Auf einer Ecke des Tisches stand ein Paar meisterhaft gefertigter Half-Brogues aus Kalbsleder; die Kappen waren auf der Innenseite etwas geschwungener als auf der Außenseite, sodass sich beide Hälften des Schuhs trotz des asymmetrischen Lochmusters zu spiegeln schienen. Wenn er sich bei der Frage ertappte, was er während der vielen Jahre getrieben hatte – wozu die Anstrengung, den Laden zu führen und am Laufen zu halten, gut gewesen war –, dann nahm er einen dieser Schuhe in die Hand und rief sich in Erinnerung, dass er es Menschen ermöglicht hatte, ein nützliches Erzeugnis amerikanischer Handwerkskunst zu besitzen.

Wie so oft, wenn er etwas Glück oder mehr Selbstvertrauen brauchte, um die Selbstzweifel, die ihm einreden wollten, er habe nicht genug Grips, um sein Leben zu meistern, eine Weile zum Verstummen zu bringen, rieb er die Kappe eines dieser Schuhe. Denn er wusste noch immer nicht, wie er den Nachruf formulieren sollte. Einerseits waren da seine wirren persönlichen Gefühle, andererseits war der Nachruf für die Öffentlichkeit gedacht und verlangte die kluge Raffung eines ganzen Lebens, also eine Kohärenz, die seinen Gefühlen nicht entsprach. Er konnte natürlich versuchen, sich in Maida hineinzuversetzen, um etwas zu sagen, das ihrem Bild von sich selbst entsprach, aber auch das kam ihm falsch vor, denn er würde ihr nicht gerecht werden. Sollte er einfach seine Gefühle beschreiben? Aber wozu eine solche Offenbarung? Und für wen? Wäre sie ein Trost für ihn selbst oder andere? Es war sehr unwahrscheinlich, dass eine Demonstration von Gefühlen seine Trauer oder die anderer Menschen linderte.

Diese Gedanken erfüllten ihn mit einem vertrauten Gefühl der Sinnlosigkeit. Sein Vater, seit über sechzig Jahren tot, war ihm bis heute ein Rätsel. Genes Mutter kam noch Jahre nach dem Ableben ihres Mannes auf Eigenschaften zu sprechen, die mit Genes Erinnerungen nicht übereinstimmten, und er hatte sich stets gefragt, ob er falschlag. So ließ sich seine Mutter zum Beispiel über den Egoismus und die Faulheit ihres Mannes aus, während sich Gene an die exzentrische Großzügigkeit und den mitreißenden Enthusiasmus seines Vaters erinnerte. Wie kam das? Als die Gerberei die Arbeitszeit seines Vaters kürzte und das Geld extrem knapp war, brachte er trotzdem oft eine Überraschung mit nach Hause: einen ganzen Sack voller Schwarzbrote, die noch in zerknitterten Papierhüllen steckten; ein Paar Tennisschläger aus Holz mit einer Bespannung, straff wie Draht; einen Plattenspieler in einer Kiste aus geriffeltem Walnussholz mitsamt einer Platte von Artie Shaw. Wenn Gene an seinen Vater dachte, hatte er stets vor Augen, wie dieser fröhlich und hingebungsvoll mit seinen Funden hantierte – er briet das Brot abends zusammen mit Zwiebeln in Butter oder flitzte auf die Straße, um mit Gene eine Weile Tennis zu spielen, oder schleppte den Plattenspieler nach dem Abendessen auf der Schulter zu den Nachbarn. Weil Genes Mutter länger gelebt hatte, konnte kaum jemand gegen das Bild ankommen, das sie von ihrem Mann, seinem Vater, hatte. Sie vertiefte entweder die Kluft, die zwischen dem Mann und dem Jungen existiert hatte, oder erschuf diese Kluft, und beides lief auf das Gleiche hinaus.

Er begann, über die Lebensdauer von Beziehungen nachzudenken. Wann konnte man sie für erledigt erklären? Oder war das gar nicht möglich? Hatte eine Beziehung Bestand, bis alle tot waren, die noch Erinnerungen an die betreffende Person hatten? Nein, sicher nicht so lange. Er hatte während des größten Teils seines Lebens zwei Väter gehabt – den lebenden und den toten. Nun befürchtete er, dass es mit Maida genauso wäre: nicht eine Person, sondern zwei Personen. Wildfremde Leute schrieben ihm Briefe, in denen sie Episoden aus Maidas Leben schilderten, vermutlich, weil die Todesnachricht lange schlummernde Gefühle und Erinnerungen geweckt hatte, die sie nun festhalten und übermitteln zu müssen glaubten. Manche dieser Anekdoten waren charmant, andere gruselig (eine Highschoolfreundin hatte von einer daheim mit Wachs ausgeführten, verunglückten Enthaarung berichtet), aber selbst die banalste sorgte dafür, dass ihn eine zwiespältige Mischung aus Dankbarkeit und Eifersucht erfüllte. Zum einen war er froh, etwas Neues zu erfahren, zum anderen war er verzweifelt, weil diese im Gedächtnis anderer Menschen abgekapselten Momente im Leben seiner Frau für ihn nicht greifbar waren.

Jemand klopfte an der Tür, dann ertönte ein Ächzen, und die Tür schrammte über den Teppich. Annie tänzelte albern herein, drehte eine Pirouette und blieb wie versteinert vor seinem Schreibtisch stehen, das Kinn leicht gehoben, den Blick gesenkt. Sie schien ihn aufzufordern, ihre Schönheit zur Kenntnis zu nehmen, aber das ließ sich sowieso nicht vermeiden. Sie hatte samtige dunkle Wimpern, eine hohe bleiche Stirn und schmale Schultern, die zwischen ihren langen welligen Haaren zu sehen waren. Sie wirkte wie eine mindere Göttin oder eine Skulptur, wie sie in einem üppigen grünen Garten aus einer Grotte äugt. Sie war schöner als ihre Mutter in ihrem Alter, und er fragte sich wieder, wem sie dies zu verdanken hatte.

Er fand es bis heute gewöhnungsbedürftig, dass seine Tochter mehr über den Musikgeschmack ihres Samenspenders wusste (er mochte die Eagles) als über dessen Gesicht, das sie nie gesehen hatte. Gene war entsetzt gewesen, als er dies erfahren hatte, obwohl er auch ohne diese Information mehr als genug Einwände gegen die Entscheidung seiner Tochter gehabt hatte. Er hatte mit großer Verspätung begriffen, dass die ständige Äußerung seines Missfallens eine immer stärkere Verschlossenheit seiner Tochter zur Folge gehabt hatte. Maida hatte ihn ermuntert, sich auf die Zukunft zu konzentrieren, in der er, wie sie weise voraussah, eine gute Beziehung zu seinem Enkelkind wünschte; etwas, das nicht eintreten würde, wenn er sich von seiner Tochter entfremdete, während diese Mutter wurde. Er war Maida bis heute unendlich dankbar – nicht weil sie seine Differenzen mit Dary weggezaubert hatte, sondern weil die Zukunft, die sie ihm vor Augen zu führen versucht hatte, tatsächlich eingetreten war. Er liebte seine Enkelin stärker, als er es jemals für möglich gehalten hätte. Ein Enkelkind zu lieben, schien manchmal einfacher zu sein, als das eigene Kind zu lieben.

Er hatte Annies Schönheit so lange gepriesen, bis Dary ihn gebeten hatte, damit aufzuhören oder etwas anderes an ihr zu loben. Er fand immer noch, dass sie schön war, nur erwähnte er das nicht mehr so oft.

Als er fragte, was sie in der Stadt gemacht habe, antwortete sie, sie sei unten im Laden gewesen. Er fragte, ob sie wisse, dass sich dort früher sein Geschäft befunden hatte.

»Klar«, sagte sie. »Aber dann warst du pleite.«

»Das entspricht nicht ganz den Tatsachen.«

»Mom meint …«

»Hat sie dir erzählt, wie gern sie als Kind in unserem Geschäft war? All die hochhackigen Schuhe – das war der Traum eines jeden kleinen Mädchens. Du glaubst es bestimmt nicht, aber deine Mutter hat sich damals gern schick gemacht.«

Annie griff nach einem der Schuhe, die auf einer Ecke seines Tisches standen. Sie spähte hinein, schnupperte daran und riss den Kopf dann in gespieltem Ekel zurück, obwohl der Schuh nur nach Leder roch. »Warum hast du überhaupt Schuhe verkauft?«, wollte sie wissen.

»Jeder muss etwas verkaufen. Und mein Vater – dein Urgroßvater – hat in einer Gerberei gearbeitet. Weißt du, was das ist?«

»Urgroßvater wollte, dass du Schuhe verkaufst?«

»Er ist gestorben, als ich so alt war wie du. Ich hatte nie die Gelegenheit, ihn danach zu fragen.«

»Wie kommt es dann, dass du dich nicht für etwas anderes entschieden hast? Etwas, das mehr Spaß macht? Warum hast du keine Eiscreme gemacht? Oder im Zoo gearbeitet?«

»Willst du das tun, wenn du groß bist?«

»Dann bin ich berühmt.«

»Wofür?«

»Für alles.«

»Zum Beispiel?«

»Na, für meine Art, mich zu kleiden, und für die Musik, die ich höre. Einfach für alles.«

Er bemerkte, dass sie die Sugar-Dakota-Kette trug. Sie hatte sie also gekauft. »Ich sage das nur ungern, Annie Moon, aber du hast keine … reiche Familie.« Er hätte fast »reichen Vater« gesagt – hätte es gern gesagt –, bremste sich aber in letzter Sekunde. »Du wirst irgendwie Geld verdienen müssen.«

»Berühmte Leute verdienen *haufenweise* Geld.«

»Sicher, nur haben sie zunächst etwas dafür getan, berühmt zu werden, richtig?«

»Nicht jeder muss Geld verdienen, Opa.«

»Entweder man hat schon Geld, oder man muss es verdienen. Glaub mir.«

»Verdienst du Geld? Sitzt du deshalb hier?«

Er sagte, dass er versuche, etwas zu schreiben.

»Ein Buch?«

»Nein, etwas über Nana. Für die Gedenkfeier.«

»Du bist immer noch nicht fertig?«

Nachdem sie gegangen war, ärgerte er sich, weil er die Frage, warum er ausgerechnet in das Schuhgeschäft eingestiegen war, sinnvoller hätte beantworten können. Eltern und Großeltern hatten die Aufgabe, Kindern begreiflich zu machen, dass nicht alles automatisch geschah, jedenfalls meistens nicht, und dass sich fleißige, konzentrierte Arbeit am Ende als segensreich erwies. Er glaubte, die Verantwortung zu haben, seiner Enkelin zu verdeutlichen, dass er ein Ziel verfolgt hatte, das eins mit seinem Leben gewesen war. Er bezweifelte manchmal, dass das wirklich stimmte, und sehnte sich ab und zu nach einem alternativen Leben, dessen größter Reiz darin bestand, dass es vollkommen anders war. Was sein eher alltägliches Leben betraf – auf das er ohne Reue zurückschauen zu müssen glaubte, weil dies Zuversicht und Charakterstärke bewies und sich so gehörte –, so redete er sich ein, dass sein Lebensweg genau dem entsprach, was in ihm angelegt gewesen war und per se einen Sinn hatte, selbst wenn er diesen nicht in Worte hätte fassen können.

In Gegenwart Annies hatte er sich allerdings gefragt, ob die Zeichen, denen er als junger Mann gefolgt war, tatsächlich so eindeutig in eine bestimmte Richtung gewiesen hatten. Unter etwas anderen Umständen hätte er vielleicht ein ganz anderes Leben geführt. Was, wenn Ed ihm Maida am Ende doch nicht vorgestellt hätte? Was, wenn er sie nicht geheiratet hätte? Für welchen Beruf hätte er sich dann entschieden? Ohne das Darlehen von Maidas Vater hätte er sich nicht selbstständig machen können. Und wenn er nicht die Verantwortung für Frau und Kind hätte tragen müssen, wäre auch ein anderer Berufsweg denkbar gewesen.

Das war ein Spiel – was hätte er erreichen können, wie hätte sein Leben andernfalls ausgesehen –, das er spielte, bis er am Ende *Stopp* sagte und vor dem Unbehagen zurückwich, das er in sich selbst geschürt hatte. Dann übernahm ein konservativerer Teil seines Bewusstseins die Kontrolle, einer, der seine Entscheidungen uneingeschränkt begrüßte und für die Rückkehr in seine vertraute, behagliche Welt sorgte.

Er bezweifelte, dass irgendetwas in seinem Leben willkürlich gewesen war. Das konnte nicht sein.

Er hatte Annie nichts vorgemacht, als er seinen Vater erwähnt hatte, doch die These, er habe ein Schuhgeschäft geführt, weil sein Vater in einer Gerberei gearbeitet hatte, war natürlich viel zu simpel. In Wahrheit hatte er seinen Vater kaum gekannt, und dieser war zu früh gestorben, um miterleben zu können, was aus seinem Sohn wurde. Trotzdem nahm Genes Vater bis zum heutigen Tag Einfluss auf sein Leben. Genau das hätte er Annie klarmachen müssen, aber sie war noch zu jung, um zu begreifen, dass ein Mensch ihr Leben prägen konnte, obwohl er eine Leerstelle für sie war.

Nach Hause zurückgekehrt, fand er eine an ihn adressierte Beileidskarte sowie diverse Schreiben für Dary vor, die ihre Post an seine Adresse weiterleiten ließ. Eines der Schreiben war ein Newsletter von Annies Schule, und er warf auf dem Weg zum Haus einen Blick hinein. Der Newsletter enthielt das Porträt eines ehemaligen Schülers, der seinen Lebensunterhalt mit Jonglieren und Origami verdiente (das »und« amüsierte Gene am meisten – nicht entweder/oder, sondern beides), und einen Bericht über eine Veranstaltung für Eltern, bei der ein Buch mit dem Titel *Kindererziehung in einer Regenbogen-Welt* von der Autorin vorgestellt worden war. Auf der Rückseite standen Termine, etwa von Gruppentreffen für Adoptiveltern, für die Freiwilligen alleinerziehenden Mütter und den East-Bay-Buchclub für Lesben und Schwule. Er fragte sich, ob es diese Art von Kultur war, die Dary veranlasst hatte, sich für diese Schule zu entscheiden – die Hoffnung, diese Einrichtung würde ähnliche Eltern anlocken, Frauen, die beschlossen hatten, ohne Mann ein Kind zu bekommen.

»Lesen Lesben und Schwule andere Bücher als der Rest der Welt? Haben sie deshalb einen eigenen Buchklub?«

Dary saß im Wohnzimmer vor Genes Computer. »Manchmal sollte man besser nicht laut denken«, meinte sie.

»Ich meine das ernst«, erwiderte er. »Die Frage war ernst gemeint.«

Sie wollte wissen, ob Post für sie gekommen war.

»Warum erzählt man mir nie etwas? Wenn es einen Buchklub gibt, der sich darauf gründet, mit wem man am liebsten Sex hat, dann würde ich gern wissen, warum. Wieso gibt es keinen Buchclub für Männer, die auf Frauen stehen?«

Sie griff nach dem Stapel Post, den er in der Hand hielt.

»Oh, schau mal«, sagte er. »Das kommt vom Walden.« Bevor Dary danach greifen konnte, riss er den Umschlag auf und sah, dass dieser einen Vertrag enthielt. »Was ist das?«, fragte er.

»Oh«, sagte sie und erzählte ihm dann, sie habe am Dienstag unterschrieben. Die Gedenkfeier werde dort stattfinden.

Er ging in Gedanken in der Woche zurück. »Aber das war der Tag, an dem wir uns das Veteranenzentrum angeschaut haben.«

»Du hattest viel um die Ohren.«

»Das verstehe ich nicht. Du konntest unterschreiben, ohne eine Kaution zu hinterlegen?«

»Ich habe eine Kaution hinterlegt. Natürlich.«

»Aber das ist meine Sache.«

»Dad – darum bin ich hier. Du musst schon erlauben, dass ich dir manches abnehme.«

Er hätte nie behauptet, auf seine Tochter sei kein Verlass, schien ihr aber trotzdem in mancher Hinsicht zu misstrauen. Denn wie ließ sich sonst erklären, was er später am Abend tat, während sie draußen die Kletterhortensie goss? Die Urne mit Maidas Asche war eigentlich ganz okay, sah aber billig aus, und das Akanthusblättermuster auf dem Deckel war auch schon etwas abgewetzt. Die leere Dose für löslichen Kaffee, in die er die Asche kippte, um sie anschließend hinter einer Schachtel mit selten benutztem Maismehl zu verstecken, war nicht unbedingt eine Aufwertung. Er versuchte erst gar nicht, sein Handeln vor sich selbst zu rechtfertigen, sondern tat es einfach. Die Urne mit dem Akanthusblättermuster (die er mit Maismehl füllte, damit sie Gewicht hatte) stand schon wieder auf dem Sideboard im Esszimmer, als Dary ein paar Minuten später hereinkam, um den Wasserhahn zuzudrehen.

5

Die Veranda des Hauses der Familie Ashe war immer zu schmal gewesen. Maida hatte dies jahrelang ändern wollen, aber wenn sie darüber sprachen, fanden sie stets einen Grund, das Geld für andere Dinge auszugeben, was Gene insgeheim frohlocken ließ. Er war unter anderem so zurückhaltend, was Veränderungen am Haus betraf, weil ihm aufgefallen war, dass Renovierungen stimulierend wirken konnten, künstliche Aufregung erzeugten oder, schlimmer noch, zu einer Sucht wurden, die mehr und mehr Geld verschlang.

Die Besessenheit, die die Donnellys bei der Verschönerung ihres Hauses zeigten, war nicht nur an der Umwandlung von Zimmern, dem Austausch von Geräten, Isolationsmaterial oder Überwachungssystemen zu erkennen, sondern auch an der Beziehung zu ihrem Handwerker. Wenn sie von ihm sprachen, dann verblüffenderweise so besitzergreifend, als wäre er ein geschätztes, zugleich aber tief unter ihnen stehendes Familienmitglied wie ein Hausdiener oder ein Kindermädchen. Bei Partys oder Treffen wohlhabender Leute bot Ed manchmal irgendwelchen Bekannten mit Umbauplänen an, ihnen den Mann auszuleihen, als hätte dieser nicht auch ein Wörtchen mitzureden.

Irgendwann war die Veranda der Ashes dann doch renoviert worden, und das kam so: Im vergangenen Jahr hatte Maida gegenüber Ed den Wunsch nach einer neuen Veranda geäußert, und Ed sprach gleich am nächsten Tag mit dem Handwerker. Die beiden diskutierten über ein paar Ideen, und danach fertigte der Bauunternehmer mehrere Entwürfe an, die Gene unterbreitet wurden, allerdings eher hintenherum. Die Donnellys luden das Ehepaar Ashe unter dem Vorwand ein, endlich eine Entscheidung über die Farbe ihrer neuen Küchenfliesen zu fällen, und wie es der Zufall wollte, lagen an jenem Abend die Entwürfe für die Veranda neben der Fliesenauswahl, und der Handwerker war zugegen, um seine Pläne zu erklären.

Gene ahnte, dass es sinnlos wäre, sich gegen die neue Veranda zu sträuben. Sein zentraler Beitrag bestand in dem Vorschlag, die Veranda selbst zu bauen, weil das günstiger wäre. Die anderen nahmen dies zunächst ernst, respektierten anders gesagt Genes Wunsch, etwas mit eigenen Händen zu schaffen. Doch im weiteren Verlauf des Gesprächs ging es nur noch um die Frage, wann die Donnellys den Handwerker, der in ihrem Haus noch dies und das zu erledigen hatte, entbehren konnten.

Am Ende baute der Mann die von Maida gewünschte Terrasse, tief und mit langen Dielenbrettern, die parallel zur Vorderseite des Hauses verliefen und in den Ecken in einem hübschen diagonalen Muster ausliefen. Das blasse Haus wurde in einem knalligen Blau gestrichen, eine Farbe, die Gene nur aus den Badezimmern von Musterhäusern kannte. Die neue Veranda (weiß wie der Zierrat des Hauses) war breit genug für Möbel. Der Handwerker zimmerte einige Gartenbänke aus Eschenholz, die er mit einer natürlich wirkenden Beize behandelte. Sie waren reizvoll, keine Frage, aber wenn Gene allein war, saß er am liebsten auf der Treppe zum Hof, weil er das überflüssige Projekt, für das sie jede Menge Geld verpulvert hatten – und sei es nur, um zu den Leuten zu gehören, die viel Geld für Frivolitäten ausgaben –, dort nicht vor Augen hatte.

Diese Meinung wurde natürlich nicht von allen geteilt. Maida hatte sich genau diese Renovierung gewünscht. Und wenn Ed vorbeischaute, verlieh er stets seiner Zufriedenheit Ausdruck, ging einmal sogar so weit, eine Bank abzurücken und auf den Kopf zu stellen, um die Unterseite untersuchen zu können. Er würdigte die Arbeit mit einem anerkennenden Brummen und sagte: »Jawoll, der Mann hat's drauf.«

Als Ed morgens erschien, um Annie zum Zelten abzuholen, war diese noch nicht bereit. Daraufhin sagte Ed, er wolle draußen warten, und Gene fühlte sich verpflichtet, ihm Gesellschaft zu leisten. Es war schon warm, zu warm für die frühe Stunde. Die Luft roch nach dem Fluss, nach dem schalen Wasser, das an morschen Booten leckte, und den verwesenden Fetzen toter Fische, die die Ufer verunstalteten. Sie setzten sich auf eine der Bänke, und Ed sah erneut zur Traufe der Veranda auf, als hätte er dieses Mal eine andere Meinung von der Arbeit. »Gut, dass ihr Wunsch noch in Erfüllung gegangen ist«, sagte er.

Gut, dass ihr Wunsch noch in Erfüllung gegangen ist, hallte es in Genes Kopf nach.

»Ist wirklich eine Verbesserung, kann man nicht anders sagen«, meinte Ed.

»Ja, sieht gut aus«, erwiderte Gene.

Das Schweigen, das eintrat, war weder entspannt noch verkrampft. Gene fand den Umgang mit Männern im Allgemeinen schwieriger als den mit Frauen. Es war nie ganz klar, wer sich nach wem erkundigen musste oder ob es nicht doch um etwas ganz anderes ging, etwa darum, im direkten Umgang dem eigenen Unbehagen zu trotzen, ohne sich wie ein bedrohtes Geschöpf zu verhalten. Seine Freundschaften mit Männern waren oft mühsam gewesen. Sie basierten auf ähnlichen Lebensumständen, und sobald sich diese änderten, verschwand auch das Verbindende. Seine Freundschaft mit Ed stellte eine Ausnahme dar, obwohl sie vor der Geburt ihrer Kinder geglaubt hatten, diese würden ihr soziales Leben, vor allem aber die Freundschaften ruinieren. Am Ende hatten sich die Kinder als das Verbindende erwiesen, und die Eltern hatten rasch gemerkt, dass man auch den Kindern anderer Leute gewisse Formen der Unterstützung und des Wissens zukommen lassen konnte. Gayle und Ed hatten ein großes Interesse an Dary entwickelt, Maida mochte Colin und Michael besonders gern, und Gene hatte einen guten Draht zu Brian.

Gene vermutete, dass er Brian unter anderem deshalb vorzog, weil dieser nie das soziale Selbstvertrauen seiner Brüder gehabt hatte. Er war der schlaksige Zehnjährige, der die *Der Krieg der Welten*-Ausgabe seines Vaters hinten im Auto las, die Füße gegen das Fenster gestemmt, während Ed und Gene im Laden waren, um Angelruten zu kaufen. Mit fünfzehn verkündete er allen, er wolle später Flugzeuge konstruieren, und studierte dann tatsächlich Ingenieurswissenschaften mit Schwerpunkt Luftfahrtkunde. Im dritten Studienjahr lernte er Allison kennen, Tochter eines Frachtpiloten, und die beiden heirateten sofort nach dem Abschluss und zogen nach Florida, wo er eine Stelle in einer Luftfahrtfirma bekommen hatte. Damals waren Immobilien günstig, und Brian meinte, sie könnten ihr Traumhaus innerhalb eines Jahrzehnts besitzen, wenn sie zweimal ein kleineres Haus kauften, sanierten und dann mit Gewinn verkauften. Also zog er mit Allison in einen Bungalow, und sie setzten den Plan in die Tat um. Sie hatten zwei begabte Kinder, Zwillinge, die inzwischen Teenager waren: einen Sohn, den sie zweimal zu einem Fußballsommercamp in Moldawien geschickt hatten, weil man das Sporttraining für Jugendliche dort ernster nahm als in Amerika, und eine Tochter, die bei dem ehemaligen Dirigenten eines Symphonieorchesters Privatunterricht im Komponieren nahm.

Gene hatte nie begriffen, warum Ed mit einem so klugen und erfolgreichen Sohn nicht klarkam. Als er sich danach erkundigt hatte, hatte Ed widersprochen und gemeint, er komme mit Brian genauso gut klar, wie dieser mit anderen klarkomme; es sei nur etwas schwierig, weil er so verschlossen sei. Brian spürte sicher, dass sein Vater kein großes Interesse an ihm hatte, und Gene, der glaubte, dies wettmachen zu müssen, fühlte sich dem jungen Mann daraufhin auf eine väterliche Art noch stärker verpflichtet.

Nun fragte Gene: »Wie geht's Brian? Wie viele Häuser besitzt er inzwischen?«

»Wenn er Pech hat, besitzt er bald keines mehr«, antwortete Ed und erzählte, dass Allison die Scheidung eingereicht habe.

Diese Neuigkeit überraschte Gene. In seinen Augen war die Ehe trotz aller Herausforderungen eine stabile Institution. Brian und Allison waren Menschen, die ihre Pläne in die Tat umsetzten, ob im Hinblick auf Immobilienbesitz oder Kindererziehung. In diesen Bereichen waren sie erfolgreicher als viele andere Eltern, und wenn *sie* nicht zusammenblieben, wie sollten es dann andere schaffen? Er wurde plötzlich von einer tiefen Traurigkeit erfüllt, einer Traurigkeit und einem seltsamen Schuldgefühl, weil er in seinem Leben eine Freude erfahren hatte, die, wie sich immer wieder zeigte, für die nächste Generation unerreichbar war. Seine Ehe hatte neunundvierzig Jahre gehalten. Wie vielen Menschen, die jetzt oder zu einem späteren Zeitpunkt lebten, wäre das vergönnt? Sein Schuldgefühl war mit dem Eindruck verbunden, persönlich versagt zu haben: Sie hatten es nicht vermocht, ihren Kindern bestimmte Fähigkeiten mit auf den Weg zu geben. Offenbar hatten sie es versäumt, ihrem Nachwuchs den Unterschied zwischen der heißen Phase der Liebe, in der ein kleiner Patzer für das plötzliche und endgültige Aus sorgen konnte, und der Ehe vor Augen zu führen, die unter anderem die Aufgabe hatte, Fehltritte zu absorbieren und daran zu wachsen. Wussten sie denn nicht, dass die Ehe keine Immunität gegenüber Konflikten garantierte?

»Allison hat es irgendwann kapiert«, sagte Ed. »Ihr wurde klar, dass Brian für die Kinder blechen muss, egal ob sie weiter verheiratet sind oder nicht.«

»Vielleicht droht sie nur damit, um ihren Willen zu bekommen«, meinte Gene.

»Sie will die Ehe beenden, sonst nichts.«

»Das sagt man so, wenn man sauer ist. Das ist wie ein Spielzeug zum Kauen. Man beißt darauf herum, schluckt es aber nicht.«

»Soll Brian ihr etwa sagen, dass sie eine Lügnerin ist?«

»Und was, wenn ein todkranker Patient zu dir kommt? Sagst du dann: ›Tja, Pech gehabt, Kumpel, beim nächsten Mal läuft's vielleicht besser.‹ Oder tust du alles in deiner Macht Stehende, um ihn zu retten?«

»Wir päppeln ihn auf.«

»Tja, da hast du die Antwort.«

»Aber am Ende sterben sie doch.«

»Mag sein, aber du gibst dir trotzdem Mühe. Du würdest eine ganze Woche wach bleiben, wenn du überzeugt wärst, dadurch jemanden retten zu können.«

»Ich weiß nicht recht. Inzwischen wohl nicht mehr. Wenn du das einmal gemacht hast, bist du fertig. Man begreift ziemlich schnell, dass man nur durchhalten kann, wenn man sich nicht immer komplett verausgabt. Man kann sich nicht ganz auspowern, selbst wenn das bedeutet, dass jemand stirbt.«

»Du bist zu bescheiden.«

»Ich glaube nicht an Bescheidenheit. Das ist nur verkappte Arroganz.«

»Du würdest dein Bestes geben.«

»Vielleicht«, erwiderte Ed. »Aber man kann sich niemandem hundertprozentig hingeben.«

»Wenn es Brians dritte oder vierte Ehe wäre, ja, dann wäre es verständlich, dass man ihm den Rücken zukehrt. Aber er ist ja noch jung.«

»Er begeht den Fehler, Allison zu sagen, sie dürfe ihn nicht verlassen, weil sie damit sein Leben zerstöre. Ich habe ihm geraten, ihr zu sagen, sein Leben sei nie besser gewesen.«

»Frauen finden es gut, wenn man gelegentlich um sie kämpft«, sagte Gene. »Das frischt ihre romantischen Gefühle auf.«

»Ich rede über eine Ehe. Wenn Brian wüsste, was gut für ihn ist, dann würde er akzeptieren, dass es aus ist, und sich Gedanken über sein weiteres Leben machen. Genau das tut Allison.«

»Aber die Sache ist erst aus, wenn einer der beiden stirbt«, wandte Gene ein. »Und selbst dann nicht, weil einem die Kinder bis zum Schluss erhalten bleiben.«

Ein nagelneuer silberfarbener Kombi verlangsamte auf der Straße das Tempo und hielt an der Bordsteinkante.

»Apropos«, sagte Ed, indem er aufstand, »Colin treibt sich hier herum, während wir am Wochenende seine Kinder nehmen.«

Ed ging seinem Sohn entgegen, und die beiden großen Männer begrüßten sich auf der Straße mit einer doppelten Umarmung, die es erforderte, dass sie ihre Arme verlagern mussten. Dann gingen sie zum Haus, beide lächelnd, nur dass Colins Lächeln eine breitere und optimistischere Version des Lächelns seines Vaters war. Er hatte die schmalen Lippen und die breite, glatte Stirn von Ed geerbt.

Mit zweiundzwanzig, als alle anderen am College um Jobs in der Wirtschaft und im Consulting gewetteifert hatten, hatte er beim Friedenscorps unterschrieben und war dann zwei Jahre im Senegal gewesen. Diese Entscheidung war ein Thema, mit dem seine Eltern auf Partys alles in den Schatten stellen konnten, was andere über ihre Kinder zu erzählen hatten, und das hatte Ed und Gayle gefallen. Seit der Heimkehr führte Colin ein Leben, dass sich nicht groß von dem seiner Altersgenossen unterschied – er hatte noch einmal studiert, um seinen MBA zu machen, und war jetzt ein anständig bezahlter CFO bei einer Non-Profit-Organisation in Boston, wo er viele Überstunden schob und wie alle anderen rentenversichert war –, aber Ed war auf eine Art stolz auf ihn, die sich sowohl aus der jetzigen Situation als auch aus der Vergangenheit zu speisen schien, als Colin ein mutiger, wenn auch etwas eingeschüchterter junger Mann gewesen war, der Dorfbewohnerinnen im Alter seiner Mutter in Unternehmensführung unterrichtet hatte. Ed war auch stolz auf Michael, obwohl es sich bei diesem etwas anders verhielt, denn Michael war im Finanzwesen tätig, und Ed hatte etwas gegen aggressive Kapitalvermehrung. Michaels erster Job in der Wall Street hatte er allerdings mehr oder weniger dem Zufall zu verdanken. Damals hatte ihm sein Förderer bei den Anonymen Alkoholikern einen Kontakt zu jemandem vermittelt, der Verständnis für seine Situation gehabt hatte, und Michaels Kampf darum, trocken zu werden, stellte in Eds Augen ein ausreichend großes und schmutziges Gegengewicht zu dem auf Geld fokussierten New Yorker Lebensstil seines jüngsten Sohnes dar.

Colin küsste Gene auf beide Wangen, ein Begrüßungsritual, das dieser etwas übertrieben fand und das sich vermutlich Colins Zeit im Ausland verdankte. Dann folgte die erste Umarmung, doch Gene entwand sich, bevor diese wiederholt werden konnte.

»Wow«, sagte Colin und zeigte auf das Haus. »Ihr habt euch ja richtig ins Zeug gelegt.«

»Das ist Maida zu verdanken.«

Bei der Erwähnung Maidas ergriff Colin Gene bei den Ellbogen und sah ihn mit fast unerträglicher Milde an. »Sie war wirklich besonders«, sagte er dann. »Im Gegensatz zu vielen anderen Leuten ist sie einem nie mit irgendwelchem Eiteitei gekommen.

Als Kind habe ich ihr erzählt, dass ein Monster manchmal mein Gesicht klaue und sich meine Kleider anziehe, während ich schlief, und dann in der Gegend herumlaufe und anderen Leuten richtig schlimme Dinge antue, nur könne ich das niemandem erzählen, weil natürlich alle glaubten, ich wäre der Übeltäter. Und sie sagte: ›Oh, ich glaube, das Monster kenne ich auch.‹ Das vergesse ich nie. Andere Eltern hätten gesagt, es sei nur ein Traum und ich solle nicht mehr daran denken. Justine und ich sprechen oft darüber. Denn *wir* gehören zu den Eltern, die ihren Kindern sagen, sie sollen sich keine Sorgen machen. Maida wusste, wie man mit Kindern spricht. Meine Mom versucht es auch, aber …«

»Deine Mutter ist eine Heilige«, sagte Gene. »Glaub mir.«

Annie kam auf die Veranda, einen großen, prall gefüllten und merklich nach links geneigten Rucksack auf den Schultern.

»Schau mal, wer da ist, Schatz«, sagte Gene. »Onkel Colin.«

»Hallo, Annie«, sagte Colin. »Mein Gott, unfassbar, wie groß sie plötzlich sind, wenn man sie eine Weile nicht gesehen hat.«

Dary stand mit einem Fotoapparat in der Tür. »Sie wachsen besonders rasant, wenn man sie nicht sehen kann. Das ist ihre hinterlistige Art.«

»Komm mal her, du Schurkin«, sagte Ed.

Annie ging langsam und vorsichtig die Stufen hinunter. Als sie vor Ed stand, begann dieser, einige Riemen ihres Rucksacks zu straffen und andere zu lockern. »Wie fühlt es sich an?«, fragte er.

»Schwer.«

»Tja, er bleibt schwer, das lässt sich nicht ändern.« Er hantierte weiter mit den Riemen, bis der Berg aus blauem Nylon gerade auf ihrem Rücken saß. »Besser so?«

»Ich lebe noch, schätze ich.«

Ed drückte voller Zuneigung ihren Kopf. »Das ist die richtige Einstellung.«

6

Während Gene auf Dr. Fornier wartete, betrachtete er sich im Spiegel über dem Waschbecken. Er hatte kaum noch eine Beziehung zu seinem Körper, diesem breiten Gestell, das seine Enkelin bis heute manchmal ohne Vorwarnung ansprang. Sein Bauch war so rund wie eh und je, aber sein Fleisch kam ihm vor wie das Überbleibsel eines Lebens aus der Zeit vor Maidas Tod, als jedes Essen noch ein Aroma gehabt hatte, das er geschmeckt und nach dem er sich manchmal gesehnt hatte, eine Zeit, als Essen und Trinken mehr gewesen waren als die tägliche Pflichtübung zur Nährstoffaufnahme. Er legte sich die Hände auf das Gesicht, das sich so wellig anfühlte, als wäre es eine selbst gebastelte Maske.

Ein lautes, zweimaliges Pochen, dann trat Dr. Fornier ein. Nach der gewohnten Begrüßung begann die amtliche Prozedur, und Dr. Fornier stellte jede Menge Fragen.

»Schlaf?«

»Ich brauche nicht viel.«

»Wie viele Stunden pro Nacht?«

»Zusammenhängende Stunden?«

Dr. Fornier notierte etwas. »Irgendwelche Probleme mit dem Gehen, dem Gleichgewicht oder der Motorik allgemein, seit wir uns das letzte Mal gesehen haben?«

»Nicht, dass ich wüsste.«

Dr. Fornier legte die Notizen auf sein Knie und begann, über den Fuß zu dozieren, im Alter plötzlich ein Brennpunkt der Gefahren, mit eingewachsenen Nägeln, ständiger Feuchte, subkutanen Warzen, Schwellungen, Schwären und höchst unerfreulichen Gerüchen. »Befinden des Fußes«, beschloss er seine Worte, als hätte er soeben einen Zustand klassifiziert, der bis in alle Ewigkeit mit seinem distinguierten Namen und Werdegang verbunden wäre. »Irgendwelche Probleme?«

»Nicht, dass ich wüsste.«

»Das ist die Schwierigkeit, nicht wahr? Je älter wir werden, desto weiter entrücken uns die Füße.« Er sagte das so wehmütig und rücksichtsvoll, als würde sich seine Expertise zu diesem Thema nicht Ausbildung und Berufspraxis verdanken, sondern eigener leidvoller Erfahrung. Dr. Fornier war allerdings mindestens zehn Jahre jünger als Gene.

Er berührte einen von Genes Zehen. Ob er auch blind sagen konnte, welcher es war? In solchen Momenten hasste Gene seinen Arzt. Der Hass schoss durch seinen Körper und vereinte sich mit jenem, der bei seinem letzten Termin geweckt worden war, als Dr. Fornier seinen Wackelkandidaten von Fußknöchel untersucht hatte. Gene hatte dem Arzt vorführen müssen, wie er einen Stock benutzen würde, eine Sache, die erstens absolut irrelevant war, weil er niemals einen Stock benutzen würde, und zweitens ungeheuer beleidigend, weil nur ein Vollidiot bei der Benutzung eines Stocks versagen konnte. Während dieser demütigenden Übung hatte Dr. Fornier so besorgt und so lobend getan, als wäre er ein Vater und Gene sein kleines Kind.

»Irgendwelche Besonderheiten im Hinblick auf Stimmung, Essverhalten und Übungen?«

»Damit kann ich leider nicht dienen«, sagte Gene

»Immer noch Humor«, bemerkte Dr. Fornier anerkennend und machte sich wahrhaftig eine Notiz. »Ah, und noch eine Frage:

Warum hat sich Ihre Tochter Ihrer Meinung nach gewünscht, dass Sie mich aufsuchen?«

Gene blickte auf, als stünde die Antwort unter der Decke. »Meine Frau ist verstorben.«

Dr. Fornier hob den Blick von seinen Notizen. »Ja«, sagte er. »Richtig. Wie geht es Ihnen damit? Kann ich Ihnen das Leben diesbezüglich irgendwie erleichtern?« Er musterte Gene wie jemand, der einen letzten Blick auf etwas Komplexes wirft, um es sodann in etwas Einfaches und Anschauliches zu übersetzen. »Sorgen wir doch dafür, dass Sie wieder Sie selbst sind, Eugene«, sagte er mit forscher Zuversicht. Dann holte er einen kleinen Block aus der Schublade und begann zu kritzeln. »Ich verschreibe Ihnen etwas, das beim Einschlafen hilft, und etwas, das Sie sozusagen wieder weckt.« Er riss den Zettel ab und reichte ihn Gene. »Sie berichten mir, ob es anschlägt, ja?«

Dary traf ihn unten in der Apotheke. Sie war auf die übliche Art gekleidet. Es gab kaum Unterschiede zwischen ihrem privaten und ihrem öffentlichen Kleidungsstil: Ob zu Hause oder in freier Wildbahn, sie trug stets formlose Tops, die aussahen wie die unausgeführte Idee für ein Shirt, und straffe Leggings, die man bevorzugt Babys und Elfjährigen verpasste – anders gesagt all jenen, die den spontanen Wunsch verspürten, sich für ein Nickerchen auf den Fußboden zu betten. Dary hatte nie die Kleidungsphasen berufstätiger Frauen durchlaufen, die sich mit jedem Karriereschritt schlampiger anziehen, aber sie hatte es auch versäumt, umwerfend auszusehen. Wenn man das Leben insgesamt betrachtete, fiel das zwar nicht groß ins Gewicht, nur wusste man nie, wem man über den Weg lief, wenn man irgendetwas erledigte.

Er konnte das Rezept abgeben, ohne sich anstellen zu müssen. Sein Name wurde schon nach zehn Minuten aufgerufen. Aber vor der Medikamentenausgabe gab es eine Schlange. Mehrere Kunden warteten vor einem schmuddeligen gelben Streifen auf dem Boden, der der Person, die am Schalter instruiert wurde, eine gewisse Privatsphäre sichern sollte. Dary erbot sich, für ihn anzustehen, aber die Vorstellung, dass sie seine Medikamente abholte, war ihm peinlich. Er konnte nicht verhindern, dass sie mitbekam, wie er körperlich nachließ, aber sie musste dafür nicht auch noch einen greifbaren Beweis erhalten. Warum, fragte er sich, war es so demütigend, sich zum körperlichen Verfall zu bekennen? Warum schienen ihn seine Defekte in ein so schlechtes Licht zu rücken, als hätte er sich schuldig gemacht? Das war doch genauso widersinnig wie der Stolz mancher Leute auf ihre eiserne Gesundheit. Und dennoch war seine Scham eine konkrete Tatsache.

Schließlich rief ihn die Apothekerin. Sie holte zwei Plastikröhrchen aus einer Papiertüte, eines mit blauen, eines mit weißen Tabletten. Sie fragte ihn, ob er die Medikamente schon einmal genommen habe, und er sagte, er wisse es nicht genau. Das eine Medikament, erklärte sie ihm, helfe beim Einschlafen, das andere gegen Erektionsstörungen.

»Aber das wollte ich gar nicht«, flüsterte er erbost über den Tresen.

»Kein Grund, sich zu schämen«, erwiderte sie. »Es gibt jede Menge jüngere Männer, die das verlangen.«

»Aber das muss ein Missverständnis sein.«

»Wollen Sie das Rezept sehen?«

Er hörte, wie seine Tochter hinter ihm fragte: »Ist alles in Ordnung, Dad?«

»Ja, ja, alles bestens«, antwortete er in dem Gefühl, diese Worte nicht nur an seine Tochter, sondern an alle anderen Menschen im Raum zu richten, die ihn hören konnten. Er bezahlte die Medikamente in aller Eile und riss die auf dem Tresen liegende Papiertüte an sich.

»Was war denn los?«, wollte Dary wissen. »Gab es ein Problem mit der Krankenkasse?«

»Wenn man die Generika haben will, muss man jedes Mal extra darum bitten.«

»Ja, das ist wirklich ätzend«, sagte sie.

Abends nahm er vor dem Zubettgehen zwei Schlaftabletten. Die Wirkung war sonderbar, denn er wurde schläfrig, war aber nicht müde. Er hörte auch nicht auf nachzudenken; seine Gedanken rotierten nur langsamer, als gäbe es mehr Reibung auf den geistigen Gleisen. Eine Stunde verging, dann noch eine, und sein Körper bäumte sich immer noch gegen das Mittel auf, wollte sich der benebelnden Wirkung nicht beugen. Es musste schon sehr spät sein – er hörte kein einziges Auto mehr, nicht einmal in der Ferne –, doch er scheute sich, auf die Uhr zu schauen.

Seine Tochter telefonierte im Nebenzimmer. Ihr leises, moduliertes Gemurmel wurde ab und zu durch ein betrübtes Lachen unterbrochen. Gene musste wieder daran denken, dass Dary beim Tod ihrer Mutter nicht da gewesen war, denn Maida war vollkommen unerwartet gestorben. Sie war nicht krank gewesen, sondern hatte ein künstliches Kniegelenk erhalten. Die Operation war erfolgreich verlaufen, und sie wurde entlassen, und drei Tage später starb sie dann überraschend an einem Blutgerinnsel. Er fragte sich, ob es Dary belastete, während der letzten Tage nicht bei ihrer Mutter gewesen zu sein, ob es sie schmerzte, dieses einschneidende Ereignis verpasst zu haben, oder ob sie froh darüber war, dass ihr etwas Schreckliches erspart geblieben war.

Wenn er früher über die Vergänglichkeit nachgedacht hatte, waren er und sein Tod einander in synchronen Schritten näher gekommen: Der Tod, so hatte er geglaubt, würde ihn wohl in Form einer Krankheit einholen, und er würde die verbleibenden

Wochen, Monate oder Jahre nutzen, um sich darauf vorzubereiten. Am Ende wäre er sicher trotzdem nicht bereit, aber vielleicht sorgte der immer näher rückende Tod für eine Steigerung der Lebensintensität, die zwar nicht das Problem der Endlichkeit des Lebens löste, aber die Schwierigkeiten, mit denen er stets gehadert hatte. Das Krebsgeschwür Zeit – so sah seine Vorstellung aus. Er glaubte, das Lebensende gliche der Frist bei einer Krebserkrankung, nicht lang genug, um noch alles zu sagen und zu tun, was ihm auf den Nägeln brannte, aber eine kurze Gnadenfrist, die sein Zeitbewusstsein schärfte. Maidas Tod, so willkürlich, so brutal rasant, hatte diese Illusion jedoch zertrümmert. Mit ein bisschen Glück bekam man eine Gnadenfrist, vielleicht aber auch nicht.

Warum hatte er es nicht über sich gebracht, Dary zu erzählen, was sich in der Apotheke zugetragen hatte? Warum diese alte Gewohnheit, ihr gegenüber so scheu zu sein? Aus Versehen ein Medikament gegen Erektionsstörungen zu erhalten – das war doch lustig, oder? Hätten sie nicht darüber lachen können? Sie könnten jetzt, zu dieser späten Stunde, noch zusammensitzen und sich gegenseitig zum Lachen bringen.

Am nächsten Abend wärmte Dary ein in Haushaltspapier gewickeltes Essen in der Mikrowelle auf, das sie auf dem Weg in ihr Zimmer futterte. Er stellte sich vor, wie sie sich an den Schreibtisch setzte, um der Person, mit der sie am Vorabend telefoniert hatte, einen Brief zu schreiben: *Lieber X, im Osten ist die Luft stickig, und mein Vater ist ein alter Mann.* Vielleicht arbeitete sie auch erfolgreich am Nachruf auf ihre Mutter, schrieb die im Kopf vorgeformten Sätze nieder, als würde man sie ihr diktieren. Ihr Nachruf wäre vermutlich klug und richtungweisend; sie war jemand, die sich gern in Kontroversen stürzte. Vielleicht würde sie Maida als Opfer darstellen, als tragische Gestalt, bedrängt von den Bedürfnissen der Kinder fremder Leute. Vielleicht würde sie versuchen, ihm die Schuld daran in die Schuhe zu schieben, indem sie ihn als lebenslangen Unterdrücker ihrer Mutter darstellte. Sodass man hinterher meinen konnte, die Menschen namens Gene und Maida hätten niemals auf einem Sofa gekuschelt, wären niemals eine Pizza essen gegangen, hätten niemals miteinander geschlafen.

Gayle und Esther Prince wollten bei der Gedenkveranstaltung auch etwas sagen. Es gäbe also vier Nachrufe, was er etwas viel fand. Andererseits wären es beinahe fünf gewesen, denn Dary hatte auch Ed gebeten, eine Rede zu halten. Er hatte zunächst eingewilligt, sich dann aber anders entschieden und gemeint, Gayle solle für sie beide sprechen. Das war von Vorteil für alle, denn Ed war nicht unbedingt dafür bekannt, kurz und präzise zu reden.

Gene fragte sich, was Gayle und Esther über Maida sagen würden und was über ihn. Was Gayle betraf, so konnte man sich auf ihre Schlichtheit und Ernsthaftigkeit verlassen. Ihre Rede wäre gütig und unbeschwert, vielleicht sogar heiter. Esther war schwieriger einzuschätzen. Sie war Maidas Mitbewohnerin am Bates gewesen, und die Freundschaft hatte gehalten, obwohl Maida abgegangen und Esther nach Boston gewechselt war, um dort ihren Master zu machen. Esther hatte bis heute platinblonde Haare und eine Wespentaille. Ihre Nasenlöcher waren schmale Schlitze, und ihre Stirn war so breit, dass man eine Nachricht darauf hätte hinterlassen können, aber diese Extreme schienen ihre Attraktivität nicht zu mindern. Sie gehörte zu jenen Frauen, die sowohl Männer als auch Frauen für umwerfend hielten, und sie hatte sich wohl an ihre Schönheit gewöhnt und obendrein das Gefühl entwickelt, ihr gutes Aussehen konservieren zu müssen, so wie andere stets Schnurrbart oder Zopf als Ausweis ihrer Persönlichkeit trugen. Bei ihrer ersten Begegnung, sie waren damals in ihren Zwanzigern gewesen, war sie stets von Männern verfolgt worden, die unbedingt mit ihr hatten reden wollen. Sie hatte die Gefühle anderer Mädchen nicht geschont, indem sie vorgegeben hatte, genervt zu sein, sondern über ihre Verehrer gelacht und von ihnen gesprochen, als wären sie Anhängsel ihrer Person, die sie nach Lust und Laune ermutigen oder entmutigen konnte. Sie hatte nie geheiratet, war aber manchmal mit einem Mann verreist, den sie immer nur »den Griechen« genannt hatte. Gene hatte oft den Eindruck gehabt, dass Esther nur Maida zu Gefallen ein Interesse an ihm zeigte, eine förmliche Geste, die sie sowohl nervte als auch amüsierte. Er wiederum empfand sie als eitel und selbstzufrieden und war für ihre Schönheit deshalb nicht empfänglich.

Er dachte noch über sie nach, da schlug sein Körper sonderbare Kapriolen.

Da.

Und noch einmal.

Was anfangs ein angenehmes Gefühl gewesen war, jagte ihm plötzlich Angst ein. Irgendetwas in seiner Brust – seinem Herzen? – verkrampfte sich. Er griff an seine Brust, drückte die Hände auf die verkrampfte Stelle. Er konnte kaum atmen.

Schließlich verflog das Gefühl.

Sobald er sicher war, dass es sich nicht wiederholte, stand er auf und klopfte an Darys Tür.

»Was ist?«, fragte sie freundlich und doch in einem Ton, der signalisierte, dass er störte.

»Wollte nur nachschauen, ob du noch da bist«, sagte er durch die Tür.

»Ich bin noch da.«

»Okay. Ich auch.«

Das war schon alles.

Er verharrte im Flur vor den Fotos seiner Tochter und betrachtete das Fußballdoppelporträt aus ihrer Jugend: Sie kniete auf der einen Seite im Gras, und auf der andere Seite hatte sich die in gelb-braunen Trikots steckende Mannschaft versammelt. Die Schulfotos vor dem irgendwie kosmischen, grau marmorierten Hintergrund. Auf einem war ihr Pony zu einer merkwürdigen Dreiecksform geschnitten, auf einem anderen wurde eine Zahnlücke durch die Zungenspitze dramatisch betont, und alle anderen deckten ein ganzes Spektrum unterschiedlicher Frisuren und kieferorthopädischer Maßnahmen ab. Er hatte immer geglaubt, diese Fotos würden eine ganz persönliche, einzigartige Entwicklung nachzeichnen, aber nun kam ihm der Gedanke, dass sie für jede beliebige Kindheit stehen konnten und durch das Verstreichen der Zeit einen fast allgemeingültigen Charakter bekamen.

Vor vielen Jahren waren Maida und er zu der Einsicht gelangt, dass man ein Kind am besten großziehen könne, indem man sich etwas distanziere: Man dürfe es nicht als persönliches Versagen auffassen, wenn das Kind ungezogen sei, dürfe sich aber auch nicht geschmeichelt fühlen, wenn es lieb sei. Wie sich am Ende zeigte, hatten sie sich etwas vorgemacht, denn nichts war persönlicher, als die eigenen Gene samt all ihren Defekten an einen neuen Menschen weiterzugeben. Es erwies sich als nahezu unmöglich, keine Vorstellung davon zu haben, wie der eigene Nachwuchs zu sein habe, vor allem, wenn man erwartete, dass das Kind einen glücklich machte.

Er klopfte wieder an die Tür.

»Was ist denn?«

»Ist dir zu warm? Du kannst das Fenster öffnen.«

»Ist schon offen.«

»Und es hat sich nicht verklemmt?«

»Schreib einfach deine Rede, Dad, okay?«

Er ging nach unten, schaute eine Weile Nachrichten und sah dann nach seinen E-Mails. Er hatte keine neuen, ging aber noch einmal alle durch, zumal jene, bei denen er nicht wusste, ob er sie aufbewahren oder löschen sollte. Wie üblich fand er auch jetzt keinen triftigen Grund dafür, sich zu entscheiden. Er klickte den Bericht über ein Paar aus Ohio an, Touristen auf Hawaii, die rückwärts von einer Klippe gestürzt waren, als sie für ein Foto posiert hatten.

Schließlich ging er wieder nach oben und betrat Annies Zimmer, in dem all jene Kleider, die sie nicht für den Campingtrip eingepackt hatte, durcheinander auf dem Fußboden lagen. Ob es ihr Spaß machte, mit Ed und Gayle und deren Enkelkindern unterwegs zu sein? Hoffentlich. Obwohl er gleichzeitig hoffte, ihr Vergnügen hätte ein unsichtbares Parameter, das dafür sorgte, dass sie ihn ein klein wenig vermisste.

Dary telefonierte schon wieder. Er lauschte, an der Wand stehend. Sie sprach so leise, dass ihre Worte weniger wie sinnvolle Sätze, sondern eher wie dumpfe Musik klangen. In diesem ununterbrochenen Gemurmel wurde manchmal eine Formulierung hörbar.

Geht ja nicht darum, guten Willen zu zeigen …

Das ist leicht gesagt, wenn man davongekommen ist …

In seinen Augen ist das kein Teil der Gleichung …

Er öffnete das Fenster und streckte den Kopf ins Freie. Die Hitze brummte in seinen Ohren, insektenartig, elektrisch. Unten auf dem Hof standen zwei üppige Knopfbüsche mit breiten grünen Blättern, die in blassen, tellerförmigen Blüten ausliefen. Die Motten, die sich daran labten, flogen auf und formierten sich neu, flogen auf und formierten sich neu, je nach Wind. Er beugte sich weiter hinaus und hakte einen Fuß hinter die Lehne des

Schreibtischstuhls, um das Gleichgewicht nicht zu verlieren. »Na, dann«, hörte er Dary sagen. »Ja. Du auch.« Dann legte sie offenbar auf, denn sie erschien plötzlich am Fenster und setzte sich an den Schreibtisch.

Er huschte wieder in Annies Zimmer, war seiner Tochter aber immer noch so nahe, dass sie durch die offenen Fenster ein Gespräch hätten führen können. Auf dem Schreibtisch lag der Zettel, auf dem er die Worte »Irgendetwas Konkretes ist futsch« notiert hatte, immer noch neben einem Stapel leerer Blätter. Er hatte nichts ergänzt, nicht einmal einen kleinen entweihenden Schnörkel, und das fand er irgendwie enttäuschend. Er begann, das Blatt zu einem Flieger zu falten, eine vertraute Handlung, die seine Hände automatisch durchführten.

Danach beugte er sich aus dem Fenster und überlegte, in welchem Winkel er werfen musste, doch im nächsten Moment kam ihm der Gedanke, dass es ziemlich dumm wäre, bei dem Versuch, einen Papierflieger in Darys Zimmer zu werfen, den Tod zu finden. Wenn er auf dem Hof zu Tode stürzte, würde sie ihm das nie verzeihen. Er zog den Kopf zurück.

Er warf den Flieger auf den am nächsten stehenden Knopfbusch. Er hatte gut gezielt, und die farblosen Motten flogen auf und hingen kurz in der Luft. Dann kehrten sie wie auf ein Signal hin gemeinsam in den dunklen Busch zurück. Das war sozusagen alltägliche Magie. Hoffentlich hatte Dary es auch gesehen.

Er fragte sich, wie er und seine Tochter, auf jeweils eigenen Flugbahnen der Trauer unterwegs, bis an diesen Punkt gelangt waren. Hatte es lange gedauert – ihr ganzes bisheriges Leben – oder nur einen Wimpernschlag? Wann hatte Dary beschlossen, nicht mehr Teil seiner Welt zu sein? Es gab ein Foto, das sie mit maximal drei Jahren in einem knielangen T-Shirt der Wildcats bei einem Footballspiel der Universität von New Hampshire zeigte.

Als sie sich für ein College entscheiden musste, hatte er gehofft, sie würde sich dort bewerben, aber sie hatte schon beschlossen, in einem anderen Staat zu studieren. Sie hatte sich auch nicht am Walden beworben, wo sie stark reduzierte Gebühren bezahlt hätte, weil ihre Mutter dort tätig war. Stattdessen war sie von Colleges angezogen worden, die Tempeln glichen. Mit Sockeln und Türstürzen, in die man Phrasen über Wahrheit und Licht gemeißelt hatte. Diese Institutionen verlangten von den Studienanfängern nicht, ihre Karriere zu planen, sondern ermutigten sie, eine Erfahrung zu machen. Er hatte die Sorge, die dortige Ausbildung würde sie nicht auf die Welt vorbereiten, in der sie am Ende leben musste, und er versuchte, ihr dies zu vermitteln, ohne sie zu verletzen. Doch er schien zu vorsichtig vorgegangen zu sein, denn als sie von einer kleinen, privaten, liberalen Hochschule für Geisteswissenschaften in Massachusetts das Angebot für einen Studienplatz bekam, nahm sie freudig an.

Während die anderen Mädchen zu Tanzveranstaltungen und Wohnheimpartys gingen, trieb sich Dary mit einer kleinen Gruppe von Freunden herum, die sich Ruhm erwarb, indem sie die Collegeverwaltung nervte. Sie schrieben Petitionen und organisierten Demos gegen die Uniklinik, die Qualität der Mensa und ein geheiligtes Collegeritual, das vorsah, dass sich im Frühling eine Schar williger Studienanfängerinnen auf dem frisch eingesäten Rasen des Innenhofes versammelte, um ein Wettsaufen zu veranstalten, dessen Verliererinnen das Hemd ausziehen mussten. Der bekannteste Protest von Darys Truppe hatte sich dagegen gerichtet, dass die Sporteinrichtungen der Frauen schlechter waren als die der Männer, und auf dem Höhepunkt dieser Auseinandersetzung hatten sich vier junge Frauen, die die Sportkleidung eines Frauenteams trugen, auf der Treppe vor dem Gebäude des Unipräsidenten nackt ausgezogen, eine Maßnahme, die sie in die landesweiten Nachrichten gebracht hatte. Gene wollte nicht einleuchten, warum es in einem Fall anstößig war, sich zu entkleiden, in einem anderen Fall aber ein legitimer Protest. Ein Bekannter meinte, dass seine Tochter ihr Studium selbst bezahlen müsste, wenn sie sich so aufgeführt hätte. Als die Collegerechnungen eintrudelten, wurden sie von Gene jedoch brav mit den Mitteln des auf dreißig Jahre angelegten Darlehens beglichen, das er zu diesem Zweck aufgenommen hatte.

Dary begann am College auch mit einer Therapie. Gene begriff beim besten Willen nicht, wieso sie sich dieser Prozedur freiwillig unterzog. Sie war doch eine gefestigte Person, die im Leben gut vorankam. Sie war nicht missbraucht, vernachlässigt oder auf andere Art beschädigt worden – Maida und er hatten ganz im Gegenteil versucht, ihr all jene Möglichkeiten zu geben, die sie selbst nie gehabt hatten, und sei es um den Preis lebenslanger Verschuldung. Dary erzählte so oft von ihrer Therapeutin, die sie beim Vornamen nannte, dass ihm die Sache langsam unheimlich wurde; die Frau schien zu einem Bestandteil ihres Familienlebens zu werden. Einmal, Dary war während der Winterferien zu Hause, fragte Gene, warum sie die Therapie für nötig halte. Sie wollte zuerst nicht antworten, doch als er hartnäckig blieb, meinte sie, die Sache gehöre zum Gesundheitskonzept der Uni und sei umsonst, eine Aussage, die er angesichts der Tatsache, dass die kostenlose Therapie durch sein auf dreißig Jahre angelegtes Darlehen finanziert wurde, einigermaßen absurd fand.

Inzwischen fragte er sich, ob das die Jahre gewesen waren, in denen sie ihm abhandengekommen war.

Der Wind erfasste einen Zettel, der auf der Tischkante lag. Er wollte danach greifen, war aber nicht schnell genug. Der Wind wehte den Zettel auf den Hof, wo er hinter dem Knopfbusch und den Motten auf dem Rasen landete. Als der Wind noch einmal auffrischte, beschwerte Gene den Papierstapel nicht, sondern legte ihn auf die Fensterbank und ließ zu, dass die Zettel ins Freie geweht wurden. Der Wind spielte mit ihnen, ließ sie durch die Luft wirbeln und dann auf den Büschen oder auf dem dunklen Rasen landen. Und als dem Wind die Puste ausging, stieß Gene die restlichen Zettel kurzerhand selbst von der Fensterbank.

Darys Zimmertür ging auf. Auf der Treppe waren gemessene Schritte zu hören, dann betrat seine Tochter den Hof. Sie trug ein dunkles Shirt und weiße Shorts wie schon den ganzen Tag. Sie ging über den von Papier übersäten Hof, blieb stehen und blickte zu seinem Fenster auf. Er konnte spüren, dass sie sich zusammenriss. Dann hob sie eines der leeren Blätter auf und hielt es ins Licht der Veranda. Nach einer Weile knüllte sie es zusammen und ließ es wieder auf den Rasen fallen. Sie hob einen anderen Zettel auf, mit dem sie genauso verfuhr. Dann verschwand sie hinter der Hausecke.

Sie tauchte mit einer Harke wieder auf und begann, die losen Blätter mitten auf dem Rasen zusammenzuharken. Sein Blick glitt zu dem Papierflieger, der vor dem Knopfbusch lag. Auch dieser landete auf dem Müllhaufen.

Seine Tochter schien viele Gefälligkeiten, die sie ihm erwies, als unvermeidliche Ärgernisse zu empfinden, die klaglos erledigt werden mussten. Fand sie es wirklich normal, mitten in der Nacht vor dem Haus ihres Vaters Zettel zusammenzuharken? Wenn ja, dachte er, dann wohl nur, weil sie sich in ihr eigenes Leben zurückziehen wollte, eines, in dem er keine Rolle spielte. Sie war pflichtbewusst, aber kein bisschen neugierig. Er schien viel stärker an ihr interessiert zu sein als sie an ihm.

Was wusste er schon über seine Tochter? Über Hoolie, ihren Golden Retriever, war er hingegen bestens informiert. Hoolie war stubenrein, hatte aber für mehrere kleinere Katastrophen gesorgt, die Dary als »Rückschläge« bezeichnete. Weil der Hund an massiver Trennungsangst litt, wenn er tagsüber allein gelassen wurde, hatte Dary ein Gespräch mit Annie aufgezeichnet, das sie in Endlosschlaufe laufen ließ, wenn sie außer Haus waren. Der Rat des Hundetrainers, Hoolies Namen nur liebevoll auszusprechen, damit er sich »geborgen« fühle, hatte dann für einen Durchbruch gesorgt. Hoolie war witzig, charmant und neurotisch, und wenn Gene den Neuigkeiten über Darys Haustier lauschte, stellte er manchmal fest, dass er drauf und dran war, etwas Unmögliches zu glauben – dass Hunde ebenso komplexe und interessante Persönlichkeiten hatten wie Menschen.

War sie jemals verliebt gewesen? Eigentlich eine schreckliche Frage. Er konnte sich an ein paar Männer erinnern – manchmal war ein Name gefallen, wenn sie erklären musste, wie sie zum Flughafen gelangt war oder einen Tisch die Treppe hinaufgetragen hatte. Vielleicht hatten ihr diese Männer etwas bedeutet. Vielleicht hatte sie eine Krankenstation voller gebrochener Herzen hinter sich gelassen. Das war seine Hoffnung. Denn in der Liebe, so sein Wunsch, sollten Dary alle Türen offen stehen.

Maida und er hatten abends im Bett oft darüber geredet, wie Darys späteres Leben aussehen könnte. Die Entscheidungen, die ihre Tochter traf, waren nicht weiter schlimm, nur musste sie die Folgen selbst ausbaden, und das beunruhigte ihre Eltern. Er war nicht von gestern, glaubte also nicht, dass eine Familie nur entstehen konnte, indem ein Liebespaar zu einem Ehepaar und dann zu einem Elternpaar wurde; aber so funktionierte es nun mal in den meisten Fällen, und wenn man dies anerkannte, hieß das ja noch lange nicht, dass man ein rückwärtsgewandter Betonkopf war. Umwerfend schönen oder unermesslich reichen oder ungewöhnlich begabten Menschen schien es leichter zu fallen, diese Regel zu durchbrechen. Alle anderen, die gewöhnlichen, die durchschnittlichen Menschen, konnten sie aber nicht einfach ignorieren. Er befürchtete, dass Dary ihrem Leben, indem sie ihre Tochter ohne Vater großzog, ein Mal aufgeprägt hatte, das es ihr erschwerte, sich in eine Normalität einzugliedern, die nicht etwa deshalb erstrebenswert war, weil sie die Regel gewesen wäre, sondern weil sie zahlreichen Menschen das größte Glück ihres Lebens beschert hatte. Er befürchtete, Dary könnte ihr Glück für ihre Unabhängigkeit geopfert oder sich eingebildet haben, beides wäre identisch. Aber gut, er spekulierte nur.

Und da begriff er, was ihn quälte: Er vermisste seine Tochter. Er vermisste die Seiten Darys, die er noch nicht kannte.

7

Am nächsten Abend war Dary mit Colin Donnelly in einem Restaurant verabredet, und während ihrer Abwesenheit ging Gene in ihr Zimmer. Er wollte ihren Nachruf nicht abkupfern, nicht einmal teilweise, sondern nur nachschauen, wie sie die Sache anging.

Von der Straße fiel ein fahles graues Licht auf den Schreibtisch und erhellte ein Blatt Papier. Er ging darauf zu.

»Suchst du etwas?«

Er riss die Hand vor die Brust.

Dary knipste eine kleine Nachttischlampe an. Sie lag in den Kleidern, in denen sie aufgebrochen war, auf dem gemachten Bett.

Er runzelte die Stirn. »Ich dachte, du wärst ausgegangen.«

»Ja, aber ich bin schon zurück.«

»Habt ihr euch auf den neuesten Stand gebracht?«

Sie stemmte sich auf die Ellbogen. »Wir wissen einfach zu viel übereinander, und das ist irgendwie unfair. Das ist wie eine amtliche Erinnerung an eine Person. Ich weiß noch, dass Colin mit elf oder zwölf glaubte, seine Genitalien wären etwas super Besonderes und Einzigartiges, und wenn jemand ins Bad kam, während er pinkelte, ist er total ausgerastet. Ist schwierig, sich von jemandem auf den neuesten Stand bringen zu lassen, den man in- und auswendig zu kennen glaubt. Wir haben uns fast nur über seine Brüder unterhalten. Michael hat sich einer Schönheitsoperation unterzogen, weil er ein markanteres Kinn wollte.«

»Das geht mich nichts an«, meinte Gene.

Er bemerkte eine Flasche Gin, fast voll, aber aufgeschraubt, die neben dem Bett auf dem Fußboden stand, und Dary fragte, ob er einen Schluck wolle. Sie schwang die Beine über die Bettkante, setzte sich hin und sah sich dann um. »Hast du mein Glas gesehen?«

Da war kein Glas. »Die Gläser sind unten«, antwortete er.

»Na, was soll's«, sagte sie und trank aus der Flasche. »Schmeckt auch nicht anders.«

»Warte, warte.« Er ging ins Bad und kehrte mit einem Zahnputzglas zurück, das er ihr reichte.

»Du willst keinen?«, fragte sie und schenkte sich Gin ein.

»Ich muss arbeiten. Am Nachruf.«

»Immer noch?«

Er wollte schon gehen.

»He, warte.« Sie leerte das Glas verblüffend schnell und stellte es neben ihre Füße. »Warum erzählst du mir nicht, was du schreiben möchtest?«, fragte sie. »Was dir so im Kopf herumschwirrt?«

Er brummte abweisend.

»Ach komm – versuch es einfach, hm?« Sie bückte sich und schenkte sich noch ein Glas ein. »Willst du wirklich nichts?«

»Normalerweise trinken wir unten.«

»Soll ich nach unten gehen?«

Er seufzte ergeben und streckte die Hand nach dem Glas aus, in das sie ihm Gin einschenkte.

»Was machen sie wohl gerade?«, fragte sie, indem sie sich wieder auf das Bett fallen ließ.

»Wer?«

»Na, die Camper. Annie. Ed und Gayle. Colins Kinder.«

»Ich schätze, sie schlafen. Ich glaube, die Füße tun ihnen weh, und sie schnarchen.«

»Und ich glaube, sie amüsieren sich«, sagte sie und summte eine Melodie, die er nicht kannte. Dann riss sie den Kopf hoch und sah ihn mit neuem Interesse an. »Hey. Wie kommt es, dass wir nie gezeltet haben? Als ich klein war?«

Er trank einen kleinen, maßvollen Schluck Gin. »Mir war nicht klar, dass du das gern gemacht hättest.«

»Wie hätte ich das wissen sollen? Wir haben es ja nie getan. Ist das nicht der Job der Eltern? Mit ihren Kindern alles Mögliche zu unternehmen … ihnen alles zu zeigen, was spannend und interessant ist?«

Die Unterstellung, die in ihrer Frage mitschwang – dass er als Vater versagt habe –, ärgerte ihn, und er versuchte, dies zu verbergen, indem er noch einen Schluck Gin trank. »Tja, ich weiß auch nicht«, meinte er schließlich. »Ich habe als Kind so gut wie nie gezeltet. Ich habe natürlich viel draußen gespielt, aber nicht gezeltet. Das erfordert eine große Ausrüstung.«

»Dass du mit mir nicht gezeltet hast, lag also an der … Ausrüstung?«

»Ich konnte ja nicht ahnen, dass du es gern getan hättest.«

Sie schwieg, doch er spürte, dass etwas in ihr rumorte, dass in ihren Gedanken unterschiedliche Themen kollidierten.

»Woran denkst du gerade?«

»Ach, nur an Hoolie. Wir haben ihn noch nie so lange allein gelassen.«

Dann verstummte sie wieder, und er hätte gern gefragt: Und woran denkst du *jetzt*? Und woran *jetzt*? Und *jetzt*? Doch er schwieg.

»Ich bin echt froh, dass es Hoolie gibt«, sagte sie. »Hunde sind wirklich irre. Sie spüren schon, was man denkt, da hat man das Zimmer noch gar nicht betreten, und sie wissen auch, ob man mit ihnen spielen will oder ob sie brav daliegen sollen. Das ist so … so anders als bei Menschen. Ich frage mich manchmal, wie es wäre, einen Menschen kennenzulernen, der wie ein Hund ist.«

»Lernst du jemals andere Menschen kennen?«, fragte er in der Hoffnung, neutral zu klingen. »In deiner Gegend des Waldes?«

»Ich lerne ständig Leute kennen.«

»Ah, das freut mich. Es freut mich, dass du dich … bemühst.«

Sie schaute verdrossen drein. »Sich zu bemühen, ist ja wohl keine überirdische Leistung.«

»So habe ich das nicht gemeint.«

»Ich will nur sagen, dass auch das Aufgeben seinen Wert hat.«

Er hätte gern gewusst, was sie aufgegeben hatte. Die Liebe? Die Hoffnung auf eine Beziehung? Einen anderen Traum? Wäre er mutiger gewesen, dann hätte er sich nach ihrem Sexleben erkundigt – hätte gefragt, ob sie jemals Sex in einer liebevollen Beziehung genossen hatte. Aber er musste noch den Nachruf schreiben und wusste auch nicht, ob er mit ihrer Antwort hätte umgehen können. Eigentlich würde er es vorziehen, sich diese Information auf einem anderen Weg als über ein Gespräch zu beschaffen. Er hatte weder mit seinen Eltern noch mit anderen Erwachsenen jemals über dergleichen gesprochen, zumal es zweifellos für Unbehagen gesorgt hätte. Deshalb sagte er: »Ich hoffe sehr, dass du nicht aufgibst.«

»Ich bin hier, stimmt's?«, erwiderte sie.

Er hielt ihr das Glas hin, und sie schenkte nach. Näher waren sie einem zärtlichen Moment seit ihrer Ankunft noch nicht gekommen.

Als er am nächsten Morgen nach unten ging, stand die Hintertür weit offen. Dary saß im Garten am Glastisch und trank einen Kaffee. Bei dem Gedanken, sie könnte die Asche ihrer Mutter entdeckt haben, wurde er vorübergehend von blankem Entsetzen erfasst.

Aber dann fiel ihm ein, dass seine Tochter keinen löslichen Kaffee trank, sondern nur frisch gemahlenen.

Er suchte seine Slipper und ging zu ihr. Er vergaß den Garten immer wieder, außer jemand erinnerte ihn daran, eigentlich idiotisch, aber weder Maida noch er waren besonders engagierte Gärtner gewesen. Die Kletterhortensie zog den Zaun immer tiefer zu Boden. Einmal im Jahr trieb der Judasbaum explosionsartig rosa Blüten, die nicht am Baum zu sitzen, sondern in der Luft zu schweben schienen, und dann verschwanden die Blüten, und das Laub wurde grün und zottelig. Maida und er hatten sich oft gefragt, ob sich die Mühe lohnte, diesen potthässlichen Baum zu päppeln. Aber das war nur rhetorisches Gerede. Sie waren immer nur auf Anregung Gayles aktiv geworden, denn Gayle kannte sich aus und kümmerte sich auch um die Pflanzen ihrer nachlässigen Freunde. Sie kam bis heute einmal pro Woche vorbei, um die Hortensie zu beschneiden, deren riesige, üppige Blüten ihre Blätter überall verstreuten.

Dary saß mit nackten Beinen und in einem langen Shirt da, in dem sie vermutlich geschlafen hatte. Irgendetwas an ihrer Erscheinung – die nackten Beine, vielleicht auch das Zittern ihrer Hand, als sie die Tasse an die Lippen hob – ließ sie zarter wirken als sonst.

»Gilt dein Angebot noch?«, fragte er, indem er sich setzte. Er erklärte, vielleicht könne er bei dem Nachruf doch etwas Hilfe gebrauchen.

Sie beschirmte ihre Augen mit den Händen. »Du meinst, ich soll ihn für dich schreiben?«

»Ich brauche nur eine kleine Starthilfe.«

Sie legte die Stirn in Falten, als würde er sowohl zu viel als auch zu wenig verlangen. »Keine Vögel«, sagte sie. »Keine Schmetterlinge. Keine geflügelten Geschöpfe. Keines der erhabenen Symbole für die Wiedergeburt der Natur, okay?«

»Sind sie abgeschafft worden?«

»Bist du in letzter Zeit mal bei einer Beerdigung gewesen?«

»Deine Mutter hat die Natur geliebt«, wandte er ein. »Sie hatte großen Respekt vor der Natur.«

»Wenn man alles glaubt, was die Leute so reden«, meinte Dary, »hätte jede Frau, die je gelebt hat, einen unermesslich großen Respekt vor *irgend*etwas gehabt. Besser noch: vor etwas *Zartem* und *Hilflosem.*«

»Warum auch nicht?«, fragte er. »Deine Mutter hat sich ihr Leben lang um Kinder gekümmert, um Himmels willen.«

»Ja, und ich frage mich, warum sie so viel Zeit mit dem Leben anderer verschwendet hat.«

Er war erbost. »So hat sie das nie gesehen.«

»Und was blieb ihr am Lebensende, als alles vorbei war?«

Er konnte sich nicht daran erinnern, dass seine Tochter jemals so offen gewesen wäre. Ob sie diese Seite ihres Wesens nur ihrer Mutter gezeigt hatte? Vielleicht lag Darys Verhaltenheit ihm gegenüber nicht an ihrer Beziehung zueinander, sondern an der Gegenwart einer dritten Kraft, ähnlich dem Mond. »Ich verstehe deine Frage nicht ganz«, meinte er.

Dary umfasste die Tasse mit beiden Händen. »Ich frage mich, was sie zurückbekommen hat – für all ihre Mühe. Was hatte *sie* davon? Den heißen Dank und die netten Weihnachtskarten am Jahresende?«

»Du redest gerade alles klein.«

»Dann erklär mir, warum es anders sein sollte.«

Zwei Kleiber sausten in den Judasbaum, dessen Blätter durch ihr unsichtbares Herumspielen erbebten. Dann schossen die Vögel wieder hinaus wie Luftturbulenzen.

»Ihr Job hatte seine Würde«, erklärte er. »Er hat deiner Mutter Selbstachtung geschenkt. Sie wusste, dass sie ihren Beitrag leistete.« Er verstummte kurz. »Ohne Menschen wie deine Mutter käme die Geschichte zum Stillstand.«

»Das ist doch albern, Dad! Da könnte man ebenso gut sagen, der Erfinder der Glühbirne und die Magd, die ihm das Essen gebracht hat, hätten dasselbe geleistet.«

»Tja, können wir das wissen?«, fragte er. »Vielleicht wurde er durch ein gutes Essen inspiriert.« Er hatte die Worte noch nicht ganz ausgesprochen, da wusste er schon, wie schwach das Argument war, aber er hoffte, Dary würde es durchgehen lassen.

»Doch, das *wissen* wir«, erwiderte Dary, »denn wir kennen den Namen des Erfinders der Glühbirne, aber die Magd ist für uns ein unbeschriebenes Blatt. Sie interessiert uns nicht.«

»Deiner Mutter war es nicht wichtig, interessant zu sein. Das hat für sie keine Bedeutung gehabt.«

Dary erschauderte. »Keine Ahnung, warum mich das jetzt so niederschmettert«, sagte sie. »Aber so ist es.«

»Sie war glücklich«, meinte er. »Und das reicht. Glück rechtfertigt sich selbst.«

»Aus welchen Gründen hätte sie glücklich sein sollen? Gab es irgendetwas, von dem sie hätte sagen können: ›Das habe ich mir ausgedacht, das habe ich erschaffen und gebaut?‹ Nein, sie hatte nichts dergleichen.«

»Vielleicht«, erwiderte er, »hatte sie trotzdem alles, was zählt: Familie, Liebe, Sicherheit. Kann sein, dass du es nicht glaubst, aber nicht jedem Glück müssen Qual und Elend vorausgehen, damit es wahrhaftig ist. Man muss es sich nicht immer im Schweiße seines Angesichts verdienen. Manchmal fällt es einem einfach in den Schoß.«

8

Es war schon dunkel, als er beim Sandpiper Inn ankam, aber er wollte unbedingt noch das Meer sehen. Der Plankenweg hinter dem Hauptgebäude war unregelmäßg von Lampen erhellt, die man im Gestrüpp versenkt hatte, und er wartete eine Weile, damit sich seine Augen an das Dunkel gewöhnen konnten. Manche Planken waren eingesunken, andere hatten sich gehoben, sie waren verzogen und verbogen. Er achtete darauf, nicht zu stolpern oder gar zu stürzen. Nach ein oder zwei Minuten wurde ihm bewusst, dass sich seine Augen nicht umstellen würden. Tatsache war, dass er im Dunkeln nicht mehr gut sah.

Er ging an mehreren Hütten vorbei, alle mit zugezogenen Vorhängen. Hinter der letzten Hütte gab es keine Beleuchtung mehr, und die Nacht schien noch finsterer zu sein und bis auf den Mond die ganze Welt zu verschlingen. Das Dunkel schärfte alle anderen Sinne. Es roch intensiv nach Fisch, vielleicht hatte eine Möwe ihre zerfetzte Beute fallen lassen. Dann stieg ihm der würzige, nach Sperma riechende Duft einer Uferpflanze in die Nase, deren Namen er nicht kannte. In der Dunkelheit schien jedes Gewächs einen säuerlichen, beißenden Geruch zu verströmen.

Als er den mächtigen Schemen des Müllcontainers passierte, wusste er, dass es nicht mehr weit war. Der Plankenweg beschrieb eine scharfe Kurve, und dann tauchte etwas vor ihm auf, das er für den Zaun hielt, ein buckeliges schwarzes Hindernis, das das weiche graue Seegras vom Himmel schied. Er wirkte höher als früher, und im Näherkommen sah er, dass das zutraf, denn der Zaun war von Brombeeren überwuchert. Er wusste noch, dass es irgendwo eine Pforte mit einem Riegel gab, aber als er die Arme in die Büsche schob, um sie zu finden, verfingen sich Dornen in seiner Kleidung und zerkratzten seine Haut. Er suchte das Hindernis in beiden Richtungen mit Blicken nach der Pforte ab, denn dort hatte man die Ranken bestimmt zurückgeschnitten, aber in der Dunkelheit wirkte die Barrikade endlos lang und undurchdringlich.

Es dauerte eine gefühlte Ewigkeit, bis er den erhellten Abschnitt des Plankenwegs erreichte. Er hatte noch den fauligen Gestank des zerfetzten Fisches in der Nase. Schließlich zeichneten sich die schrägen Dächer der Hütten vor dem Sternenhimmel ab. Ein leichter Wind ließ das Seegras rascheln, ein Geräusch wie ein über den Fußboden fegendes Ballkleid. Er hörte leises Gemurmel: das Lachen einer Frau, die Erwiderung eines Mannes.

Das Pelican's Nest war stockdunkel, er stellte fest, dass die Tür offen war. Der Schalter über der Spüle ließ sich mit einem satten Klicken betätigen, aber das Licht ging nicht an. Er drehte den Hahn auf und trank Wasser aus den hohlen Händen. Es war kalt und tat seiner von Dornen zerkratzten Haut gut. Man hatte ein Handtuch um das Rohr unter dem Waschbecken gewunden, er wickelte es ab und tränkte es im kalten Wasser. Dann schob er seine geschundenen Hände in das Handtuch wie in einen Fäustling.

Er legte sich auf das Bett. Der Mond warf die Schatten der Bäume auf die Kiefernholzwände. Die Tagesdecke hatte einen bläulichweißen Ton, das Rosenmuster sah aus wie eine Mondlandschaft. Er hatte vergessen, dass ein über dem Meer stehender Mond einen besonderen Glanz hatte. Dass Mond und Meer nicht geschieden waren, sondern durch ihr Zusammenspiel ein drittes Element bildeten. Der fahle Glanz schien die Bretter zu verbinden, aus denen die Hüttenwände bestanden.

Vor neunundvierzig Jahren waren sie als frisch getrautes Paar hierhergekommen, und in drei Tagen musste er eine Lobrede auf seine verstorbene Frau halten.

Was sollte er sagen? Er konnte natürlich bekennen, sie geliebt zu haben, aber das galt auch für andere. Er konnte gestehen, dass sie ihn durch ihre Fürsorge verwöhnt hatte, nur wurde das durch alles, was sie einander gegeben hatten, mehr als aufgewogen. Er konnte erklären, sein Leben werde nie wieder dasselbe sein, aber auch das kam ihm falsch vor, denn er empfand sein Leben als einen Umstand, der ihm nicht mehr gehörte.

Er dachte an ihren letzten Aufenthalt an diesem Ort, während ihres zweiten Ehejahres. Maida hatte ihn nach zwei anstrengenden Wochen im White Pine Camp, in denen sie jede Nacht von einem plärrenden Brian Donnelly geweckt worden waren, vorgeschlagen. Gene war anfangs dagegen gewesen, weil er befürchtet hatte, die schönen Erinnerungen an ihre Flitterwochen könnten sich mit dem Alltagsleben vermischen. Maida rief trotzdem an, und als sie erfuhr, dass das Pelican's Nest frei war, stand ihr Entschluss fest.

Der Aufenthalt schien zunächst unter keinem guten Stern zu stehen. Als sie nachmittags eintrafen, zerrissen Gewitter den Himmel. In der kleinen, nicht besonders stabilen Hütte hörte es sich an, als wäre der Himmel aus Glas, das von jemandem zertreten wurde. Während der kurzen stillen Phasen wurde das Glas erneuert – um dann erneut gewaltsam eingetreten zu werden. Die Hitze war entsetzlich. Sie schien sie in Schichten zu umlagern wie ein Nebel, den man nicht sehen, aber auf der Haut spüren konnte. Maida meinte, sie spüre schon die ersten Anzeichen eines Ausschlags, den rasanten Takt der heißen Nadelstiche in ihren Zellen. Er wollte sie überreden, etwas zu essen, aber sie mochte nicht. Sie wollte nur schlafen, nichts weiter – vorausgesetzt ihm fiel ein, wie man ihr Kissen kühlen konnte. Er brachte ihr in kaltem Wasser getränkte Waschlappen, die er austauschte, sobald sie sich auf Lufttemperatur aufgewärmt hatten. Seine Finger wurden zu verschrumpelten, tauben Pflaumen. Schließlich, er kam mit einem frischen Waschlappen aus dem Badezimmer, fand er sie schlafend vor. Er legte sich neben sie in der leisen Erwartung, sie würde gleich wieder aufwachen und ihm wenigstens eine gute Nacht wünschen.

Sie schlief bis zum nächsten Morgen durch.

Nach dem Erwachen war sie benebelt und müde und begann, sich zu kratzen. Er hatte kaum ein Auge zugetan und wollte schon vorschlagen, nach Hause zu fahren, als Maida die Arme über den Kopf reckte und erklärte, vor Hunger zu sterben. Also kutschierte er sie zu einem Diner, wo sie eine doppelte Portion Bananen-Pancakes, zwei Eier und eine Scheibe gebratenen Speck bestellte und das Essen dann ebenso rasant wie methodisch verputzte. Weil sie sich so rasch erholte, glaubte er, seiner Verärgerung Luft machen zu dürfen. Warum hatte sie ihn zu diesem Urlaub überredet, wenn sie ihn behandelte, als wäre sie allein glücklicher? Das waren seine Gedanken, nur brachte er sie nicht über die Lippen. Einem Kranken gegenüber war man machtlos, musste sogar berechtigte Forderungen hinunterschlucken. Deshalb fand er es grässlich, wenn jemand krank war, ausgenommen er selbst.

Am Ende zeigte sich, dass es weise gewesen war, den Mund zu halten. Denn sobald sie aufgegessen hatte, redete Maida. Sie begann mit einer wirren, zusammenhanglosen Einleitung, aber nach einer Weile ordneten sich ihre Gedanken zu einer klaren, unzweideutigen Erklärung: Sie wollte ein Kind von ihm.

»Und wann?«, fragte er.

»Jetzt.«

Sie hatte manchmal einen Blick, der ihn sowohl verunsicherte als auch erregte. Und manchmal hatte er das Gefühl, dass sich hinter ihrem Interesse, das sie an ihm zeigte, etwas ganz anderes verbarg. Aber was konnte er schon tun, wenn seine Frau von ihm verlangte, sie zu vögeln?

Er musste lächeln, als er nach all den Jahren daran dachte. Er hatte ihre Forderung erfüllt. Er fuhr sie zurück zum Pelican's Nest und liebte sie, bis sie nicht mehr konnte.

Einen Monat später erfuhren sie, dass sie schwanger war. Das war eine unglaublich glückliche Zeit. Mit einer solchen Fülle an Glück hätte er nie gerechnet.

Er wusste etwas über seine Frau, das den meisten Menschen unbekannt war. Sie konnte manchmal launisch sein, sie konnte auch fordernd sein, aber selten aus purem Egoismus. Ihre Launen, ihre Forderungen – die stets ein Ziel verfolgten, selbst wenn man dieses anfangs nicht erkannte oder begriff – schenkten einem oft das, was man ersehnte. Maida war einer der selbstlosesten Menschen, die er jemals gekannt hatte, und im Gegensatz zu anderen selbstlosen Menschen war sie so klug, dies nicht zu einem Eckpfeiler ihrer Identität zu machen. Sie war niemals scheinheilig, litt auch nicht an der Humorlosigkeit von Menschen, deren Selbstaufopferung pathologische Züge hatte. Er konnte froh sein. Sie hatte ihn geheiratet und so zum Ehemann einer rundum guten Frau gemacht.

Er rollte sich über die Tagesdecke mit den Mondrosen und griff in die Schublade des Tischchens neben dem Bett, holte einen Stift und einen kleinen Block mit dem Logo des Sandpiper Inn heraus. Bis zur Morgendämmerung waren es noch ein paar Stunden. Er hatte also jede Menge Zeit zum Schreiben. Nun, da der Knoten endlich geplatzt war, würde er diese Zeit gar nicht brauchen. Er hatte nicht gewusst, was er sagen sollte, und nun hatte er etwas zu sagen, der Wandel war vollzogen. Es dauerte nicht lange, da konnte er nicht mehr nachvollziehen, warum es so schwierig gewesen war, ein paar Worte über die Frau zu schreiben, die er geliebt hatte.

9

Als Gene mit Dary und Annie den Innenhof des Colleges betrat, war schon einiges los. Die Frauen, viele mit großen Strohhüten in gedeckten Farben, suchten die Rasenfläche nach Neuankömmlingen ab, die sie über ihre Beziehung zur Verstorbenen befragten. Die Männer, manche im Anzug mit Einstecktuch, tendierten dazu, sich abseits der Frauen aufzuhalten. Die älteren Gäste hatten Schutz unter einer großen Buche gesucht, die für das College irgendeine bestimmte Bedeutung hatte, nur wusste Gene nicht mehr, welche. Diese Erinnerungslücke war sowohl betrüblich (Maida hatte ihn über die Bedeutung des Baumes aufgeklärt) als auch befreiend (sein Geist war von der Verantwortung für eine Tatsache entbunden, die ihm nie viel bedeutet hatte). In einem großen weißen Zelt befand sich ein Tisch mit Erfrischungen – Plastikbecher mit glitzernder Limonade, auf Zahnstocher gespießte Erdbeeren, Butterkekse mit einem Klecks Marmelade in der Mitte. Dary verließ ihn, um von einem Gast zum anderen zu schlendern, und Annie flitzte los und lud sich vier Kekse auf einen Teller.

Gene fühle sich inmitten der unruhigen, wartenden Menge etwas verloren. Er kannte mehr Gäste persönlich als jeder andere, und trotzdem fiel ihm niemand ein, mit dem oder der er hätte reden wollen. Er fand die bloße Vorstellung anstrengend, ein unverfängliches Thema zu suchen – oder, wenn das nicht klappte, über aktuelle Probleme zu sprechen. Alle diese Gespräche hatte er längst geführt, und sie waren stets sinnlos gewesen.

Michael Donnelly war mit Frau und Sohn erschienen. Michael hatte seine wesentlich ältere Frau, ein paar Jahre nachdem er trocken geworden war, in dem Haus kennengelernt, in dem sich seine Wohnung befand. Ihr Sohn Luke war jetzt vermutlich fünf oder sechs, aber Gene war immer verwirrt, weil Luke, ein stämmiger Bursche, stets älter wirkte, als er war. Michael und seine Frau lebten noch in demselben Haus, denn Michael hatte die Nachbarwohnung gekauft und mit der anderen verbunden, und obgleich Gene nie dort gewesen war, wusste er, dass es im Keller eine Sauna und einen Fitnessraum gab, weil so etwas damals noch extrem ungewöhnlich gewesen war.

Colin war auch erschienen, nicht aber seine Frau. Gene bezog Justines Abwesenheit in einem Anfall von Selbstmitleid auf sich selbst und fasste es als Beleidigung auf. Dann fiel ihm ein, dass Justine in den Sudan geschickt worden war, um bei der Koordinierung eines Ernährungsprogramms zu helfen, und dass sie es bedauerte, die Gedenkfeier zu verpassen. Das hatte sie Gene in einem sehr herzlichen Brief mitgeteilt. Colin hatte seine Kinder mitgebracht, zwei kleine Mädchen mit dem langen und schmalen Gesicht ihrer Mutter, und den etwas älteren Max, der vermutlich immer noch über einen ebenso beeindruckenden wie irritierenden, da eines Erwachsenen würdigen Wortschatz verfügte. (Als Gene den Jungen zuletzt gefragt hatte, wie es ihm gehe, hatte Max geantwortet, er fühle sich »indisponiert«.)

Michael ging so forsch auf Gene zu, als wäre er aufgeregt, aber auf den letzten Metern veränderte sich sein Gang, und er wäre fast gestolpert, als hätte er sich gerade an den Grund für die Feier erinnert. Sein Kinn war tatsächlich markanter, und wenn die Haut dort nicht so straff gewesen wäre, dass sie in seinem Gesicht wie ein Fremdkörper wirkte, hätte die Operation seine Attraktivität vielleicht tatsächlich erhöht.

»Du siehst prächtig aus«, sagte Gene und ergriff Michaels Hand. Colin erspähte sie und verteilte die üblichen Wangenküsse. Die drei Männer sprachen darüber, was Gene an diesem Vormittag getan hatte, als wäre es von Bedeutung, ob er seine Haferflocken mit oder ohne Pfirsichmarmelade gegessen, die Zeitung gelesen oder diese nur hereingeholt hatte.

»Wo ist Brian?«, fragte Gene.

Colin, etwas größer als Gene, senkte seinen Kopf, den er dann gezielt mitten in Genes Blickfeld zu manövrieren schien. »Er wäre gern gekommen«, meinte Colin. »Wirklich. Er hat alles versucht.«

»Aber seine Frau ist eine Schlampe«, ergänzte Michael.

Colin zog eine Grimasse, in der Enttäuschung und Missfallen über seinen Bruder zum Ausdruck kamen und die zu besagen schien: *Was soll das? Habe ich dir nicht gesagt, dass du das nicht machen sollst?* Danach schien er seinen Bruder komplett zu ignorieren und setzte, als er sich wieder an Gene wandte, eine fröhliche Miene auf. »Habe ich erzählt, dass wir ein Haus in der Stadt gekauft haben? Auf dem Dachboden gibt es ein Gästezimmer. Wenn du mal Urlaub machen willst, sag Bescheid. Du kannst das Zimmer jederzeit haben.«

Es dauerte nicht lange, da kam Gayle inmitten einer intensiven Parfümwolke angesegelt und zog Gene an ihren Busen. »Du hast meine Äffchen schon entdeckt«, sagte sie und inspizierte unter zärtlichem Gemurmel Genes Äußeres. Offenbar hatte er unsichtbaren Dreck am Kinn, den sie durch energisches Reiben entfernte. Sie zog seine Krawatte gerade, ergriff ihn danach beim Arm und führte ihn über den Rasen zu den Stuhlreihen. Sie platzierte ihn in der ersten Reihe neben ihrem Platz und versicherte ihm, es gehe gleich los; sie wollten nur noch ein paar Minuten auf Esther warten. Ihr Flug aus New York habe Verspätung, und sie komme direkt vom Flughafen.

Ed brachte Gene eine Flasche Wasser.

»Ich bin zu nervös«, sagte Gene.

Ed stellte die Flasche vor Genes Füße und meinte, dann sie sei für später. Sie betrachteten die Girlande aus weißen Pfingstrosen, die man über dem Podium aufgehängt hatte.

»Gayle?«, fragte Gene.

»Ich habe ihr gesagt, dass es zu sehr nach Hochzeit aussieht, aber …« Ed drückte durch ein Schulterzucken aus, dass seine Macht beschränkt war.

Dary, die glücklich, wenn auch etwas überwältigt wirkte, bahnte sich einen Weg bis zu ihnen und setzte sich neben Gene. Sie fragte ihn, wie er sich fühle.

»Dies war nicht meine Idee«, antwortete er.

»Immerhin spielst du brav mit.«

Das traf zwar nur teilweise zu, wie er fand, aber ihre Worte dämpften vorübergehend seinen Widerwillen.

Annie spielte mit den jüngsten Kindern, die sie abwechselnd hochhob und herumschwang. Als sie von Dary gerufen wurde, erschien sie mit einem kleinen Mädchen, der Tochter einer alten Highschoolfreundin Darys. Gene erwartete, dass sie das Kind zur Mutter zurückbrächte, doch als Gayle verkündete, es gehe gleich los, nahm Annie das Mädchen nach dem Hinsetzen auf den Schoß.

Gene stellte sich hinter das Pult und vermied es, in die Gesichter zu schauen. Schweiß glänzte zwischen seinen Fingern, als er die Zettel auseinanderfaltete. Er geriet gar nicht erst in die Versuchung, frei zu sprechen. Er begann mit den Worten, Maida sei die geborene Mutter gewesen, die mit allen Kindern, ob eigenen oder fremden, ganz natürlich umgegangen sei. Er sprach über ihre mehr als dreißigjährige Tätigkeit im Hort. Dass sie miterlebt hatte, wie Kinder, deren Windeln sie gewechselt hatte, ihren Collegeabschluss mit Auszeichnung machten, um dann wichtige Posten in der Regierung oder Wirtschaft zu bekleiden. Sie hatte es nie persönlich genommen, wenn sich eben diese Frauen und Männer, zu Jahrgangstreffen oder der Ehrung eines Ehemaligen ans College zurückgekehrt, nicht mehr an sie erinnerten. Sie vergeudete keine Zeit mit der Frage, ob sie das Richtige tat, nein, sie tat es einfach, und zwar geduldig und engagiert. Dann schilderte er eine Begebenheit aus der mittleren Phase ihrer Ehe, als sie an einem herrlichen Sommertag durch einen vertrauten, im Vorjahr durch einen Brand zerstörten Wald gegangen waren. In diesem Wald hatte eine Eule ihr Nest Jahr um Jahr in derselben weißstämmigen Zirbelkiefer eingerichtet, in einer Höhle, in der früher Spechte gehaust hatten. Sie fanden den Baum nach längerer Suche, doch er war tot, nur noch ein schwarzer Stamm mit stumpfer Spitze. Und trotzdem war die Eule zurückgekehrt und hatte ihr Nest wieder in der Baumhöhle eingerichtet. Das hatte ihn tief bewegt, aber für Maida schien es selbstverständlich gewesen zu sein. Und in gewisser Weise war sie ein wenig wie diese Eule – so dickköpfig und so zuverlässig und ebenso wenig zur Reue neigend.

Seine Stimme erstarb, und er nahm ein zurückhaltendes, respektvolles Schweigen im Publikum wahr, das vermutlich während seiner ganzen Rede geherrscht hatte. Er hatte es überstanden, und zu seiner Erleichterung wurde ihm bewusst, dass er die Herausforderung halbwegs elegant und anständig bewältigt hatte. Eine Verspannung im Kreuz, die er zuvor nicht gespürt hatte, löste sich auf. Als er an seinen Platz zurückkehrte, fühlte er sich etwas größer und lockerer.

Darys Lächeln verunsicherte ihn, denn er wusste nicht genau, ob die Rede ihr gefallen hatte oder nicht.

»Und?«, fragte er.

»Deine Rede war anders«, sagte sie.

Er fragte sich, wie sie das meinte. War seine Rede anders als ihre oder anders als erwartet, und fand sie das gut oder nicht? Dann schob sie ihren Kopf dichter an seinen heran, was zu signalisieren schien, dass sie vielleicht nicht ganz zustimmte, aber auch nicht alles verdammte.

Gayle hielt die nächste Rede. Sie sprach über die langjährige Verbundenheit beider Familien. Wenn im Bad ein Kind gerufen habe, erzählte sie, habe niemand gefragt, wessen Kind es sei, dessen Hintern abgewischt werden musste. Sie las einen Absatz aus *Der Samthase* vor. (»Wenn du einmal wirklich bist, kannst du nicht mehr unwirklich werden. Das bleibt für immer so.«) Als sie fortfuhr, hatte sie Tränen in den Augen. Was Gene bewegte, waren nicht ihre Tränen, sondern die Tatsache, dass sie weitermachte. Sie empfand eine tiefe Verantwortung für ihn. Als sie zu ihrem Platz zurückkehrte, drückte er ihre Hand, als wollte er ihr mitteilen, dass sie gemeinsam etwas erreicht hatten.

Es gab eine kurze Unterbrechung, weil ein neuer Versuch unternommen wurde, Esther ausfindig zu machen. Man fragte herum und erfuhr, dass sie noch nicht da war. Gene merkte zu seiner Überraschung, dass er Esther bedauerte. Es musste furchtbar sein, die Gedenkfeier für die beste Freundin zu verpassen, vor allem, sich darüber im *Klaren* zu sein, dass man sie verpasste, weil man im Verkehr festsaß. Andererseits war er ganz gelassen; wenn sie nicht rechtzeitig erschiene, würde ihm das nicht das Herz brechen. So oder so, es war nicht zu ändern. Sie mussten weitermachen.

Dary stand leicht errötet am Rednerpult. Sie lächelte diverse Gäste an, ließ den Blick nicht über die Leute hinwegschweifen, sondern auf bestimmten Menschen ruhen, nickte einer hinten sitzenden Bekannten zu, lächelte die Kleine auf Annies Schoß an. Hätte er nicht gewusst, warum sie sich versammelt hatten, dann hätte er geglaubt, es wäre ein Vergnügen für sie. Die Gäste schienen es jedenfalls zu genießen. Er konnte spüren, wie sie die Menschen durch ihr Lächeln und die lange, vielsagende Pause für sich einnahm, die sie einlegte, anstatt sich sofort in die Rede zu stürzen. Sie stellte eine Verbindung her, ob echt oder nicht, und sie schien sich dafür nicht zu schämen.

»Wir haben heute viel über Maida als Ehefrau und Mutter und Freundin gehört«, begann sie. »Aber seit ihrem Tod hat mich die Frage beschäftigt, wie sie war, wenn sie sich nicht um andere kümmerte.« Eine merkliche Bewegung ging durch die Menge, man setzte sich anders hin. »Diese Frage ist nicht leicht zu beantworten«, fuhr sie fort, »weil es in ihrem Leben kaum Raum für das Alleinsein gab. Die zwei Wochen, die wir jeden Sommer mit den Donnellys am Fisher Lake verbrachten, kamen dem wohl am nächsten. Ich weiß, dass ihr jetzt denkt: Da ist man auch nicht wirklich allein. Aber man muss bedenken, dass sie ihr Zuhause eine Weile hinter sich lassen konnte. Sie hielt sich in einem fremden Haus auf, verbrachte dort geborgte Zeit. Und ich stelle mir vor, dass diese vorübergehende – und, wie man ehrlich sagen muss, eingebildete – Freiheit das war, was für eine Frau ihrer Generation dem Alleinsein am nächsten kam …«

Gene stolperte über die Formulierung »Frau ihrer Generation«. Es war fast ein Tick seiner Tochter, dieses Bedürfnis, die Vergangenheit in einer Sprache heraufzubeschwören, die im damaligen Zusammenhang unverständlich gewesen wäre. Er fragte sich, was sie über ihn und die Ehe sagen würde. Sie ließ sich noch eine ganze Weile über ihre politischen Erfindungen namens Alleinsein und Freiheit sowie ein anderes Hirngespinst aus, das sie »die tiefe Sehnsucht, im Leben eine Möglichkeit zu finden, man selbst zu bleiben«, nannte. Sie schien gar nicht über ihre Mutter zu sprechen, eine ganz bestimmte, reale Frau. Alles nur Abstrakta. Als sie fortfuhr, ohne ihn zu erwähnen, dämmerte ihm, dass sie ihn ausklammerte. Sie klammerte ihren eigenen Vater aus, einen Mann, der ja nicht zufällig neunundvierzig Jahre mit ihrer Mutter verheiratet gewesen war.

Er fand es grausam, dass sie ihn ausschloss. Womit hatte er das verdient?

Dary hatte Esther offenbar kommen sehen, denn nachdem sie ihre Rede beendet hatte, rief sie ihren Namen und forderte sie auf, an das Rednerpult zu treten. Esther spielte die Aufgeregte, wirkte aber so gefasst wie eh und je (immer noch das platinblonde Haar, immer noch die Wespentaille). Dary und sie fielen sich auf der Bühne in die Arme, und als Dary an ihren Platz zurückkehrte, besagte ihr Lächeln: *Was für ein Glück, dass ein solcher Mensch unter uns ist!* Sie setzte sich wieder neben Gene, und das Lächeln, das sie ihm schenkte, war milder und freundlicher als das vorherige. Sie empfand nach ihrer Rede offenbar die gleiche Erleichterung und Befreiung wie er nach seiner. Allerdings hatte einer von ihnen beiden wahrhaftiger gesprochen als der andere.

Esther leitete ihre Rede mit einer Entschuldigung ein. Sie habe in Maidas Collegefreundeskreis viele wunderbare Anekdoten gesammelt, sagte sie, die sie eigentlich alle zum Besten habe geben wollen, aber weil sie so spät eingetroffen sei, habe sie nur Zeit für eine. Sie habe im Stau beschlossen, von der ersten Begegnung Maidas mit Reginald Hay zu erzählen, dem attraktiven (»viel zu attraktiven, leider Gottes«) Professor, dem Maida geholfen habe, ein Buch über die Malerei der Renaissance zu schreiben. Hay war anspruchsvoll und arrogant, sicher typisch für frisch ordinierte zweiunddreißigjähre Professoren, die gerade von einem Fellowship an der American Academy in Rom zurückgekehrt waren, wie Esther meinte. Wenn er seine Vorlesungen über Botticellis »Primavera« hielt, schwänzten andere Studierende ihre Seminare und rotteten sich im überfüllten Hörsaal zusammen, wo sie auf dem Boden und in den Gängen saßen, so auch Esther und Maida an einem Frühlingstag des Jahres 1951. Hay stand vor dem Gemälde, das über der Bühne auf die Wand geworfen wurde, und als es im Saal dunkel wurde, wies er auf die halb geschlossenen Augen der Frauen hin, ihre bäuerlichen Hälse, die steifen Arme, ihre gelbliche Haut. Während der nächsten fünfundsiebzig Minuten entwickelte er dann eine Theorie, die erklären sollte, warum ein so penibler Maler wie Botticelli den Frauen Züge verliehen hatte, die nicht als sinnlich oder attraktiv galten.

»Als das Licht wieder anging«, erzählte Esther, »meldete sich Maida. Sie sagte, es sei eine ziemlich gute Vorlesung gewesen, nur habe er nicht erklärt, was Frauen sexy mache. ›Nicht sexy‹, rügte Hay. ›*Sinnlich.*‹ ›Sie bleiben also dabei, dass das eine mit dem anderen nichts zu tun hat?‹, fragte Maida. Zwischen den beiden herrschte eine knisternde Spannung – im Hörsaal war es totenstill –, und ich weiß noch, dass ich dachte: *Also, entweder macht er ihr das Leben jetzt zur Hölle, oder er verliebt sich in sie.* Wir wissen alle, wie *das* gelaufen ist. Wichtig für diese Geschichte ist aber, was Maida sagte, als wir den Hörsaal verließen. Sie war etwas aufgeregt und irritiert, das konnte ich spüren, und als ich fragte, ob alles okay sei, meinte sie: ›Ich weiß einfach nicht, was am Aussehen eines Menschen so wichtig ist. Alle Welt weiß, dass das Gehirn unser wichtigstes Geschlechtsorgan ist, aber genau das will jeder vertuschen. Fragst du dich nicht auch manchmal, wie es wäre, wenn unser Gehirn einen Striptease hinlegen würde?‹ In diesem Moment wurde mir klar, dass Maida ein sehr außergewöhnlicher Mensch war und dass ich ihr zuhören sollte, wenn ich etwas über das Leben lernen wollte. Und genau das habe ich getan.«

Esther hielt inne, als wollte sie gleich weiterreden, sammelte dann aber ihre Notizen ein, schob die Zettel zusammen und verließ die Bühne.

ZWEI

10

Dary hatte drei Personen telefonisch auf den Zahn gefühlt, die bereit waren, einem frisch verwitweten Mann stundenweise im Haushalt und bei den Besorgungen zu helfen. Im Herbst traf sich Gene mit ihnen. Der erste Kandidat war ein junger, tatendurstiger Collegeabsolvent, der sich für nachhaltige Land- und Forstwirtschaft und ökologische Ansätze interessierte. Er gab offen zu, nur ein Gericht kochen zu können, Makkaroni mit Bohnen, aber alle, die es gegessen hätten, seien begeistert gewesen, versicherte er. Gene mochte ihn auf Anhieb, fand es aber unfair, ihn einzustellen, denn die Bestimmung des jungen Mannes lag ganz sicher nicht darin, einem älteren Herrn unter die Arme zu greifen.

Die zweite Person war eine Frau in den Dreißigern, die vor der Geburt ihrer drei Kinder ein Restaurant geführt hatte. Gene mochte sie, zögerte aber, weil er befürchtete, eine Mutter mit kleinen Kindern könnte dem Job nicht den nötigen Vorrang einräumen.

Die dritte Person war ihm vom Alter her nicht nur am nächsten, sondern auch am vielversprechendsten. Adele, die mehrfach als Kassiererin tätig gewesen war und zuletzt in einem Friseursalon gearbeitet hatte, meinte, sie sei bereit für eine Veränderung. Mit ihren etwas trüben blauen Augen und dem vollen Gesicht war sie auf schlichte Art hübsch. Und dieses schlichte Äußere gefiel ihm – keine langen Fingernägel, kein Schnickschnack im Haar, keine Berge von Halsketten. Sie hatte nichts dagegen, abends zu arbeiten, schien auch keine anderen zeitraubenden Verpflichtungen zu haben. Er gewann den Eindruck, dass sie allein lebte, von zwei alten Hunden abgesehen, und die Aussicht, dass sie im Notfall auch zu unorthodoxen Stunden zur Verfügung stünde, kam ihm entgegen. Als er ihr den Job anbot, erklärte sie, sofort anfangen zu können.

Er fragte sich, was Maida von ihr gehalten hätte. Vermutlich hätte sie Adele ein wenig bemitleidet und ihr Bedürfnis nach einem Menschen wie Gene, der über genug Geld verfügte, um eine Haushaltshilfe zu beschäftigen, und obendrein ein gewisses Verantwortungsgefühl für sie an den Tag legte, als zu durchschaubar empfunden. Gene wusste nicht recht, ob er ihre Hilfe tatsächlich brauchte, aber Dary meinte, sie werde ihm das Leben erleichtern.

Am ersten Tag erschien Adele in der gleichen Kleidung, die sie beim Bewerbungsgespräch getragen hatte: ein einfaches weißes T-Shirt mit V-Ausschnitt und eine Bluejeans mit einem Teil Stretch im Bund. Nach dem Betreten des Hauses tauschte sie ihre Segeltuchsneaker gegen ein Paar Plastikflipflops ein, wie man sie in öffentlichen Duschen trug, um sich keinen Fußpilz einzufangen. Er fragte sich, ob diese Kleidung eine Uniform für sie war.

Sie wollte unbedingt das Haus sehen. Genau das hätte Gene gern aufgeschoben, weil er schon länger nicht mehr geputzt oder aufgeräumt hatte. Als er vorschlug, sich erst einmal zu setzen, brummte sie zustimmend, verschwand aber, während er das Feigengebäck holte, das er für diesen Anlass aufgespart hatte. Als er sie im Wohnzimmer entdeckte, wirkte sie verblüffend zufrieden, und dieser Ausdruck verflog auch dann nicht, als sie gemeinsam durch die Zimmer gingen. Sie nahm alles erstaunlich gelassen zur Kenntnis: die Teller mit den verkrusteten Resten des letzten

Abendessens, das Chaos einsamer Socken vor der Waschmaschine oder die im Waschbecken versteinerte Zahncreme. All das waren offenbar Orientierungshilfen, die ihr den Weg wiesen. Als sie seinen Kühlschrank öffnete und die halb leere Thunfischdose und das nicht verpackte Stück Emmentaler erblickte, meinte sie nur, dass sie diesen Käse auch gern esse.

Sie bot an, einkaufen zu gehen, und nach ihrer Rückkehr kochte sie einen ganzen Berg Essen, eine Lasagne mit körnigen gelbgrünen Kürbissen sowie Gemüse, das sie wusch, würfelte und in kleine Gefrierbeutel füllte, die er später nur in eine Schüssel leeren und in der Mikrowelle aufwärmen musste. Sie warf verschrumpelte Äpfel und eine schwarze Banane weg; holte das fleckige Silberbesteck aus der Schublade und wienerte jedes einzelne Stück; sie wischte im Wohnzimmer Staub, vergaß auch Computer und Fernseher nicht, Geräte mit Staub fangenden Belüftungsgittern, die Gene zu dem Glauben veranlasst hatten, sie seien eigentlich gar nicht dazu gedacht, geputzt zu werden. Um fünfzehn Uhr, ihrem Feierabend, schlüpfte sie wieder in die Sneaker und ließ die Flipflops neben der Haustür stehen.

Abends rief Dary an, um sich zu erkundigen, wie der erste Tag gelaufen sei.

»Mach dir nicht so viele Gedanken«, sagte er. »Ich bin doch kein Wrack.« Es ärgerte ihn immer noch, dass sie ihn in ihrer Rede nicht erwähnt hatte. Er hatte die Sache nicht angesprochen, weil er nicht über etwas meckern wollte, das sowieso nicht zu ändern war, glaubte aber im Stillen, das Recht zu haben, seinen kleinen Groll zu schüren.

»Wenn du sie nicht magst«, meinte Dary, »gebe ich die Anzeige noch einmal auf.«

Er erwiderte, er finde sie ganz nett. »Trotzdem würde ich auch allein zurechtkommen. Und es gibt ja noch Gayle.«

»Das haben wir doch schon besprochen«, sagte Dary. »Gayle hat ihr eigenes Leben.«

Sein Widerwille gegen Hilfe lag unter anderem daran, dass er kein Manager mehr sein wollte. Er hatte in seinem Schuhgeschäft im Laufe der Jahre zig Angestellte gehabt, meist Schüler der örtlichen Highschool, die verschwunden waren, wenn er sie gerade richtig eingearbeitet hatte. Er wollte keine Kraft darauf verschwenden, eine Haushaltshilfe anzulernen, die sich nach einem Monat vielleicht schon wieder aus dem Staub machte.

Andererseits war Adele eine erwachsene Frau, kein Teenager. Gene hatte die Erfahrung gemacht, dass die meisten Frauen nach dem Betreten eines Hauses sofort instinktiv wussten, wo alles hingehörte und wie der Haushalt funktionierte – schon beim allerersten Besuch. Einige Gäste, die noch etwas länger bei ihm und seiner Familie verweilen wollten, hatten ihn nach der Gedenkfeier nach Hause begleitet, und eine Gruppe von Frauen, angeführt von Gayle, hatte Tabletts mit kleinen Sandwiches, Teller mit Keksen und Gebäck und Karaffen mit heißem und kaltem Tee aus der Küche geholt. Später hatten sie die Reste eingepackt, und das, was die Ashes während der folgenden Tage nicht essen konnte, an Gäste verteilt, alles Übrige beschriftet in den Kühlschrank getan, das Geschirr abgewaschen, die ausgespülten Karaffen wieder in die Esszimmerschränke gestellt und sogar die Schublade für die guten Teelöffel gefunden, diese mit einem weichen Tuch abgewischt und einsortiert. Schwer zu sagen, wie es Frauen gelang, sich in fremden Häusern zurechtzufinden, als wären es ihre eigenen vier Wände, aber auch Adele schien über diese Intuition zu verfügen.

Gene hatte geglaubt, es würde einen Monat dauern, bis ihre Anwesenheit eine Hilfe und kein Hindernis mehr wäre, aber sie beseitigte schon während der ersten Woche diverse Ursachen für Verdruss in seinem Leben. Sie holte die Post aus dem Briefkasten und sortierte lästige Werbung aus und besorgte einen Ersatz für den vollkommen verkrusteten Abflusskorb der Spüle. Den Rost, der ihn immer verwirrt hatte, weil er für den Herd zu klein war, identifizierte sie als Zubehör der Mikrowelle. Als sie in der Speisekammer Produkte ausmistete, deren Haltbarkeitsdatum überschritten war, fand sie die Pulverkaffeedose mit Maidas Asche. Eine andere Person hätte die Dose vermutlich gar nicht erst geöffnet oder sie nach dem Öffnen einfach weggeworfen, doch Adele wischte die Dose kommentarlos ab und stellte sie wieder an ihren Platz im Regal. Weil Gene nicht wusste, ob sie begriffen hatte, was die Dose enthielt, sah er sich zu einer Erklärung genötigt, aber sie schnitt ihm sofort das Wort ab. »Sie werden mich nicht beim Herumschnüffeln ertappen«, sagte sie. »Meinetwegen können Sie in einem Kleid herumlaufen und so tun, als wären Sie Miss America.« Sie vereinbarten, dass sie drei Tage pro Woche kam, und nach der ersten Woche stellte er fest, dass er sie nicht als Angestellte sah, weil sie mit den Menschen, die früher für ihn gearbeitet hatten, fast nichts gemeinsam hatte.

An den Tagen, die er allein verbrachte, ertappte er sich dabei, sich Ereignisse einzuprägen, über die er dann berichten konnte, Kleinigkeiten, die ihn eigentlich nicht besonders amüsierten oder interessierten, die aber, wenn er sich vorstellte, ihr davon zu erzählen, wichtig und aufregend wirkten. Er empfand Adele als gute Gesprächspartnerin, zumal sie geduldig zuhören konnte, ohne den Drang zu entwickeln, ihren Senf dazuzugeben, teils aber auch, weil sie die Menschen, über die er erzählte, nicht kannte. Wenn er seine Tochter als selbstbezogen darstellte, akzeptierte Adele diese Version Darys widerspruchslos. Und wenn er meinte, seine Frau hätte den besten Erdbeer-Rhabarber-Kuchen in ganz New

Hampshire gebacken, hatte sie keinen Zweifel an der Wahrheit dieser Aussage.

Eines Tages teilte sie ihm mit, er habe Post von Esther Prince, und Gene bat sie, ihm den Brief vorzulesen. Er erklärte, er habe dieser Frau, der ehemaligen Collegezimmergenossin seiner Frau, nach der Gedenkfeier geschrieben, und dies sei sicher ihre Antwort. Er wusste nicht genau, warum es half, den Brief aus Adeles Mund zu hören, aber so war es. Hinterher bat er sie nur um die Wiederholung einer einzigen Passage:

> Sehr schade, dass du von meinen Worten enttäuscht warst. Das war nicht meine Absicht, und sollte ich dich tatsächlich gekränkt haben, dann täte mir das aufrichtig leid. Aber das Leben ist voller Enttäuschungen. Wenn das irgendjemand weiß, dachte ich, dann Gene.

Er versuchte, sich an den genauen Wortlaut seines Briefes zu erinnern, hatte ihn aber schon vor zwei Monaten geschrieben. Er kannte natürlich noch den Tenor. Er hatte seine Zweifel daran geäußert, dass sich die Vorfälle, von denen Esther in ihrer Rede berichtet hatte, tatsächlich so zugetragen hatten. Er hatte das in seinem Brief nicht weiter ausgeführt, aber sie war nicht dumm und hatte es sicher begriffen. Vermutlich war sein Brief ungeschickt gewesen, denn Esther würde niemals zugeben, geflunkert zu haben. Leider gab es ein noch größeres Problem, das der Brief nicht löste und das darin bestand, dass Esther die Collegeliebe Maidas, den Kunstgeschichtstrottel, unwiderruflich mit dem Professoren-Superstar vermengt hatte. Gene hatte sich den Kunstgeschichtstrottel nie als besonders jung oder gut aussehend vorgestellt, weil er sich mit ihm nicht auf eine Ebene stellen wollte. Andererseits fragte er sich, wie viele Männer Maida am Bates gehabt hatte. Warum hatte sie ihm weisgemacht, er sei ihr erster echter Freund? Diese Fragen quälten ihn hartnäckig, obwohl er sich bemühte, Esthers Lügen zu entkräften.

»Könnte es sein, dass die Frau auf Sie steht?«, fragte Adele, die den Umschlag betrachtete.

»Esther? Bestimmt nicht.« Er schwieg kurz. »Warum?«

»Ich dachte, Sie hätten vielleicht eine Freundin.«

»Das wäre mir neu«, erwiderte, von dieser Frage peinlich berührt. Und dann ergänzte er, weil die Gelegenheit günstig zu sein schien: »Und Sie? Haben Sie einen Freund?«

»Oh, ich doch nicht.«

Sie fragte, was mit dem Brief geschehen solle, und er sagte, sie könne ihn wegwerfen. Er vermutete, dass sie das nicht tat, sondern ihn irgendwo unauffällig ablegte, damit er zu einem späteren Zeitpunkt darüber entscheiden konnte, ein Irrtum, denn sie warf ihn in den Müll, und als würde sie spüren, dass das nicht ausreichte, verschnürte sie die Mülltüte und trug sie nach draußen zur Tonne. Er fand es herrlich, wie unkompliziert ihre Kommunikation war – er bat sie um etwas, und sie führte es aus –, und ihm dämmerte mit einem leisen Unbehagen, dass Botschaften in einer Ehe selten ohne einen Rattenschwanz von Interpretationen empfangen wurden.

Adele gab wenig über sich preis, was sein Gefühl der Nähe aber keineswegs minderte. Ihre Unwilligkeit, über Details ihres Lebens Auskunft zu geben, schien ihr Bild von ihrem Leben deutlicher zum Ausdruck zu bringen als Worte. Sie unterhielt ihn stattdessen mit Geschichten über die beiden alten Windhunde, die aus einem Tierheim stammten und ein strapaziöses Leben auf der Rennbahn hinter sich hatten. Sie meinte, hässlichere Hunde könne man sich kaum vorstellen, und zeigte ihm ein Foto: schlaffe Hautfalten ab den Stellen, wo sich die Muskeln zurückentwickelt hatten, und schmale und spitze Köpfe mit kleinen metallisch funkelnden Augen. Sie sorgten ständig für Ärger, verpesteten das Schlafzimmer durch ihre scheußlichen Blähungen oder kosteten sie vierhundert Dollar für Antibiotika. Sie war genervt, doch er merkte, dass sie die Hunde niemals weggeben würde. Als er fragte, warum sie die Hunde behalte, antwortete sie: »Wer würde sie denn schon nehmen?«

Von ihrem Sohn erfuhr er rein zufällig. Eines Tages klingelte das Telefon, und jemand fragte mürrisch und frech: »Ist sie da?«

»Wer?«, sagte Gene.

»Na, wer wohl? Holen Sie sie ans Telefon.«

Gene erklärte dem Anrufer, er habe sich sicher verwählt.

»Mann, Sie sind ja ein egoistisches Arschloch«, sagte der Mann. »Richten Sie ihr aus, dass sie mir noch das Geld für das Baby geben muss.«

Wie sich herausstellte, wohnte Adeles siebenunddreißig Jahre alter Sohn immer noch bei ihr, dies gemeinsam mit seiner neunzehnjährigen, im siebten Monat schwangeren Freundin. Der Sohn war arbeitslos, und Adele hatte sich bereit erklärt, die Vorsorgeuntersuchungen zu bezahlen – »Geld für das Baby« hieß offenbar, dass die Freundin einen Termin beim Frauenarzt gehabt hatte. Gene war zu höflich, um sich nach den anderen finanziellen Arrangements in ihrer Familie zu erkundigen, aber nach allem, was Adele erzählte, gewann er den Eindruck, dass sie das Paar unterstützte.

Gelegentlich wurde ihm in Erinnerung gerufen, dass ihre Vertrautheit nur eine Illusion war, denn sie trat dreimal pro Woche unvermittelt in sein Leben und verschwand genauso plötzlich. Wenn sie nicht da war, untersuchte er manchmal ihre Flipflops. Sie hatte breitere und längere Füße als Maida, die noch dazu viel zu stark nach innen abknickten. Maida hätte solche Schuhe nie getragen, außer sie hätte sich als nachlässige Version ihrer selbst verkleidet. Manchmal schienen diese Flipflops zu betonen, wie brüchig das Glück war, das er zu genießen glaubte. Was bildete er sich ein? Adele war ihm genauso fremd wie er ihr.

Einmal wollte er ihr entlocken, dass sie gern zu ihm kam, und fragte sie nach ihrem Lieblingsjob. Sie dachte kurz nach und antwortete dann, es sei der Letzte gewesen, als Haushaltshilfe für einen Mann mit multipler Sklerose. Gene war überrascht, er hatte geglaubt, dass dies ihre erste Stelle als Haushaltshilfe war. Er fragte sie, was das Besondere an dem Job gewesen sei.

»Als ich bei ihm angefangen habe, war er depressiv«, sagte sie.

»Da würden manche das Handtuch werfen.«

»Nein, es hat die Sache erleichtert«, meinte sie. »Depressive Menschen wissen, was sie wollen, denn sie möchten, dass es ihnen besser geht. Gleichzeitig rechnen sie nicht mit einer echten Besserung. Sie sind realistisch.«

Sie erzählte, sie habe hin und wieder die Füße der Frau des an MS leidenden Mannes mit Öl eingerieben und massiert, während er zugeschaut und ihr Hinweise gegeben habe, denn es sei ein eheliches Ritual gewesen, das er nicht mehr habe ausführen können. Gene hatte seine Füße noch nie von einem anderen Menschen anfassen lassen, nicht einmal von seiner Frau. Er hätte das als entwürdigend empfunden. Aber Adeles Bericht über die Beziehung zu ihrem früheren Arbeitgeber und dessen Frau schien zu besagen, dass sie kein Problem damit gehabt hatte. Vielleicht war dies ein erster Hinweis darauf, dass mit ihr etwas nicht stimmte, dass irgendein Schräubchen locker war, ein Verdacht, der ihm schon hinsichtlich ihrer Beziehung zu ihrem Sohn gekommen war. Dieser ungewöhnliche Wesenszug beunruhigte ihn, denn man konnte ihn benutzen, um Adele auszubeuten.

Manchmal versuchte er, ihrer Güte aus Prinzip zu widerstehen.

Sie sollte begreifen, dass sie über die Routine hinaus nichts für ihn tun musste. Als sie anbot, für seinen Thanksgivingbesuch bei den Donnellys einen Kuchen zu backen, erwiderte er, das sei nicht nötig, denn der größte Vorteil am Dasein als Witwer bestehe bislang darin, dass die Gastgeber darauf beharrten, er müsse nichts mitbringen. Der Verlust eines Ehepartners, vor allem einer Frau, schien ihn von jeder sozialen Verantwortung zu befreien. Nachdem er sich selbst bewiesen hatte, Adele widerstehen zu können, gab er allerdings nach und meinte, ja, eigentlich wäre es trotzdem ganz nett, wenn sie einen Kuchen backe. Sie fragte, ob er einen bestimmten Wunsch habe. Er antwortete, sie solle backen, was immer sie wolle, nur dass Apfelkuchen stets zu viel Zimt habe und Brombeeren seiner Meinung nach besser zum Sommer passten. Kürbiskuchen wiederum schmecke zu sehr nach Süßkartoffeln, und Birnen eigneten sich besser für Torten.

»Wie wäre es mit Erdbeer-Rhabarber?«, fragte sie.

»Wenn Sie möchten.«

Wenn er an Adele dachte, regte sich eine Stimme in seinem Inneren, die nachfragte, ob in seinen Gefühlen für sie etwas Unanständiges mitschwinge. Dieser Gedanke löste ein Unbehagen aus, das aber stets durch eine energische Bekräftigung seiner Treue zu Maida verdrängt wurde, einer Treue, die zugleich allem galt, was sie in ihrem Eheleben geteilt hatten. Nachdem er sich seiner korrekten Gefühle versichert hatte, erlaubte er sich das Eingeständnis, dass ihm Adele eine ebenso rätselhafte wie herrliche Freude schenkte.

An Thanksgiving kam Adele vormittags vorbei, um den Kuchen abzugeben, eine schillernde Kugel aus Teig mit tiefen Mulden, in denen Erdbeeren saßen, und Gene begriff, dass sie bewusst beschlossen hatte, an ihrem freien Tag etwas Besonderes für ihn zu machen. Das steigerte schlagartig sein Selbstwertgefühl, schenkte ihm wieder den Glauben, ein Mensch zu sein, der eine solche Geste wert war, und er fragte sich neugierig, was wohl dahintersteckte. Er verneigte sich vor Adele und ihrem Backwerk und sagte, was ihm gerade durch den Kopf ging: »Stets zu Diensten, holde Herrin süßer Dinge.«

Sie lachte verdutzt, und er fragte, ob sie hereinkommen wolle, um ihr Werk zu kosten. Sie zog ein Gesicht, als wollte sie ihn für den Vorschlag rügen, einen Kuchen anzuschneiden, der als Mitbringsel gedacht war, schien sich aber insgeheim über seine Freude zu freuen.

In diesem Moment strich sie spontan über seinen Nacken. »Ihre Haare sind ziemlich lang«, sagte sie.

Er errötete und berührte instinktiv die Stelle, die sie angefasst hatte. »Ja, mir müssen wohl Pfoten wachsen, damit dieser Pelz gerechtfertigt ist«, erwiderte er.

»Ah, ja?«, sagte sie. »Sind Sie ein Wolf oder eher ein Bär?«

Eine leise Erregung durchfuhr ihn – sie spielte mit. »Nur ein Geschöpf, das den Mond anheult«, meinte er.

»Tun Sie das wirklich?«

»Würde es Sie erschrecken, wenn es so wäre?«

»Oh, so leicht bin ich nicht zu erschrecken.« Sie zog die Augenbrauen hoch und sah ihn aus den Augenwinkeln an, vielleicht, um kühl zu wirken, aber sie musste unwillkürlich lächeln. Sie bot an, seine Haare zu schneiden, bevor er zu den Donnellys aufbrach.

Sie stellten einen Stuhl auf den Linoleumfußboden im Wäscheraum. Sie hüllte ihn in ein altes Laken, das sie am Hals mit zwei Wäscheklammern befestigte. Unter der Spüle stand eine Sprühflasche mit Essiglösung, die sie leerte und mit Wasser füllte.

Sie sagte: »Ich will nicht schuld daran sein, dass Sie den ganzen Tag nach Gewürzgurke stinken.«

Bevor sie seine Haare anfeuchtete, strich sie mit den Händen über seinen Hinterkopf, als wollte sie herausfinden, wie dicht das Haar war, und gleichzeitig alle Haare in dieselbe Richtung lenken. Für ihn war das ein körperlicher Schock. Wann hatte ihn zuletzt jemand berührt, richtig berührt?

Sie sprühte Wasser auf seinen Kopf und begann zu schneiden. Das Gefühl ihrer warmen Finger auf seiner Kopfhaut wechselte sich mit dem Gefühl der Schere ab, deren Klingen über seinen Kopf flitzten, und er merkte, dass er sich nach ihrer Hand sehnte. Sie korrigierte seine Kopfhaltung gelegentlich durch eine leichte Berührung seines Unterkiefers. Das führte ihm erneut vor Augen, wie fremd ihm die Berührung durch einen Menschen geworden war. Wenn man keine Frau oder Geliebte hatte, wurde man nie am Gesicht berührt.

Nachdem sie fertig war, musste er sich in einem Handspiegel betrachten. Sie schob ihr Gesicht über seine Schulter, als wollte jemand ein Foto von ihnen machen.

»Sieht gut aus«, sagte er.

»Sie sehen gut aus.«

11

Ed bestand darauf, Gene vor dem Essen den neuen Gaskamin zu zeigen, den sie nach seinem letzten Besuch hatten einbauen lassen, so als müsste sein alter Freund jede Veränderung im Haus absegnen. Der Kamin war größer als sein Vorgänger, was Gene lobend hervorhob. Seine Bewunderung genügte aber nicht. Ed forderte ihn auf, den Kamin einzuschalten, damit er sehen konnte, wie die orangeroten Flammen über dem Haufen künstlicher Scheite flackerten.

Nachdem sie einige Worte über den Kamin gewechselt hatten (vor allem über die Frage, warum sich die Donnellys angesichts vieler Alternativen ausgerechnet für dieses Modell entschieden hatten), gingen Ed und Gene in die Küche, um eine Flasche Wein zu holen. Gayle schenkte ein und scheuchte sie danach mit der Begründung hinaus, sie seien im Weg. Das war ein Vorwand – Ed war ein hervorragender Koch –, aber die Donnellys hatten dies vor langer Zeit zu einer ihrer Standardinszenierungen vor Gästen erkoren: Ed mimte den barbarischen, ungeübten Gatten, Gayle die Retterin einer zivilisierten Party. Sie spielten diese Rollen schon so lange, dass Gene sich manchmal dabei ertappte, sie für bare Münze zu nehmen. Dann glaubte er, der Rückzug in Eds Arbeitszimmer wäre eine rücksichtsvolle Maßnahme, um Gayle das Leben zu erleichtern.

Gene konnte sich daran erinnern, dass das Arbeitszimmer früher Brians Schlafzimmer gewesen war. Eds persönlicher Rückzugsraum war damals ein langer Klapptisch im Keller gewesen. Dann war Brian flügge geworden, und man hatte einen Innenarchitekten geholt, um das Schlafzimmer in ein Arbeitszimmer umzuwandeln. Während der Umgestaltung des Zimmers gewannen die Donnellys den Eindruck, die anderen Räume auch renovieren zu müssen, und am Ende dieser Kettenreaktion wurde das frisch umgestaltete Arbeitszimmer dann gleich noch einmal umgestaltet. Amüsant daran war, dass es eigentlich keine Notwendigkeit für diese Verbesserungen gegeben hatte, denn die Donnellys hatten längst alles bedacht: versenkte Leuchten, Dimmer, Wäschestation, Einbauschränke für Schuhe, Kochbücher, Gewürze und Schmuck. Sollte es im Haus eine Schublade mit chaotischem Inhalt geben, dann war sie Gene bisher entgangen. Der einzige kleine Makel, den er hatte entdecken können, war das Klo der Gästetoilette, dessen Hebel zum Spülen hochgezogen und nicht nach unten gedrückt werden musste, was ihn jedes Mal insgeheim beglückte.

Im Arbeitszimmer gewährte eine Retrotrittleiter Zugang zu den oberen Bücherregalen, die einen Schatz literarischer und historischer Bücher bargen: Romane, Gedichtbände, Dramen, Naturgeschichten, Biografien, politische Traktate. Zwischen den Büchern hatten die Donnellys Souvenirs ihrer Reisen platziert: afrikanische Holzschüsseln, einen kleinen Buddha aus Jade, einen Bambuslöffel. Als Geburtstagsgeschenk für Ed hatte Gayle einmal mehrere Fotos rahmen lassen, die im Laufe der Jahre am Fisher Lake aufgenommen worden waren – ein Picknicktisch, übersät mit abgenagten Hummerscheren und ausgequetschten Zitronenhälften; unförmige Klumpen nasser Wäsche auf der Leine; Gayles Hinterkopf vor einem weißen, verwischten Himmel. Das Zimmer wirkte wie der Brennpunkt eines ganzen Lebens, und Gene wusste nicht genau, ob er dies abstoßend oder reizvoll fand.

Ed meinte, er werde wohl bald mehr Zeit in diesem Zimmer verbringen. Im vergangenen Jahr hatte er seine Praxis verkauft und dabei ausgehandelt, die Kontrolle über alle medizinischen Aspekte zu behalten, während der Rest – Abrechnungen, Versicherungen und andere Verwaltungsaufgaben – in die Zuständigkeit des Käufers fiel, Integrated Health. Wie sich herausstellte, sah die Realität nicht ganz so aus wie erwartet. Ed sagte, man dränge ihn, mehr Patienten zu behandeln, die Behandlungszeit aber zu verkürzen, teurere Untersuchungen anzuordnen und immer mehr Medikamente zu verschreiben. Er hatte stets eine Büroleiterin gehabt – vor sechsundzwanzig Jahren eingestellt und inzwischen neunfache Großmutter –, aber Integrated Health hatte die Personalausgaben drastisch gekürzt und vorgeschlagen, die Arzthelferinnen sollten ihre Aufgaben übernehmen. Ed erzählte, er habe keine andere Wahl gehabt, als Geld aus dem von Integrated kontrollierten Bereich abzuzweigen, um seine Büroleiterin weiter finanzieren zu können.

»Ist Integrated darüber informiert?«, fragte Gene.

Ed zuckte mit den Schultern, als wollte er die Verantwortung von sich weisen. »Das sind doch genau die Leute, die alle ins Unglück stürzen.«

Das war eine heikle, schwer zu bereinigende Situation. Gene war sich der Problematik von Eds Lage bewusst, wunderte sich aber auch darüber, dass Ed auf dieses Dilemma nicht gefasst gewesen war. Er hatte offenbar nie daran gedacht, dass er die Kontrolle irgendwann abgeben musste.

Bald darauf wurden sie von Gayle zu Tisch gerufen. Gene hatte zwar nicht erwartet, dass Brian aus Florida anreisen würde, aber gehofft, Colin oder Michael anzutreffen. Colin verbrachte Thanksgiving jedoch bei Justines Eltern, und Michael war mit seiner Familie nach Hawaii geflogen. Als sie sich an den Tisch setzten, schien Gayle bei dem Anblick all der leeren Stühle von einer leisen Melancholie erfasst zu werden, aber Ed schalt sie mit den Worten, sie hätten nicht das Recht, sich zu beklagen, denn Colin und Michael würden mit ihren Kindern zu Weihnachten kommen.

Gayle hatte das traditionelle Menü zubereitet. Neben dem Truthahn, goldbraun und glänzend, gab es einen ganzen Berg Füllung mit vielen Rosinen, Cranberrysoße mit geriebener Apfelsinenschale, mit Knoblauch angebratene grüne Bohnen und luftigen Kartoffelbrei. Eine Eigenart Gayles bestand darin, dass sie als Gastgeberin oft in der Küche verschwand, nachdem sie die Gäste zu Tisch gebeten und aufgefordert hatte, mit dem Essen zu beginnen. Wenn sie wieder auftauchte, brachte sie ein Gericht mit, das sich geweigert hatte, rechtzeitig fertig zu werden, und blieb dann sitzen, allerdings nicht lange, denn sie musste unbedingt noch ein Messer holen, das sich besser zum Schneiden des Fleisches eignete, oder ein Rosmarinsalz, das man ihnen aus Frankreich mitgebracht hatte, oder eine Sauciere, aus der nichts auf die Tischdecke kleckerte. Gene war das gewohnt. Er fand es fast rührend, dass sie etwas vervollkommnen wollte, das längst vollkommen war, aber Ed war genervt. Mit jedem Abstecher, den seine Frau in die Küche unternahm, legte sich seine Stirn in tiefere Falten.

An diesem Abend sprachen sie viel über die Kinder, denn auf diese Weise konnten sie hintenherum von sich selbst sprechen. Gene erzählte etwas, das Dary an diesem Morgen am Telefon berichtet hatte, dass der Hund einen Knochen bekommen und diesen glücklich in den Garten transportiert habe. Sobald ihm bewusst wurde, was er da redete, verabscheute er nicht nur sich selbst, sondern auch Gayle und Ed, weil sie über Kinder und Haustiere plauderten, als gäbe es in ihrem Dasein keine Leidenschaften und keine Lebendigkeit mehr.

In diesem Moment vermisste er Maida und wünschte sich, sie würde neben ihm sitzen und ihr trockenes Lächeln aufsetzen, wenn die Donnellys wieder einmal mit einer Neuheit in ihrem hochgerüsteten Esszimmer prahlten, oder nach zwei Gläsern Wein ihre Hand unter dem Tisch auf seinen Schoß legen, weil sie genug von dem Gerede hatte. Das waren zwar nicht die romantischen Gesten, die man sich bei der Heirat erträumt hatte, aber Beispiele für die am stärksten unterschätzten Vorteile einer Ehe: Man versicherte sich in Gesellschaft heimlich des gegenseitigen Beistands, rief sich in Erinnerung, dass man zusammengehörte, und minderte so die Mühe, die es kostete, die sozialen Höflichkeitsrituale zu vollziehen. Es war eine stillschweigende Übereinkunft, die für das ganze Leben hätte gelten sollen, und Gene fühlte sich nicht nur einsam und verlassen, sondern war obendrein verbittert, weil Maida ihn mit dieser Verantwortung alleingelassen hatte. Dieses heftige Gefühl, diese Verbitterung, war natürlich absurd und verflog bald wieder, wich einem schmerzhaften, aber reineren Verlustgefühl.

Verrückterweise sprachen sie nie über Maida, als wäre dieses Thema ein auf den Fußboden gemalter Kreis, den sie laut einer Übereinkunft nicht betreten durften. Dieser Kreis war kein Geheimnis, sondern deutlich sichtbar, und Gene war bewusst, dass ihn nichts und niemand davon abhalten konnte, ihn zu betreten, aber das unausgesprochene Einverständnis sorgte für die Angst, durch diesen Schritt etwas Gemeinsames zu zerstören, das er allerdings nicht genau hätte definieren können.

Das Telefon klingelte, und Gayle stand auf, um den Anruf entgegenzunehmen. Während sie weg war, wollte Ed von Gene wissen, ob Dary an Weihnachten wieder nach Colton komme. Gene wusste nicht, warum sie von dieser Tradition abweichen sollte, gestand aber, über die Pläne seiner Tochter nicht im Bilde zu sein.

Danach trat ein kurzes Schweigen ein, in dessen Verlauf sie dem anbrechenden Regen lauschten.

Gayle kam wieder herein und sagte, Brian sei am Telefon, und Ed stand auf und ließ Gene und Gayle vor ihren halb verspeisten Portionen sitzen.

»Deine Haare sehen gut aus«, sagte sie. »Hast du eine neue Frisur?«

»Sie sind nur kürzer.«

»Du siehst besser aus«, sagte sie mit einem fast vertraulichen Unterton. Sie senkte den Blick. »Du siehst täglich besser aus.«

Ed kehrte an den Tisch zurück und verkündete, Brians baldige Ex-Frau habe einen neuen Mann kennengelernt.

»Was für ein Albtraum«, sagte Gene.

»Brian versucht wie besessen, herauszufinden, wer es ist«, meinte Ed. »Er muss Rechnungen bezahlen, er hat zwei Kinder, die total fertig sind, weil ihre Eltern sich trennen, und trotzdem kann er nur davon reden, dass Allison mit einem fremden Kerl ins Bett geht. Das ist eine Besessenheit. Das ist eine Krankheit.«

Gayle schaute kurz so beschämt drein, als wäre sie schuld daran. Aber es lag ihr nicht, lange bedrückt zu sein, und ihre Miene hellte sich wieder auf, als sie erzählte, dass sie im Keller während der Suche nach Feiertagsdeko auf eine ganze Kiste voller Fotos von ihren Sommerurlauben am Fisher Lake gestoßen sei. »Unter anderem ein unglaublich niedliches Foto von Brian, der auf seinem Töpfchen auf der Veranda sitzt und auf den See schaut, als wäre er der König der Welt. Stellt euch das mal vor – ein Töpfchen mit Seeblick!«

»Er war immer der Hellste von allen«, meinte Gene.

»Wir haben Gummibärchen benutzt, um ihn von der Windel zu entwöhnen. Ich habe immer gesagt: ›Das ist keine Bestechung, sondern eine Belohnung.‹«

»Sehr clever«, sagte Gene.

»Weißt du das nicht mehr, Liebling?«, fragte Gayle und wandte sich an Ed. »Weißt du nicht mehr, wie Brian immer sein kleines Töpfchen mit auf die Veranda gebracht hat?«

»Du hast sicher recht.«

»Erinnerst du dich wirklich nicht? Das war so lustig!«

»Ich glaube dir, keine Frage.«

»Weißt du denn nicht mehr, wie sehr wir darüber gelacht haben?«

»Vermutlich war ich mit den Gedanken woanders.« Ed sagte das tonlos und neutral, aber Gene fand seine Gleichgültigkeit gegenüber Gayles Begeisterung fast grausam. Ed schien seiner Frau durch die Blume sagen zu wollen, dass sie selbst schuld daran sei, wenn seine Gedanken abschweiften, weil sie rede wie ein Wasserfall. »Ich musste gerade daran denken, dass Maida einmal quer durch den See geschwommen ist.«

Ein kurzes Schweigen. Dann sagte Gayle: »Ich fand es immer unbegreiflich, wie man das schaffen kann. Wenn ich länger als zehn Minuten im Wasser bin, ist mir so kalt, dass ich mein Gesicht bis auf die Zunge nicht mehr spüre.«

»Die Zunge ist kein Teil des Gesichts«, erwiderte Ed.

»Na, du weißt, was ich meine. Man muss schon ein bisschen plemplem sein, um sich so lange im Wasser aufzuhalten.«

»Das tun viele Leute«, sagte Ed. »Sie sind alle plemplem?«

»Ich kennen niemanden, der das tut, Maida ausgenommen.«

»Die Olympiateilnehmerin – wie heißt sie gleich? Amory Johnson? –, sie ist als Training quer durch den See *und* wieder zurück geschwommen.«

»Amory Johnson sieht aus wie ein Mann! Würdest du mit einer solchen Frau schmusen? Nein, das musst du nicht beantworten. Aber sie wirkt schon sehr männlich.«

Gene hatte plötzlich ein jahrzehntealtes Foto von Amory Johnson vor Augen. Schon richtig: Mit ihren kurzen Haaren, dem Waschbrettkörper und den breiten Schultern wirkte sie geschlechtslos und androgyn. »Was ist aus Amory Johnson geworden?«, fragte er. »Man hört kaum noch etwas von ihr. Wie mag ihr Leben nach all den Medaillen verlaufen sein?«

Ed erinnerte ihn an die Auseinandersetzung, die entbrannt war, weil man das Schwimmbad nach ihr hatte benennen wollen.

»Das habe ich nie verstanden«, sagte Gayle. »War das etwas Politisches? Ihr wisst ja, dass ich nicht mehr zuhöre, wenn es um Politik geht.«

Ed erklärte, es habe den Leuten nicht gefallen, dass sie so bald nach der Geburt ihres Sohnes wieder geschwommen sei. Während er die Auseinandersetzung beschrieb, stieg ihm eine leichte Röte ins Gesicht, und er sprach lebhafter. Immer, wenn er eine Feststellung traf, sah er Gayle Beifall heischend an. Ihre Miene verriet, dass sie ihm gern applaudierte, dass dies für sie eine Freude und außerdem ihre Aufgabe in der Ehe war.

»Eigentlich ging es um das Stillen«, meinte Ed. »Die Leute wollen zwar keinen öffentlichen Beweis dafür, finden es aber problematisch, wenn eine Mutter nicht stillt.«

»*Ich* habe gestillt«, sagte Gayle. »Ich habe jedes meiner Kinder ein Jahr lang gestillt.«

»Aber sicher«, sagte Ed. »Du bist meine Frau.«

»Wie ist die Sache mit dem Schwimmbad ausgegangen?«, fragte Gene.

»Oh, es wurde nach ihr benannt. Aber die Plakette ist winzig.«

»Nur Männer wollen ihren Namen in riesigen Buchstaben sehen«, sagte Gayle.

»Gene braucht keine Plakette«, meinte Ed. »Stimmt doch, oder?«

Als er aufbrach, schüttete es immer noch. In den Straßenmulden hatte sich Wasser gesammelt, das sein Auto anzuheben schien wie ein Boot, wenn er hindurchfuhr. Der Wind war stürmisch, peitschte den Regen gegen die Windschutzscheibe und drückte die Bäume am Straßenrand zu fauchenden Grimassen zusammen, die sich nach dem Abflauen einer Böe schlagartig wieder entspannten. In einer Kurve scherte sein Heck aus. Er lenkte instinktiv in die entgegengesetzte Richtung, aber das Auto kam ins Schleudern. Er ließ das Lenkrad los. Die Reifen schrammten an der Bordsteinkante entlang, dann kam er zum Stehen. Gene riss den Schlüssel aus dem Zündschloss und saß im Dunkeln, während ihm das Herz bis zum Hals schlug. Seine Hände zitterten und zuckten in seinem Schoß. Er wartete, bis sich sein Puls beruhigte. Dann legte er die restliche Strecke mit bebenden Händen zurück.

Als er sein Haus erreichte, war er immer noch aufgewühlt – überrascht, am Leben zu sein, und zugleich voller Angst, das Gegenteil wäre der Fall. Um ehrlich zu sein, wusste er nicht, warum er noch lebte, denn man konnte auf so viele dumme und banale Arten sterben. Er trank einen heißen Kakao, weil er hoffte, das würde ihn beruhigen. Er konnte spüren, wie der Zucker in der Kakaomischung an seinem Zahnschmelz nagte, trank aber eine zweite Tasse, weil er glaubte, diese würde das Gefühl lindern, für das die erste gesorgt hatte. Er putzte seine Zähne und schlüpfte in den Schlafanzug. Als er schließlich zugedeckt im Bett lag, begann sein Herz, wieder zu rasen, und er war hellwach.

Er hatte lange nicht mehr daran gedacht, wie Maida quer durch den See geschwommen war. Das war in jenem Sommer gewesen, als sie Brians Gebrüll nachts wach gehalten hatte, und der Schlafmangel hatte für Gereiztheit gesorgt. Am Vorabend hatte sich Gene im Beisein der Donnellys mit Maida gestritten, denn er war der Meinung gewesen, sie dürfe die Strecke nicht allein schwimmen. Was, wenn sie einen Krampf bekäme? Was, wenn sie ermüdete? Sie solle ihm wenigstens erlauben, sie im Ruderboot zu begleiten. Sie hatte entgegnet, es seien ja nur ein paar Meilen, und sie sei schon drüben, da habe er noch nicht einmal die Riemen gefunden. *Sei nicht blöd,* hätte er fast gebrüllt, stattdessen aber gesagt: »Sei nicht so egoistisch«, was seinen wahren Gefühlen näher gekommen war. Er hatte versucht, ihr gut zuzureden, damit sie Vernunft annahm, bis Ed gesagt hatte: »Ach, lass sie endlich in Ruhe. Sie macht sowieso, was sie will, und du genauso.«

Das erwies sich als zutreffend. Am nächsten Morgen, Gene schlummerte noch, schlüpfte Maida aus dem Bett, und als er merkte, dass sie weg war, holte er die Riemen unter dem Haus hervor und ruderte auf das Spritzwasser ihrer Schwimmzüge zu, aus der Ferne gesehen nur eine winzige Turbulenz auf der Wasseroberfläche. Es war harte Arbeit, sie einzuholen, denn er war kein Meisterruderer, doch er kam stetig näher und verlangsamte irgendwann das Tempo, weil er ihr Erfolgsgefühl nicht trüben wollte, indem er ihr zu dicht auf die Pelle rückte. Als sie das Ufer erreichte und aus dem Wasser stolperte, wusste sie nicht, wer der wachsame Mensch im fernen Boot war. Am Ende hatten beide ihren Willen bekommen, und trotzdem erinnerte er sich ungern daran. Der Vorfall hatte einen unangenehmen Nachgeschmack hinterlassen.

Im Laufe der Jahre hatte es immer wieder Streit gegeben, nicht nur zwischen Maida und Gene, sondern auch zwischen Ed und Gayle, dann traten die Differenzen zwischen den Ehepartnern offen zutage, vielleicht konnte man sie auch schlicht nicht mehr voreinander verbergen. Die Tatsache, dass es ein Publikum gab, schien in einem direkten Zusammenhang damit zu stehen, dass Themen angeschnitten wurden, die man sonst unter den Teppich gekehrt hätte. Das war sowohl befriedigend als auch demütigend –

befriedigend, weil die eigene Klage zur Kenntnis genommen wurde, demütigend, weil man durch den Wunsch, sie möge zur Kenntnis genommen werden, Schwäche gezeigt hatte und obendrein der Tatsache ins Gesicht sehen musste, dass es in der eigenen Ehe genauso heftig krachen konnte wie in anderen Ehen. Das Publikum schien einerseits für eine Vertiefung des Schmerzes und andererseits für eine Steigerung des Glücksgefühls zu sorgen, das die Versöhnung mit sich brachte. So gesehen, hatten die beiden Paare einander schamlos missbraucht, wenngleich es ein Missbrauch ohne Opfer war.

Genau genommen, war es sonderbar, ja fast komisch, dass sie zwar älter geworden waren, die Ursachen für Auseinandersetzungen aber immer noch in der Jugend zu wurzeln schienen, sich also nie über ihre Ursprünge hinaus entwickelten. Ed war ein sehr großmütiger Mensch, und deshalb hätten eigentlich alle froh sein müssen, aber er war oft streng mit Gayle. Sowohl sie als auch Gene bekamen die Grenzen seines Großmuts immer wieder zu spüren, und weil sie ihn trotz seiner Macken verehrten, hatten sie ein Gefühl der Solidarität entwickelt. Maidas Haltung gegenüber Ed war nicht so unterwürfig und bewundernd. Wenn er sich wie ein Arschlosch aufführte, sagte sie ihm das auf den Kopf zu. Im Laufe der Jahre hatte sich Gene oft gefragt, ob die beiden nicht das bessere Paar gewesen wären, und das Gleiche fragte er sich im Hinblick auf sich und Gayle. Ob Ed jemals erwogen hatte, Maida zu heiraten? Sie hegten eindeutig Gefühle füreinander, selbst wenn diese, egal wie sie beschaffen sein mochten, über die Jahre nicht beständig gewesen waren. Manchmal fanden sie einander amüsant, was ihre gegenseitige Achtung zu steigern schien, manchmal stichelten sie gegeneinander, als hätten sie jeden Respekt verloren und würden den jeweils anderen für unbedacht und herablassend halten.

Schwer zu sagen, warum niemand von ihnen aus der Ehe ausgeschert war. War denn wirklich alles eitel Sonnenschein? Oder waren sie von Natur aus träge und versuchten stets, der Verbindung, die sie in jungen Jahren eingegangen waren, ein weiteres Jahr abzuringen?

Wenn ihm solche Gedanken durch den Kopf gingen, erwachte eine tiefe Sehnsucht nach Maida in ihm. Wenn er sich in dieser seelischen Verfassung befand, wenn auf der Oberfläche alles ganz normal aussah, im Inneren aber alles zu zerbrechen schien; wenn sein zweifelnder Geist eine Frage nach der anderen erzeugte, deren zweite die erste hätte beantworten sollen, ihn stattdessen aber immer weiter auf unbekanntes Terrain führte, bis er meinte, der einzige Ausweg aus dieser Situation bestehe darin, die eine schlüssige Antwort auf alle Fragen zu finden. In solchen Momenten hatte ihn Maida ins Leben zurückgeholt. Sie hatte das oft durch eine schlichte Berührung getan, indem sie seine Haare zerzaust oder seine Hand ergriffen hatte. Und die Erkenntnis, dass sich sein innerer Aufruhr nicht auf sie übertrug, dass sein Leben außerhalb seiner Gedanken seinen ganz alltäglichen Lauf nahm, zeigte ihm, dass seine Fragen absurd waren und bestenfalls in einem losen Zusammenhang mit dem wahren Leben standen. Maida holte ihn aus einer Welt der Gefahren zurück in die Geborgenheit, etwas, das er allein nicht schaffte. Und dass sie dies nicht mehr für ihn tun konnte – dass sie dies nie wieder für ihn täte –, hatte zur Folge, dass er Angst vor sich selbst bekam, eine Angst, die dem Gefühl entsprang, etwas verloren zu haben, das gefestigter und stärker gewesen war als er.

Er stand auf und nahm eine der Schlaftabletten, die Dr. Fornier ihm verschrieben hatte. Danach lauschte er eine gefühlte Ewigkeit dem Regen, der gegen die Hauswand trommelte. Während er auf den Schlaf wartete, lautete einer seiner vielen Gedanken, dass diese

Tabletten, die seine Seele beruhigen sollten, immer dann versagten, wenn er sie am dringendsten brauchte.

Nach einer Weile, er war immer noch wach, schaute er auf die Uhr. Es war schon nach Mitternacht, normalerweise zu spät, um noch jemanden anzurufen. Doch es war kein normaler Tag gewesen, und seine Intuition sagte ihm, dass Adele Nachsicht mit ihm hätte.

Sie war überrascht, als er sich meldete, und erkundigte sich, ob alles in Ordnung sei. Es war ihm sofort peinlich, sie angerufen zu haben, und er sagte, sie würden sich ja am Montag sehen, und legte auf. Kurz darauf rief er wieder an, weil er befürchtete, zu grob gewesen zu sein.

Sie klang kein bisschen verärgert. Sie klang wie immer. Sie wollte wissen, ob es ihm gut gehe. Und daraufhin erzählte er die Wahrheit.

Bei ihrer Ankunft stand er immer noch unter Schock, weil er sich ihr offenbart hatte. Sie verlor kein Wort über seine Erscheinung, den Bademantel voller Kakaopulver, den auf einer Seite baumelnden Gürtel. Er bot an, ihr eine Tasse Kakao zu machen, aber sie tat sein Angebot als gut gemeinten Unsinn ab. Wenn er zu aufgewühlt sei, um Schlaf zu finden, meinte sie, sollten sie gemeinsam versuchen, ihn wieder zu beruhigen.

Er glaubte, es wäre sonderbar, sie im Schlafzimmer zu haben, aber sie war schon oft dort gewesen – um das Bett neu zu beziehen, zu saugen oder seine Kleider einzusortieren –, und deshalb fand er ihre Anwesenheit fast natürlich. Sie legte sich neben ihn und erklärte, bleiben zu wollen, bis er eingeschlafen sei.

Er wartete im Dunkeln darauf, dass sie sich anders besann, ging davon aus, dass sie nach einer Minute, nach zwei oder drei Minuten leise aufstehen und ihn verlassen würde. Aber wenn er nachschaute, war sie noch da. Schließlich rollte er sich so dicht neben sie, dass sich ihre Körper berührten. Ihre Haut duftete nach Essen, nach Reis oder Nudeln, vielleicht nach Pilaw.

Er hatte geglaubt, ihre Anwesenheit würde ihn beruhigen, aber er wurde von einer unruhigen Energie erfüllt. Die Wärme ihres Körpers, den sie gegen seinen Bauch und Unterleib drückte, löste ein schwaches Pulsieren aus, das er auf ganzer Länge des Rückgrats und bis in die Beine spürte. Er nahm sie in die Arme, und sie reagierte, indem sie sich an ihn schmiegte, die Mulden in seiner Gestalt suchte und mit ihrer Wärme füllte.

Es war lange her, dass er jemanden auf diese Weise berührt hatte. Zuletzt Maida, einen guten Monat vor ihrem Tod, aber sexuell war das nicht erfüllend gewesen. Sie waren zärtlich gewesen, aber auch träge und unentschlossen, denn sie hatten beide etwas getrunken und wussten nicht genau, ob sie genug Energie aufbringen konnten.

Er wusste schon, dass es gelingen würde, als er Adeles Brüste berührte, nicht zu vergleichen mit den Fleischlappen mancher älterer Frauen am Strand. Er konnte ihre Brüste durch ihr Hemd spüren, und ihr Fleisch rollte in seine Hand, gab sich ihm hin. Das Pulsieren in seinem Inneren, anfangs schwach, begann, sich zu beschleunigen.

Sie setzte sich plötzlich aufrecht hin.

Im dunklen Zimmer konnte er ihr Gesicht nicht erkennen, wusste also nicht, was dies zu bedeuten hatte. Er befürchtete, ihr zu nahe getreten zu sein, befürchtete, sie werde ihm sagen, er solle das lassen.

Doch sie zog sich nur das Hemd über den Kopf, löste ihren BH und warf ihn auf den Fußboden.

12

Sein Leben war aus heiterem Himmel in eine neue Phase des Glücks eingetreten. Adele kochte und putzte nach wie vor, und sie führten weiter unbeschwerte Gespräche, nur kam jetzt die willkommene körperliche Intimität hinzu.

Anfangs erlaubte er sich nicht, ihren nackten Körper zu betrachten, weil er sich sonst der Tatsache bewusst geworden wäre, lüstern eine nackte Frau anzustarren, mit der er nicht verheiratet war. Manchmal redete er sich ein, seine Hände würden von Trieben gelenkt werden, die außerhalb seiner Kontrolle und Verantwortlichkeit lagen, aber wenn er wieder einmal vergeblich versuchte, den Blick zu senken, während er Adele auszog, konnte er sich nichts mehr vormachen. Ihre Füße, im Grunde nichts Besonderes, waren mit ihren Beinen verbunden und diese mit den warmen Tiefen, die sich dazwischen verbargen, und wenn er so weit gekommen war, schaltete irgendetwas in seinem Inneren um. Dann klopfte das Herz bis zum Hals. Seine Beine wurden zappelig. All seine körperlichen Reaktionen auf ihre Reize sagten ihm, dass er keine andere Wahl hatte, als ihnen nachzugeben, wenn er weiterleben wollte.

Anfangs befürchtete er, mit ihrem Körper nicht umgehen zu können. Maida hatte ihm zu Beginn ihrer Ehe gezeigt, wie er sie mit Mund und Händen befriedigen konnte, aber es gab immer wieder längere Phasen, in denen sie nicht besonders scharf auf solche Zärtlichkeiten war, und ohne kam sie nicht immer zum

Orgasmus. Sie fand das nicht weiter schlimm, aber ihn belastete es sehr, und je älter er wurde, desto stärker hing seine Lust von der ihren ab. Wenn sie ineinander verschlungen waren, ertappte er sich manchmal dabei, in Gedanken zurückzugehen und sich zu fragen, ob die Gespräche über den Pegelstand des Girokontos oder die Frage, ob die Müllbeutelmarke noch die richtige war, für den eher mauen Sex verantwortlich waren. Er hatte einmal gelesen, der Sex bleibe aufregend, wenn man stets offen für Neues sei, aber gab es wirklich Menschen, die nach einem langen Tag bei der Arbeit oder mit den Kindern noch genug Energie und Einfallsreichtum aufbrachten, um im Schlafzimmer eine Show abzuziehen? Die Vorstellung, dass solche Menschen keine Fantasiegestalten waren, sondern tatsächlich existierten – und in jeder anderen Hinsicht vielleicht ganz normal waren –, schürte seine alte Unsicherheit. Dann rief er sich in Erinnerung, dass es absolut natürlich war, das Sexleben anderer für aufregender und erfüllter zu halten als das eigene. Das war nur der Aufschrei des sich bedroht fühlenden urtümlichen Teils des Gehirns, und diesen konnte er zur Kenntnis nehmen, ohne ihn automatisch als Wahrheit zu akzeptieren.

Die Erkundung eines neuen Körpers war berauschend und verlief überraschend intuitiv, außer wenn seine Gedanken dazwischenfunkten, um eine Bewertung vorzunehmen: War es so gut wie beim letzten Mal? War es mit Adele besser oder nur anders als mit Maida? Wenn Adele spürte, dass er mit den Gedanken woanders war, rückte sie von ihm ab und wollte wissen, was los war. Er zögerte mit der Antwort, weil er befürchtete, sie könnte seine Versunkenheit als Vorwurf missverstehen. Und es *war* ein Vorwurf – er war latent wütend auf sie, weil es ihr so leichtgefallen war, einen Teil seines Wesens in Besitz zu nehmen, der früher ganz allein Maida gehört hatte. Und wenn sie noch einmal wissen wollte, was los war, überhörte er sie, drehte sie um und packte ihren Hintern, und wenn er kam, dachte er: *Das. Ist. Ihr. Arsch.*

Aufgrund seiner Erfahrung mit Frauen hatte er erwartet, dass es wegen des undefinierten Wesens ihrer Beziehung zu gelegentlichen Gefühlsausbrüchen oder Szenen käme, aber nichts deutete darauf hin, dass Adele irgendetwas als belastend empfand. Ihr Verhältnis schien kein Nachdenken zu erfordern. Es war rein körperlich, stillschweigend und nicht mit Bedeutung befrachtet. Unnötig, es zu definieren. Sie schenkten einander Freude und konnten ganz sachlich damit umgehen, ohne der Versuchung zu erliegen, sentimental zu werden. Adele erwartete nicht, dass er sie liebte oder unterstützte oder ihre Bedürfnisse vorausahnte – und das empfand er als absolut schockierende Form von Freiheit.

Wenn er wieder einmal feststellte, wie zufrieden er war, fragte er sich, wo seine nagende Trauer geblieben war. Wohin war sie verschwunden? Sie hatte die Qualität eines mitternächtlichen Notfalls mitsamt all dessen Ängsten gehabt, war jetzt aber nur noch ein leiser Hintergrundschmerz, den er ignorieren konnte, wenn das vor ihm Liegende aufregend genug war. Die Trauer, die ihn erfüllt hatte, war abgeflaut. Manchmal sehnte er sich fast danach, weil sie ihm das Gefühl gegeben hatte, seine Frau wäre immer und überall in greifbarer Nähe. Dann fiel ihm wieder ein, wie unsäglich quälend dieses Gefühl gewesen war, und er war so erleichtert, dass er sich beinahe schämte. Wenn er versuchte, sich an die alte Trauer zu erinnern, glich das der Zufallsbegegnung mit einem Fremden, den er auf eine vage Art sympathisch fand. Es gab Gemeinsamkeiten, und man achtete einander, aber der Fremde und Gene hatten unterschiedliche Schicksale.

Er war nur dann unglücklich, wenn Adele ging. Er begann, den Freitag zu hassen, vor allem den Nachmittag, denn um fünfzehn Uhr verließ ihn Adele nicht nur, sondern erwartete auch, dass er sie bezahlte. Am Ende der ersten Woche, die sie als Liebende verbracht hatten, hoffte er insgeheim auf einen Abschied voller Leidenschaft und Zuneigung. Er würde ihr später einen Scheck zukommen lassen, falls sie nach wie vor einen wünschte. Adele erinnerte ihn jedoch daran, dass er sie bezahlen musste, woraufhin er behauptete, sein Scheckbuch verlegt zu haben. Natürlich war es idiotisch, diese Lüge der Person aufzutischen, die seinen Haushalt organisierte, denn sie wusste genau, wo sein Scheckbuch lag, und ging es sofort holen. Als er den Scheck ausfüllte, war sie aufrichtig dankbar. Und diese Aufrichtigkeit beschämte ihn tiefer als alles andere.

Danach war er fest entschlossen, ihre gemeinsame Zeit vom Makel des Geldes zu befreien. Er kam auf die Idee, dass Dary, die ihn sowieso finanziell unterstützte, Adele ebenso gut direkt bezahlen konnte, und wie sich zeigte, tat sie das gern.

Im Dezember kaufte Dary Flugtickets für sich und Annie, um ihren Vater über Weihnachten zwei Wochen zu besuchen, und Gene und Adele diskutierten drei Tage über die quälende Frage, ob sie ihre Liaison beenden sollten. Sie stimmten darin überein, dass es schwierig wäre, sich während des Besuches seiner Familie weiter zu sehen, und am Ende hatte er sich fast davon überzeugt, dass dies das natürliche Ende ihrer Affäre sei.

Das war eine vernünftige Absicht, doch sein Körper begehrte dagegen auf. Sein Körper hatte nicht vergessen, wie Adele sein Gesicht beim Haareschneiden berührt hatte, und er hatte auch die Schockwelle nicht vergessen, die daraufhin durch seine Nerven gebrandet war und ihm gezeigt hatte, wie einsam er war. Er war bereit, seine ganze Existenz aufs Spiel zu setzen, um dieses Elend kein weiteres Mal erleben zu müssen. Nein, er würde Adele nicht aufgeben.

Er wusste immer noch nicht, ob und wie er Dary über die Beziehung aufklären sollte. Einerseits hätte er ihr gern alles erzählt und glaubte, dies würde sie einander so nahebringen wie noch nie. Andererseits ahnte er, dass es unangenehm wäre, die Sache anzusprechen, denn es würde ihn beschämen, Nähe aufgrund eines Verhaltens herstellen zu wollen, das Dary vielleicht als Verrat empfände. Als Verrat an ihrem Bemühen, sein Leben auf eine direkte, praktische Art zu verbessern – oder, noch schlimmer, als Verrat an ihrer Mutter.

Er fragte Adele, was er Dary erzählen solle. Er fand das angebracht, denn es betraf ja sie beide.

»Ich würde erst einmal abwarten, wie es läuft, wenn sie hier ist«, sagte Adele.

»Ich möchte aber wissen, wie du darüber denkst«, sagte er.

»Ich denke, du solltest zunächst abwarten.«

Er fand es verblüffend, wie wenig Interesse sie daran hatte, was über sie gesagt wurde, und ertappte sich bei einem missbilligenden, väterlichen Stirnrunzeln.

Sie legte die Stirn ebenfalls in Falten, ein clownesker Spiegel seines Gesichts.

Er sagte: »Irgendwann wirst du meine Tochter kennenlernen, und dann wirst du nachvollziehen können, was ich über sie erzähle. Wie findest du das?«

»Ich finde, du solltest nichts überstürzen.«

13

Das Flugzeug entließ die Passagiere, und die Ankunftshalle füllte sich rasant mit Menschen, die sich ebenso rasant wieder zerstreuten. Gene wartete darauf, dass sich in dem Meer auf und ab wippender Gesichter die seiner Tochter und seiner Enkelin zeigten. Als er sie endlich erblickte, schwenkte er die Hände über dem Kopf wie ein Fluglotse, der ein Flugzeug zum Terminal leitet: Hier bin ich; hier bin ich.

Er ließ Annie in seiner Umarmung verschwinden und ergriff, als sie sich voneinander lösten, ihre mageren Oberarme. »Ja, was ist das denn?«, fragte er. »Bekommst du in deiner Edelschule nichts zu essen?« Seine Tochter schloss er nur kurz in die Arme und klopfte ihr auf den Rücken. Dann musterten sie einander, wie um nachzuprüfen, was sich in den vergangenen Monaten getan hatte. Um Darys Mund und Augen hatten sich Fältchen eingenistet. Die meisten hatten wohl schon bei ihrem letzten Besuch existiert, doch sie schienen sich zu vermehren, und die Erkenntnis, alt genug zu sein, um ein Kind mit Falten zu haben, schockierte Gene jedes Mal von Neuem.

»Da seid ihr ja!«, rief jemand quer durch den Terminal. Ein Mann winkte und drängelte sich dann durch die Menschen auf sie zu. Er trug Cowboystiefel und einen Gürtel mit glitzernder Silberschnalle. »Dale Elverson«, sagte der Mann und streckte Gene die Hand hin. »Ich hatte das große Glück, während des Fluges neben diesen zwei bezaubernden Damen zu sitzen.«

Dale sah gut aus. Er hatte einen üppigen Schopf brauner Haare und wirkte körperlich fit. Im Laufe des Gesprächs, das sich entspann, erwähnte er, dass er zwei Häuser besaß, eines in der Stadt, wo er Partner in einer Anwaltskanzlei sei (Gene hatte den Namen tatsächlich schon einmal gehört), und eines auf dem Land, für das er sich, wie er es ausdrückte, »dumm und dämlich zahle, damit auch alles hübsch ungemütlich ist«. Gene lachte, allerdings nicht weil ihm dieses Gefühl vertraut gewesen wäre, sondern weil Dale anzumerken war, dass er freundlich sein wollte.

Als das Gespräch zu erlahmen begann, zückte Dale seine Karte und schlug vor, Dary solle sich mal melden.

»Die Sache ist die …«, sagte Dary mit müdem Unterton. »Ich bin nicht besonders lange hier.«

»Tja, dann beim nächsten Mal«, sagte Dale und hielt ihr weiter die Karte hin.

»Die Sache ist die«, erwiderte sie, »dass ich nicht den Eindruck erwecken will, interessiert zu sein, wenn es nicht so ist.«

»Oh, das ist nicht dein Ernst«, sagte Dale heiter und sah Gene in der Überzeugung an, dieser würde seine Einschätzung teilen.

»Nun nimm die Karte doch«, sagte Gene zu Dary.

»Siehst du?«, sagte Dale. »Du ahnst ja nicht, was du verpasst. Das könnte ein Riesenfehler sein.«

Gene erwartete, dass Dary etwas erwidern würde, um Dale eine Demütigung zu ersparen, aber sie hängte sich die Tasche um, legte Annie einen Arm auf die Schultern und sagte in dem gleichen müden Tonfall, sie sei bereit für die Heimfahrt. Und um Dale das Warten auf eine geneigtere Antwort zu ersparen, nahm Gene die Karte und bedankte sich und lud ihn ein, sie bei Gelegenheit in Colton zu besuchen.

Auf der Heimfahrt schlief Annie auf der Rückbank ein, und Gene bemühte sich, ein Gespräch mit Dary am Laufen zu halten.

Wenn er eine Frage stellte – nach dem Essen während des Fluges, dem Wetter in Kalifornien, wer sich um Hoolie kümmere –, antwortete sie höflich und ließ das Gespräch dann versiegen. Ihr Schweigen war so strafend, als würde sie voraussetzen, dass er wusste, warum sie so unwirsch war.

Auf der Interstate war der Verkehr streckenweise zähflüssig, und manchmal schlichen sie dahin, obwohl sie gerade noch hundert gefahren waren, dann schienen die Autos nur voranzukommen, indem sie einander anschoben. »Fragst du dich auch manchmal, wohin all die Menschen fahren?«, fragte er in dem erneuten Versuch, sie in ein Gespräch zu verwickeln. Er drehte sich zu der Person im Auto neben ihnen um und fragte Dary, welches Ziel der Mann ihrer Meinung nach habe.

»Dad …«, sagte sie. »Du machst mich nervös. Achtest du bitte auf die Straße?«

»Tue ich doch.«

»Nicht zur Seite schauen«, sagte sie.

»Dann wirf du einen Blick auf den Mann.«

Sie drehte sich auf dem Beifahrersitz um. Nach einem kurzen Schweigen sagte sie: »Er will seine Freundin im Gefängnis besuchen.«

»Nein.«

»Nein? Okay. Er holt ein Kätzchen ab. Ist das besser?«

»Sieht er nett aus?«, fragte Gene.

»Wie soll ich das wissen?«

»Du hast doch ein Gespür für dergleichen.«

»*Du* vielleicht.«

»Versuch's einfach.«

»Mensch, Dad, soll das eine Art Test sein?«

»Für wen holt er das Kätzchen?«

»Weiß nicht. Für seine Mutter.«

»Und warum die Mutter? Wieso nicht …«

»Weil seine Mutter ihn akzeptiert, wie er ist. Alle anderen meinen, er müsse sich ändern, aber seine Mutter liebt ihn bedingungslos.«

Gene schwieg, weil er nicht wusste, was er darauf erwidern sollte. »Na, gut«, sagte er schließlich. »Bekommt er das Kätzchen?«

»Sicher. Warum denn nicht? Ist ja kein Plutonium.«

»Na ja, es könnte alles Mögliche passieren. Komm schon. Du kannst eine Minute lang in die Zukunft sehen.«

»Ich weiß es nicht«, sagte sie hilflos.

»Doch, du weißt es. Hängt nur von dir ab.«

Ein langes Schweigen trat ein.

»Dary?«

»Bitte«, sagte sie. »Bitte lass uns damit aufhören.«

»Warum können wir nicht mal ein bisschen Spaß haben?«, fragte er. »Was hast du bloß gegen Spaß?«

In Newburyport hielt er an einer Tankstelle. Während er volltankte, saß Dary reglos auf dem Beifahrersitz. Ein Auto, in dem Bässe wummerten, hielt auf der anderen Seite der Zapfsäulen, und zwei junge Paare drängten mit der rastlosen Energie von Menschen ins Freie, die zu lange eingesperrt gewesen waren. Die jungen Frauen hatten trotz der Kühle kurze Ärmel, und während sie darauf warteten, dass sich der Tank füllte, legten sie die Arme ihrer Freunde um ihren Körper, um sich zu wärmen, als wären die jungen Männer nur zu diesem Zweck auf der Welt. Gene sah Dary kurz ihr ganzes Unglück an, und er fragte sich, ob sie zu den Menschen gehörte, die sich über ihr Leid definierten. Solche Menschen glaubten, niemand hätte mehr gelitten als sie selbst – sie bissen sich an einer schlimmen Kindheit fest, zementierten sie zu einer Geschichte der Entbehrungen, die sie in Gedanken immer wieder durchkauten. Aber Dary hatte eine gute Kindheit gehabt.

Wie kam es, dass sie so geworden war? Und warum verstand er sie nicht? Er hatte sein Leben lang darauf gewartet, dass sie Zuneigung zueinander fassten. Als sie klein gewesen war, war er fest davon ausgegangen, dass sie als Erwachsene anders empfinden würde. Und als sie dann erwachsen war, hatte er geglaubt, es würde sich ändern, wenn sie Mutter wäre. Aber seine Erwartungen hatten sich nicht erfüllt, jedenfalls nicht auf die erhoffte Art.

Je mehr Zeit verstrich, desto stärker schwand sein Glaube, und am Ende ärgerte er sich über die vertane Chance. Gut möglich, dass man ihn für einen verbitterten alten Mann hielt. Aber die selbstzufriedenen jungen Leute, die solche Phrasen droschen, vergaßen, dass man am Lebensende durchaus verbittert sein konnte, weil man zu viele Enttäuschungen hatte verdauen müssen; Menschen, die ungünstige Entwicklungen umkehren zu können glaubten, weil sie noch genug Lebenszeit hatten, verstanden das natürlich nicht. Bei genauerem Nachdenken war es erstaunlich, dass nicht alle Menschen über siebzig verbittert waren. Es war nicht schön zu wissen, dass die Möglichkeiten immer weiter abnahmen. Und es war besonders unangenehm, wenn man sich der einerseits idiotischen und andererseits ehrlichen Illusion hingab, es genüge, ab und zu jemanden zu lieben, um wunschlos glücklich zu sein. Natürlich genügte die Liebe nicht – sie genügte nie –, aber für ihn war es zu spät, sich noch etwas vorzumachen. Ihm blieb nur die Wahl, weiter mit dem zu leben, was sich in seinem Herzen aufgestaut hatte: Trauer, Furcht, Reue, reduzierte Möglichkeiten, Verärgerung, Enttäuschung. Ja, vor allem Enttäuschung.

Was hatte Esther in ihrem Brief geschrieben?

Wenn das irgendjemand weiß, dachte ich, dann Gene.

14

Wenn jemand Weihnachten als Höhepunkt des Jahres bezeichnete, dann stimmte Gene zu, und das nicht nur aus Höflichkeit, sondern aus Überzeugung. Er hatte Verständnis dafür, dass manche Menschen (so auch die Donnellys, jedenfalls früher) während dieser Zeit an einen warmen Ort flohen, um dem winterlichen Wahn zu entkommen, der stinknormale Menschen dazu trieb, ein ganzes Monatsgehalt für bunte Glühbirnen zu verpulvern, mit denen sie die Fassade ihres Hauses schmückten, oder drei Tage lang zu backen und dann Geschenktüten mit Keksen in Gestalt von Engeln zu verteilen. Andererseits liebte er gerade jene Menschen, die sich von dieser Begeisterung mitreißen ließen. Warum nach Puerto Rico fliegen und die einzige Zeit im Jahr verpassen, in der alle Menschen idiotischen und altmodischen Ritualen frönten? Während der kurzen Weihnachtszeit konnte man sich einbilden, die Welt bestehe nur aus Güte und Großzügigkeit sei ansteckend.

Er dachte nicht viel über die eigenen Familientraditionen nach, wichtig war nur, dass man sie befolgte. Ihre Einhaltung schien ein Heilmittel gegen die jahreszeitlich bedingte Verzweiflung zu sein – ihr Sinn bestand im familiären Miteinander. Und es war egal, ob man gerade in der Stimmung dazu war oder nicht.

Als Dary klein war, nahm er sie jedes Jahr mit in die White Mountains, um einen Baum zu fällen, ein Tagesausflug, der es unter anderem mit sich brachte, dass sie ausnahmsweise auswärts aßen. Die Ashes hatte auch das listige Ritual entwickelt, Geschenke irreführend zu verpacken, etwa einen Kassettenrekorder in Berge von Zeitungspapier zu wickeln und das Ganze danach komplett mit Klebeband zuzupflastern, sodass das Päckchen am Ende wie ein Basketball aus Pappmaschee aussah und kein Elektrogerät verriet. Nachdem die Geschenke unter den Baum gelegt und fotografisch dokumentiert worden waren, fuhr er mit Dary auf eine heiße Pfefferminzschokolade in das Three Hearths Inn, wo sie in einem gemütlichen Raum mit anderen festlich gekleideten Kindern zusammensaßen, kleine Jungs mit Flanellweste und Schuhen für den Kirchgang, kleine Mädchen mit rüschenbesetzten Kleidern und Mary-Jane-Schühchen aus Kunstleder.

Im Beisein der kleinen Dary war er stets etwas nervös gewesen, aber diese Nervosität hatte nie gestört. Ihre erste Fahrt in die White Mountains war auch ihr erster Ausflug ohne Maida gewesen, und er hatte befürchtet, Sicherheit und Gesundheit seiner Tochter durch irgendeine Unbedachtheit zu gefährden. Es gab eine bestimmte Sorte Väter, die von Natur aus, vielleicht auch durch schicksalhafte Veranlagung, sorglos mit ihren Kindern umgingen, und obwohl er diese Männer insgeheim verurteilte, befürchtete er manchmal, auch so zu sein. Der Ausflug verlief jedoch wie am Schnürchen. Seine Tochter hatte den Wunsch in ihm geweckt, ein noch besserer Vater zu sein, verspielter, einfallsreicher, lustiger. Während der Autofahrt hatte er sich Haferringe in die Nasenlöcher gesteckt und »Stille Nacht, heilige Nacht« gesungen, wobei er die Worte »holder Knabe im lockigen Haar« zu »bunte Kuh mit Pommes im Maul« geändert hatte, erstaunlicherweise mit der erhofften Wirkung: Seine Tochter quietschte vor Vergnügen und bat ihn, das Lied noch einmal zu singen. Als sie sich schließlich für einen Baum entscheiden mussten, offenbarte er ihr das Geheimnis des richtigen Weihnachtsbaums: Man müsse den finden, der am einsamsten rieche. Daraufhin hatte sie große Augen gemacht, war dann herumgelaufen und hatte mit ihren Fäustlingen Zweige zu sich herangezogen, um daran zu schnuppern. Auf der Heimfahrt legten sie in einem Restaurant eine Pause ein und posierten für ein Foto, auf dem sie den riesigen, auf dem Parkplatz stehenden Holzbären nachahmten, der zornig eine Pranke reckte. Für die Zukunft glaubte er, sie würden diese Stationen der Liebe noch viele Jahre abklappern, nur dass Dary dann größer wäre und wohl eine Zahnspange hätte, während er etwas müder und sicher auch etwas grauer wäre.

Er konnte sich noch an das Ende dieser Zeit erinnern. Dary fragte ihn irgendwann, warum sie den ganzen weiten Weg bis in die White Mountains fuhren, obwohl sie genauso gut einen Baum von den Pfadfindern kaufen konnten, die in der Nähe des Flussufers eine kleine Weihnachtsbaumschonung hatten. Weil er nicht merkte, wie ernst sie ihre Frage meinte, und weil sie erst neun war, wiederholte er, was er als Kind oft gehört hatte, nämlich, dass man gewisse Dinge auf eine bestimmte Art machte, weil es schon immer so gewesen war. Nach diesen Worten wirkte ihr kleines Gesicht beunruhigt. Das Vertrauen, das sie ihm geschenkt hatte, schien zu verfliegen, und sie sah ihn nicht mehr als Vater, sondern als normalen Menschen. Ihr schien zum ersten Mal zu dämmern, dass auch andere Traditionen ihrer Familie willkürlich waren, und wenn das der Fall war, dann waren sie keine Pflicht. Also trank er die heiße Pfefferminzschokolade in jenem Jahr allein im Three Hearths Inn, mitten zwischen kleinen Mädchen in schwarzen Samtkleidern, unter denen seine Tochter nicht zu finden war.

Dann kam es zu einer dieser sonderbaren Wendungen im Leben, das manchmal einen Schritt voran und zwei Schritte zurück tut, denn Dary griff die Familienrituale aus heiterem Himmel wieder auf, indem sie die Weihnachtszeit mit seiner Enkelin in Colton verbrachte. Annie erwies sich als willige und findige Kumpanin bei allen Weihnachtsfreuden. Unter seiner Anleitung wurde sie zu einer Expertin darin, Taschenbücher in Pappröhren zu stecken und diese einzupacken, und danach verdrückte sie im Three Hearths Inn zwei ganze Eclairs mit Ahornsirupglasur. Und weil er nicht mehr fit gut genug war, um Bäume zu fällen, ersann er eine neue Tradition, die darin bestand, dass sie gemeinsam das Museum für Kinder besuchten, wo es die Nachbildung eines Wals gab, die Annie ganz besonders fesselte.

In diesem Jahr war Annie morgens allerdings träge und schläfrig, kam spät aus den Federn und beäugte dann alles angespannt aus verengten Augen. Wenn sie duschen ging, blieb sie oft eine geschlagene Stunde im vernebelten Bad, und wenn Gene fragte, was sie dort so lange gemacht habe, sah sie ihn verdutzt an und antwortete: »Ach, nichts.« Wenn er fragte, ob sie Lust auf das Three Hearths Inn habe, behauptete sie, keinen Hunger zu haben, flehte ihre Mutter aber zwanzig Minuten später an, eine Pizza zu bestellen. »Iss ein Stück Obst«, meinte Dary dann, was bei Annie für eine so entsetzte Miene sorgte, als hätte sie auf dieser Welt nur noch die Wahl zwischen zwei Möglichkeiten – Pizza oder Hungertod – und wäre von ihrer Mutter zu Letzterem verdammt worden. Dann untersuchte sie zögernd eine Banane, schälte sie brummelnd im Zeitlupentempo und zog beim Anblick der braunen Stellen eine Grimasse. Wenn das Telefon klingelte, unterbrach sie ihre Show Hals über Kopf und hatte nicht einmal mehr die Zeit, die Banane aufzuessen oder ihren Satz zu Ende zu führen.

Meist riefen die Enkel von Ed und Gayle an, die über die Feiertage zu Besuch waren. Annie war stets ermutigt worden, diese in Boston oder New York lebenden Kinder als Cousins und Cousinen anzusehen, und in der Vergangenheit hatte Gene den Eindruck gehabt, dass sie diese von den Erwachsenen geförderten Beziehungen für künstlich und langweilig hielt. Sie nannte Colins Sohn oft den »Riesenzinken« und Michaels Sohn den »Müffelnden Luke«. Colins Töchtern gegenüber war sie milder, jedenfalls seit dem gemeinsamen Zelten, hatte aber nie wieder von ihnen gesprochen, nachdem sie in Kalifornien auf die neue Schule gegangen war. Nun hatte sie nur noch ihre Cousins und Cousinen im Kopf und wollte unbedingt wissen, was sie taten, wenn sie nicht dabei war, ob sie sich ohne sie amüsierten und ob ihr Fehlen gebührend bemerkt und beklagt wurde. Gene fand es erstaunlich, dass Annie die Muße hatte, sie zu vermissen, denn sie sah sie täglich und hatte fast keine Zeit mehr für ihn.

Einmal, sie war den ganzen Vormittag unterwegs gewesen, fragte er nach ihrer Rückkehr, wo sie gewesen sei, und sie antwortete, sie habe geholfen, ein Geschenk auszusuchen.

»Sehr nett von dir, deiner Mutter zu helfen«, sagte er.

»Oh, das war nicht Mom. Max hatte keine Idee, was er seiner Schwester schenken soll.«

»Colins Sohn? ›Riesenzinken‹? *Der* Max?« Ihre unbewegte Miene verriet ihm, dass er richtiglag. »Und ich dachte, du findest ihn ätzend.«

»Ich finde niemanden *ätzend*, Opa.«

»Ich meine das im Sinne von *nicht mögen*.«

»Schon klar. Ich bin ja nicht blöd.«

»Du nennst ihn zum ersten Mal bei seinem richtigen Namen. Sonst war immer nur die Rede von ›Riesenzinken dies‹ und ›Riesenzinken das‹.«

»Tja, so nenne ich ihn nicht mehr.«

Dary ließ ihrer Tochter eine überraschend lange Leine – so durfte Annie zum Beispiel von morgens bis nach Anbruch der Dunkelheit bei den Donnellys bleiben. Er versuchte, sich in Erinnerung zu rufen, in welchem Alter ein Kind keinen Babysitter mehr brauchte, sondern einer *wurde*. In Darys Fall hatte es ihn schockiert, wie deckungsgleich die beiden Rollen waren: An einem Tag wurde seine Tochter von der jungen Nachbarin zu Bett gebracht, und am nächsten Tag brachte sie das Kleinkind anderer Leute zu Bett.

In solchen Momenten spürte er, dass Maida fehlte. Das waren nicht die erwarteten Momente, also solche, die eigentlich eine tiefe, sentimentale Trauer hätten auslösen müssen, etwa das Schmücken des Weihnachtsbaums oder das gemeinsame Einpacken von Geschenken, sondern Augenblicke, in denen er das Gefühl hatte, dass ihm ein Wissen abhandengekommen war. Maida hätte ihm sagen können, in welchem Alter Mädchen begannen, auf fremde Kinder aufzupassen. Und sie hätte auch etwas Kluges zu der langen Leine gesagt, die Dary ihrer Tochter ließ. Sie hätte keine bissige, sondern eine scharfsichtige Bemerkung gemacht, die seiner Tochter vor Augen geführt hätte, dass ihr Glaube, als Einzige über die nötige Erfahrung zu verfügen, ein Kind großzuziehen, eine Illusion war.

Gene fragte sich oft, was seiner Enkelin aufgrund der Tatsache entging, dass ihre Beziehung zur Welt nur von einem Elternteil bestimmt wurde. Nicht, dass er Dary für eine schlechte Mutter gehalten hätte, aber er fand es irgendwie unfair, dass eine Einzelperson so große Macht über Annie hatte, eine Person, die wie jeder andere Mensch ihre Fehler und Defizite hatte, die eines Ausgleichs bedurften. Er fand es unverständlich, dass Dary nicht versuchte, diesen Ausgleich herzustellen, indem sie jemanden heiratete, der die Vaterrolle übernehmen konnte, und er verstand genauso wenig, warum sie nicht zur Kenntnis nehmen wollte, dass Annies biologischer Vater in ihrem Leben eine Rolle spielte. Irgendwo auf der Welt gab es einen Mann, der Annie genauso viel genetisches Material mitgegeben hatte wie Dary, und die unbestreitbare Tatsache seiner Existenz stellte eine Größe in ihrem Leben dar, die nicht einfach ignoriert werden konnte, nur weil sie nicht in das idealisierte Selbstbild Darys passte.

Eines Abends kehrte Annie aufgekratzt und mit geröteten Wangen nach Hause zurück. Ihre Augen strahlten, und sie klang aufgeregt. Sie erwähnte Max zweimal, gab unter dem Strich aber wenig preis, als wollte sie die Verbindung sowohl betonen als auch in ein gewöhnliches Licht rücken. Auf Genes Frage, was sie gemacht habe, antwortete sie: »Ach, nichts Besonderes«, und verstummte dann. Danach sammelte sie ihre Sachen zusammen und eilte nach oben in ihr Zimmer.

Als Gene mit Dary allein war, fragte er, ob sie Annies Verhalten als irgendwie ungewöhnlich empfunden habe.

»Ist schon toll, oder?«, meinte sie. »Sobald sie aus der Schule sind, fühlen sie sich so unglaublich frei.«

Am nächsten Tag suchte er die Visitenkarte von Dale Elverson heraus und rief an. Dales Art am Telefon, höflich und selbstbewusst, bestätigte Genes Vermutung: Wenn jemand helfen konnte, dann eine Person wie Dale, eine Person mit dem Namen einer großen Anwaltskanzlei auf der Visitenkarte. Als Gene fragte, ob es rein hypothetisch möglich sei, anhand der Unterlagen des Pacific Family Centers in Berkeley, Kalifornien, einen Kindesvater zu ermitteln, tat Dale dies nicht als absurd ab. Er meinte nur, das sei nicht einfach, weil solche Institutionen dazu gedacht seien, die Vaterschaft geheim zu halten. Andererseits, gab er zu bedenken, könne ein schlauer Fuchs hinter fast jedes Geheimnis kommen. Er wolle sich, sagte er, Genes Anliegen gern annehmen.

Seine Trennung von Adele enthüllte etwas Bemerkenswertes, nämlich, dass sie seinen Körper in einen anderen Körper als jenen verwandelt hatte, der ihm während des letzten Jahrzehnts seiner Ehe vertraut gewesen war. Maida und er hatten stets Sex gehabt, wenn auch manchmal unregelmäßig. Während mancher Wochen hatten sie jeden zweiten Tag miteinander geschlafen, aber es konnte auch ein ganzer Monat verstreichen, bis Maida wieder Lust hatte. Während ihrer Zwanziger und frühen Dreißiger hatte er das ihrer Uneinigkeit über weitere Kinder angelastet – er wollte mehr, und Maida schwankte zwischen Widerwillen und schlichter Unsicherheit, denn ihre Arbeit im Hort war so anstrengend, dass sie für ein neues Baby vermutlich nicht genug Kraft gehabt hätte. Sie war noch einmal schwanger geworden, mit zweiunddreißig, hatte jedoch in der zwölften Woche einen Abgang erlitten, und das hatte sie darin bestärkt, kein weiteres Kind zu bekommen. Danach verlief ihr Sexleben regelmäßiger, doch im letzten Jahrzehnt war es wieder abgeflaut. Er fasste diese Entwicklung als Beleg für das ebenso bedauerliche wie unaufhaltsame Schwinden der körperlichen Aspekte seines Daseins auf, eine Entwicklung, die nicht immer mit seinen Bedürfnissen übereinstimmte. Dieser Schwund schien sich weder durch Willenskraft noch Beschwörungen bremsen zu lassen, und die klügste Maßnahme war wohl die, den aufmüpfigen Geist zu zügeln. Eine Woche ohne Adele bewies ihm jedoch, wie sinnlos das war. Er erwachte mehrmals mitten in der Nacht, erregt, mit glühender Haut und schweißbedeckter Brust, und der Gedanke daran, wie er sie berührte und wie sie sich von ihm berühren ließ, veranlasste ihn, sich stöhnend auf die Hände zu wälzen.

Er rief sie ein um den anderen Tag an, stahl sich zu diesem Zweck in sein Arbeitszimmer und flüsterte ins Telefon. Er hinterging Dary ungern, hatte aber auch keine Skrupel. Sein Glück folgte einer eigenen Logik, die ihn von dem Zwang erlöste, sein Verhalten erklären zu müssen. Sein Verhältnis mit Adele, so sinnierte er, war ebenso rein wie die körperlichen Zärtlichkeiten, die sie austauschten, und deshalb konnte eine Lüge, die ihrem Verhältnis diente, keine echte Lüge sein. Hätte ihn jemand gedrängt, ihr Verhältnis zu definieren, dann hätte er von Liebe gesprochen – von der ersten Regung erwachender Liebe. Aber das durfte natürlich nicht sein, weil Maidas Tod noch nicht lange genug zurücklag.

Die Heimlichtuerei, die seine Telefonate mit Adele erforderten, die Furcht, von seiner Tochter ertappt zu werden, die innere Spannung, sowohl fiebrig als auch kräftezehrend, die entstand, weil er von dem ersehnten Menschen getrennt war – all das sorgte für einen so sprunghaften, hoch emotionalen Zustand, dass er beim ersten Klang von Adeles Stimme förmlich übersprudelte, und ihre zerstreute Art, vermutlich ein Resultat ihrer extrem anstrengenden familiären Situation, heizte dies noch weiter an. Weil ihr Sohn arbeitslos war und seine Freundin nicht mehr mit ihrer Mutter sprach, war Adele für fast alles verantwortlich, was mit der Geburt zusammenhing. Man musste zig Sachen besorgen – Windeln, Fläschchen, Kleidung –, und natürlich stellte sich die Frage, woher man das Geld dafür nehmen sollte.

»Keine Sorge«, sagte Gene, »wir finden eine Möglichkeit.«

In Gedanken sprach er schon im Plural, und seine Verliebtheit, die dafür sorgte, dass er das *ich* gegen das *wir* eintauschte, ließ ihn frei und ungehemmt über sein zukünftiges Leben spekulieren. Er war dem nervigen Sohn und dessen Freundin niemals begegnet, lauschte Adeles Berichten über die bevorstehenden Umwälzungen in ihrer Familie aber mit dem lustvollen Schauder einer Person, der man eine Zukunftsvision präsentiert. Gut möglich, dass Adeles Welt irgendwann die seine wäre und umgekehrt. Hatte er wirklich Lust auf ein Kleinkind im Haus? Wollte er im Flur dem Sohn begegnen, der nach einer langen Party zu Bett gehen wollte, mit bloßer Brust und nach Zigaretten stinkend? Würde Adele erlauben, dass er sein Büro behielt? Hätten sie ein gemeinsames Konto, oder würden sie die Finanzen trennen?

Er rief sich in Erinnerung, dass es noch lange dauern konnte, bis dergleichen Wirklichkeit wäre.

Was Adeles Engagement für ihre Familie betraf, so war seine Haltung gespalten. Einerseits bewunderte er ihre Geduld und Großzügigkeit. Sehr unwahrscheinlich, dass ihn eine Frau angezogen hätte, in der diese Eigenschaften weniger stark ausgeprägt waren als in ihm selbst. Das gehörte zur Anziehungskraft – das Streben nach mehr –, und die Frauen, die er bewunderte, mussten ihm in genau dieser Hinsicht etwas voraushaben, das war entscheidend, sie mussten ihn über sich hinauswachsen lassen, eine klare Zielvorgabe bieten, auf die er zusteuern konnte, falls er eines Tages beschlösse, ein besserer Mensch zu werden. Andererseits hatte er den starken gegensätzlichen Wunsch, Adele möge ihre Großzügigkeit und Treue nicht an den Taugenichts von Sohn verschwenden, der ihre Bemühungen niemals zu würdigen wüsste, denn Gene wollte selbst von diesen menschlichen Vorzügen profitieren.

Dary hatte sich nur einmal nach Adele erkundigt. Sie waren in der Bank, um sich beraten zu lassen, weil Dary eine Vollmacht für seine Konten erhalten sollte. Das Wartezimmer befand sich direkt neben dem Arbeitsplatz des Angestellten, den sie sprechen wollten, ein Raum mit Wänden aus getöntem Glas, und an einer Wand hing ein Werbekalender der Bank, der das Foto eines weißhaarigen, lachend auf einer Bank sitzenden Paares zeigte. Man ahnte sofort, dass beide seit einem halben Jahrhundert ein Ehepaar waren und ihren Lebensabend, den sie nun glücklich miteinander verbrachten, von langer Hand geplant hatten. Gene wurde unwillkürlich bewusst, wie verrückt diese Situation war, diese Umkehrung der Rollen, die im Grunde hieß, dass sein Kind die Elternrolle übernahm. Wäre Maida noch am Leben, dann würde sie die Konten führen. Er hätte eigentlich gemeinsam mit ihr auf den Bankangestellten warten müssen, so wie das weißhaarige, auf der Bank sitzende Paar auf eine Vermehrung von Glück und Wohlstand wartete. In diesem Moment vermisste er Maida mit jeder Faser, obwohl das Gefühl durch eine gewisse Scham getrübt wurde, denn es war irgendwie schäbig, dass er ausgerechnet ihre Kompetenz in Finanzangelegenheiten vermisste. Außerdem belastete ihn die Erkenntnis, dass das Gefühl, jemanden zu vermissen, wie alles andere einer gewissen Abnutzung unterworfen war – anfangs vermisste man das glückliche Miteinander, und später fehlte einem die betreffende Person nur noch, weil sie die Finanzen nicht mehr verwaltete.

Der Kalender mit dem Bild des Rentnerehepaares zeigte den falschen Monat an. Gene stand auf und blätterte um. Als er sich wieder setzte, wollte Dary wissen, wie es mit Adele laufe.

»Wir kommen sehr gut miteinander klar«, sagte er.

»Dann ist es also nicht nur quälend und demütigend?« Auf dem Gesicht seiner Tochter regte sich ein triumphierendes Lächeln.

»Aber nein.«

»Freust du dich, wenn sie kommt?«

»Es ist eine Abwechslung in meinem Alltagstrott«, gab er zu.

»Ah«, sagte sie und verbarg ihr triumphierendes Lächeln nicht mehr. »Du weißt, dass du mir vor nicht allzu langer Zeit ständig vorgeworfen hast, ich wolle dein Leben kontrollieren, oder?«

Er hatte ihr das sicher nicht ständig vorgeworfen. »Ich beklage mich nicht«, meinte er.

»Du hast es richtig gut getroffen.«

Ihre Worte klangen, als würde die Welt ihm einen Gefallen tun, und das passte ihm nicht. »Für sie ist es auch nicht nur quälend und demütigend, weißt du? Es gibt durchaus Menschen, die die Gesellschaft deines Vaters zu schätzen wissen.«

»Ist doch prima«, erwiderte sie. »Prima, dass du eine Freundin gefunden hast.«

»Ja, das ist sie«, sagte er. »Eine sehr gute Freundin.«

15

Am Weihnachtsabend ging er mit Annie und Dary in das Museum für Kinder, am letzten Tag, bevor es über die Feiertage schloss, ein Ausflug, der vermutlich ausgefallen wäre, wenn Gayle nicht angerufen hätte, um ihnen zu sagen, dass Brian überraschend nach Norden aufgebrochen sei und am nächsten Tag eintreffe. Es tue ihr leid, Annie heimzuschicken, aber sie würden bestimmt ahnen, dass sie im Haus noch so einiges vorbereiten müsse.

Annie zeigte wenig Interesse an ihrem alten Freund, der Nachbildung des Zwergwals mit dem mürrischen, nach unten gezogenen Maul. Die dunkle Farbe seines Körpers war an vielen Stellen abgewetzt, weil er immer wieder von Kindern betatscht wurde. Ausgerechnet jener Teil des Museums, der Annie nach Genes Erwartung am stärksten hätte langweilen müssen, das Aerodynamiklabor, faszinierte sie am meisten. Im Grunde war es keine Ausstellung, sondern eine Werkstatt, in der Kinder aus bunten Schaumstoffblöcken sogenannte Luftschiffe basteln konnten, die auf einem Förderband bis unter die sieben Meter hohe Decke transportiert und durch die Luft geschossen wurden, um die Mechanik des Fluges zu demonstrieren. Die Tatsache, dass die Luftschiffe immer wieder gegen den Kopf von Museumsbesuchern prallten, war jedoch mindestens genauso reizvoll wie die Erfahrung, den Ingenieur zu spielen. Das Labor befand sich in einem hellen, luftigen, renovierten Raum mit offen liegenden Luftschächten, die in dem gleichen knalligen Orange gestrichen waren wie die Hocker unter der glänzenden Werkbank. Zudem gab es eine große Glastür, die auf einen Innenhof führte. In dem Museum, einem schmuddeligen, gedrungenen Backsteinbau, wirkte all das wie ein Fremdkörper.

Im Labor hielten sich auffallend viele Väter auf, wie Gene fand. Manche gingen ihren Kindern hingebungsvoll zur Hand, andere bauten ihr eigenes Luftschiff. Verblüffend, dass es in diesem Museum einen Bereich emsiger männlicher Produktivität gab, denn eigentlich wurde es von Frauen dominiert, von Müttern, Großmüttern und Babysittern, die Buggys schoben, in denen sich Jacken und Wasserflaschen türmten. Gene fragte sich, ob die Väter von ihren Frauen hierhergeschickt worden waren, weil diese mit ihren gelangweilten und rastlosen Gatten, die während der Feiertage mit den Kindern zu Hause hockten, überfordert waren.

Er hatte seine eigenen Befürchtungen, was den eigentlichen Weihnachtstag betraf. Wenn er Adele vermisste, konnte er sich bewusst machen, dass er sie bald wiedersähe, und das linderte das unangenehme Gefühl. Aber wenn er Maida vermisste, war ihm einfach nur elend zumute.

»Ach komm, Dad, sei nicht so trübsinnig«, sagte Dary.

Er fragte sich, ob er dem Wal ähnlich sah, ebenso mürrisch und abgegriffen war.

»Wir sind wegen dir hier«, sagte sie. »Schon vergessen?«

Wir sind wegen dir hier.

Diese Worte gewannen im Nebel seiner Melancholie zunächst eine fast mystische Bedeutung. Sie klangen überwältigend und liebevoll. Im nächsten Moment irritierten sie ihn, denn er hatte den Eindruck, dass irgendein Vorwurf seiner Tochter darin mitschwang.

Sie setzten Annie an eine Werkbank, wo sie begann, ihr Modell zu bauen. Er stand mit Dary vor einem gerahmten Poster, das verkündete, ein Erfolg sei kein Erfolg, wenn man zuvor nicht gescheitert sei, ein ärgerliches Motto, wie er fand, denn es stammte sicher von einem rasend erfolgreichen Menschen.

Er fragte Dary, ob ihr bewusst sei, dass Brian Donnelly echte Flugzeuge entwerfe. »Er wäre hier genau richtig, meinst du nicht auch?«

»An Weihnachten ohne Kinder zu kommen finde ich komisch.«

»Brian liebt seine Kinder. Habe ich erzählt, dass seine Ehe geschieden wird?«

»Ja. Zweimal.«

Während Annie ihr Luftschiff bastelte, ging Gene auf den Innenhof. Es hatte zwar noch nicht geschneit, aber die Luft war schon frostig, und er zog den Schal höher über Nacken und Ohren. Draußen stand noch ein dick eingepackter Mann, der die Hände tief in den Taschen eines karamellbraunen Mantels versenkt hatte und von dessen Gesicht nur ein Streifen zu sehen war, weil er den cremefarbenen Schal bis über den Mund und die farblich dazu passende Mütze tief in die Stirn gezogen hatte. Gene stellte sich neben ihn, um einen Blick auf den halb zugefrorenen, trägen grauen Fluss zu werfen. Die Stadt hatte das Grundstück für das Museum vor gut dreißig Jahren gestiftet, dies als Teil der Bemühungen, den alten Industriebezirk wiederzubeleben, und Gene gehörte vermutlich zu den wenigen Menschen, die noch wussten, dass die Gerberei, in der sein Vater gearbeitet hatte, auf dem anderen Flussufer gestanden hatte. Man konnte die Gruben gerade noch erkennen; im Laufe der Jahre hatte sich wieder Erde darin gesammelt, aber sie waren noch als Mulden zu erkennen, gefüllt mit altem Laub, Plastiktüten und anderem Müll.

Der Mann nickte ihm kurz zu, entweder ein Gruß oder eine Reaktion darauf, dass er in seiner Einsamkeit gestört wurde. Er zog den Schal vom Mund und zeigte auf das vor ihnen liegende

Land. »Eine Schande, oder?«, sagte er. Er war jung, wirkte aber müde, hatte blasse Haut, blasse Lippen und auch blasse Augen. »Warum nutzt man das nicht irgendwie?«

»Kommt vielleicht noch«, sagte Gene.

»Das Museum könnte doppelt so groß sein. Dann könnten sie den Wal wegschmeißen und einen größeren besorgen. Haben Sie den in New York gesehen? *Das* ist mal ein Wal.«

»Ich finde diesen gar nicht so übel«, meinte Gene.

Der Mann schaute so verwirrt drein, als hätte Gene etwas ganz Furchtbares gesagt, etwa, dass er nichts gegen die Versklavung von Kindern habe. Er zog den Schal wieder über seinen Mund und versank in mürrischem Nachdenken.

Gene wusste nicht mehr, wann die Gerberei endgültig dichtgemacht hatte, aber zu dem Zeitpunkt war sein Vater bereits tot gewesen. Er wusste auch nicht, was aus den anderen Arbeitern geworden war, ob sie danach stundenweise im Werk von General Electric gearbeitet hatten, fortgezogen oder die nächste Generation trauriger, arbeitsloser Männer geworden waren. Er würde sich wohl niemals daran gewöhnen, dass die Zeit alles auf den Kopf stellte, Schurken in Helden verwandelte und Helden in Schurken. Die Arbeit in der Gerberei hatte stets als schwierig und schmutzig, aber auch als unverzichtbar gegolten. Inzwischen machte man sie dafür verantwortlich, dass die Lachse aus dem Fluss verschwunden waren. Es hatte öffentliche Versammlungen und Diskussionen und Versuche gegeben, die Unternehmen zu Entschädigungszahlungen zu verdonnern. Eine Gruppe von Menschen aus dem Umfeld der ehemaligen Gerberei, alle an der gleichen, tödlichen Art von Krebs erkrankt, hatte das Unternehmen, dem das Grundstück gehörte, verklagt, weil sie die Firmenunterlagen einsehen wollten, und immer wenn Gene von diesem Prozess hörte, taten ihm die Kläger unendlich leid, nicht nur, weil sie starben, sondern auch, weil ihre letzten Anstrengungen so sinnlos waren. Konnten sie auf den letzten Drücker noch etwas in Erfahrung bringen, das die Grausamkeit ihres Todes minderte?

Als er in das Labor zurückkehrte, hatte sich Annie schon in die Warteschlange eingereiht, um ihr Luftschiff auf das Förderband zu legen. Er folgte Dary in den Zuschauerraum, der etwas erhöht auf einer Plattform stand und drei durchsichtige Plastikwände hatte. Er schützte nicht nur vor den Flugobjekten, sondern bot auch einen hervorragenden Blick auf alle Menschen im Raum.

»Ist dir schon mal aufgefallen«, sagte Dary, »wie angesagt es mancherorts ist, ein Kind als Accessoire zu haben? Als Mann, meine ich«, ergänzte sie. »Als Frau ist das ja nichts Neues. Wir machen nur, was von uns erwartet wird.«

»Du nicht«, meinte Gene. »Du hast alle Erwartungen unterlaufen.«

Sie lächelte nachsichtig. »Du hast dich nie an das Wort *Samenspender* gewöhnen können. Wie hast du ihn immer genannt? Befruchter?«

»Ich durfte ja nie *Vater* sagen.«

»Warum soll ich ihn aufwerten? Das hat er nicht verdient.«

Gene witterte eine seltene Chance. »Bist du nicht wenigstens ein kleines bisschen neugierig auf diesen Menschen?«

Dary schwieg kurz. Dann sagte sie mit Bedacht: »Ich würde das nicht Neugier nennen. Kann sein, dass sich irgendetwas in mir regt, aber sicher keine Neugier. Schwer vorstellbar, dass ich etwas herausfinden könnte, das zum jetzigen Zeitpunkt nicht, tja, beliebig wäre.«

»Die Frage, wer der Vater ist, soll beliebig sein?«

»Nein, nicht ganz. Aber sie ist auch nicht entscheidend. Annie hat ja schon ihre Prägungen.«

»Und wenn dir jemand einen Umschlag geben würde, der alles enthält, was du über diesen Menschen wissen willst? Würdest du ihn dann wirklich nicht annehmen?«

»Das ist rein hypothetisch.«

Jetzt war Annie an der Reihe. Sie legte ihr Luftschiff auf das Förderband, und es glitt immer höher und wurde schließlich durch einen pneumatisch erzeugten Luftschwall abgeschossen. Es trudelte. Erstaunlich, wie schnell es zu Boden ging. Das war kein Flug, sondern ein rasanter Sturz, und es landete auf dem Rücken.

»Brian würde das im Handumdrehen richten«, sagte Gene.

»Hm. Wie er seine Ehe richtet?«

»Man kann eine Ehe nicht mit einem Luftschiff vergleichen«, erwiderte er. »In einer Ehe hat man nichts unter Kontrolle.«

»Du sagst immer nur Sachen, die ich längst weiß.«

Er verstummte und überlegte, ob das stimmte. Vielleicht in manchen Fällen, aber es galt sicher nicht für alles, was er sagte. Außerdem hatte Dary das Thema von Brians Ehe aufgebracht.

»Warum erzählst du mir so etwas?«, fuhr sie fort. »Glaubst du, ich wüsste nicht, dass man eine Ehe nicht mit einem Luftschiff vergleichen kann?«

»Woher solltest du das wissen?«

16

Seine Tochter hatte gegen die Vereinbarung verstoßen, einander nichts zu schenken. Darauf hatten sie sich nach der Episode mit dem Laufband (ihre Idee) und dem Schuhregal (seine Idee) geeinigt, und als er am Weihnachtsmorgen merkte, dass Dary sich nicht daran gehalten hatte, konnte er den Verrat nur noch hinnehmen – er hatte sich im guten Glauben an die Vereinbarung gehalten, sie aber nicht. Stunden später, als Annie die Digitalkamera aus der Schachtel holte und die Funktionen erklärte, haderte er immer noch. Er lauschte den Erklärungen mit halbem Ohr, dachte nur daran, dass er sowieso jemanden um Hilfe bitten musste, wenn er damit fotografieren wollte. Als sie dann auch noch erzählte, er müsse die Fotos auf den Computer laden, um sie anschauen zu können, verlor er jegliches Interesse. Das war schlecht durchdacht, es waren zu viele Schritte, das war viel zu kompliziert.

Das Geschenk der Kamera sorgte dennoch für Seelenqualen, obwohl er es zunächst abgetan hatte. Denn früher hätte er sich am Weihnachtsabend zu späterer Stunde mit Maida in das Schlafzimmer zurückgezogen, und dann hätten sie über die Kamera gelacht, wie sie über das Laufband gelacht hatten. *Das* war das wahre Geschenk: das gemeinsame Witzeln, ein spezielles, irgendwie diebisches Vergnügen, das sie anderen nicht zeigten, zumal es für leise Schuldgefühle sorgte – sie amüsierten sich über die Geschmacksverirrungen und unpassenden Ideen ihrer Tochter.

Das sorgte zwangsläufig für leise Skrupel, aber Gene und Maida meinten es nie gemein oder böse, denn beide liebten ihre Tochter, und sie amüsierten sich ja gemeinsam – es war harmlos, weil sie das Vergnügen teilen konnten.

Das eigentliche Problem mit der Kamera, redete er sich ein, bestand darin, dass Dary heuchelte, denn sie täuschte Umsicht vor, obwohl sie in Wahrheit gleichgültig war. Er war es, der sich an ihre Vereinbarung gehalten, also korrekt verhalten hatte. Trotzdem hatte er das dumpfe Gefühl, ein schlechter Vater zu sein, denn nur ein schlechter Vater hielt sich an eine Regel, die vorschrieb, dem eigenen Kind nichts zu schenken. Er hatte nicht über den vorgegebenen Rahmen hinausdenken können; er war egoistisch und kleinkariert. Die Befürchtung, dass dies zuträfe, rührte an eine schon vorhandene Unsicherheit, und so schleppte er seine Zweifel den ganzen Tag mit sich herum.

Abends rief er Adele an und sagte, er müsse sie unbedingt treffen.

Das sei nicht möglich, meinte sie, denn sie habe schon andere Pläne, wollte sich aber gern bald mit ihm treffen, vielleicht am nächsten oder übernächsten Tag.

In diesem Moment hätte er ihr gern seine Liebe gestanden. Diese war so wahrhaftig, so echt und so brennend wie der Schmerz, mit dem er seine Frau vermisste. Nachdem er dazu angesetzt hatte, besann er sich aber eines besseren und versuchte, den Satz umzubiegen: »Ich liebe d…«

»Bitte?«

»Ich liebe deinen – Kuchen!«

Sie wisse nicht, was er meine, erwiderte sie.

Er meine den Kuchen, den sie zu Thanksgiving gebacken habe, erklärte er. Er habe sich nie ordentlich dafür bedankt.

»War er gut?«, fragte sie.

»Ich habe nie einen besseren gegessen.«

»Das stimmt nicht.«

»Doch«, sagte er. »Der beste Erdbeer-Rhabarber-Kuchen in ganz New Hampshire.«

Bei dem Gedanken an die praktische Umsetzung des Treffens mit Adele stand er zunächst wie der Ochs vorm Berge. Er befürchtete, man könnte sie zusammen sehen, und hatte gleichzeitig Angst, sie durch den Vorschlag eines Motels zu beleidigen. Sie lud ihn auch nicht in ihre Wohnung ein, aber dort hätten sie sowieso keine Privatsphäre gehabt, weil ihr Sohn und dessen Freundin dort herumhingen.

Er zerbrach sich immer noch den Kopf über einen passenden Ort, als ihm St. Mary's einfiel.

Er wusste sofort, dass dieser Ort unanstößig war. Sollten sie von irgendwelchen Bekannten gesehen werden, dann wäre die grundanständige Aura der Kirche ein Schutz vor Gerede. Er gab nichts darauf, was die neunzigjährigen Gemeindemitglieder aus Colton dachten. Wichtig war nur, dass keine Gerüchte zu Dary, Ed und Gayle durchsickerten.

Am verabredeten Tag stand nur ein weiteres Fahrzeug auf dem Parkplatz, ein Pick-up-Truck mit einem Berg farbbeschmierter Holzreste und einem Wasserspender auf der Ladefläche, der mit einem Seil am Rand befestigt worden war. Als Gene in das Gebäude ging, passierte er einen Mann im Springeranzug, der auf einer Leiter stand und das Immergrün über der Doppeltür beschnitt. Gene fragte sich, ob man viel renoviert hatte, seit er zuletzt in der Kirche gewesen war. Das war über fünfzig Jahre her, und er hatte den Kirchenraum als dunkel und gedrängt in Erinnerung. Die Säulen der Seitenschiffe hatten zu weit in das Mittelschiff geragt, und die mächtigen Messingleuchter hatten zu schwer für die Kabel gewirkt, an denen sie hingen. Maida hätte die Kirche sicher gern noch einmal besucht, und sei es nur, um herauszufinden, was sie so lange ferngehalten hatte. Wovor waren sie zurückgeschreckt? War es wichtig, dass sie am falschen Ort geheiratet hatten?

Die Beleuchtung in der Kirche hatte sich seit ihrer Heirat verbessert. Es gab noch Hängelampen, nur viel schlichter, und sie hatten Leuchtstoffröhren. Außerdem hatte man die Wände in einem amtlichen Weiß gestrichen, was für einen helleren Gesamteindruck sorgte. Der Teppich, mit dem man das ganze Mittelschiff ausgelegt hatte, war von dem gleichen tiefen Kastanienbraun wie der im Veteranenzentrum. Insgesamt wirkte der Kirchenraum durch diese Veränderungen einladender, aber auch weniger weihevoll, als wäre die Kirche durch die Austreibung der Düsternis um einen Teil ihres hochheiligen Mysteriums erleichtert worden.

Er setzte sich auf eine Bank, um auf Adele zu warten. Nicht weit weg, auf einer Seite des Altars, stand eine Holzskulptur Marias mit dem kerzengerade dasitzenden Jesusknaben, der für ein Baby viel zu alt wirkte. Er hatte einen üppigen Haarschopf, seine extravagante Frisur glich der mancher Senioren, sein Blick war trübe, seine Miene mürrisch. Er wirkte fünfzig Jahre älter, als er hätte sein sollen, und Gene fragte sich, ob die Skulptur schon immer dort gestanden hatte. Er konnte sich nicht erinnern, sie bei der Heirat gesehen zu haben.

Ihm wurde erst in diesem Moment bewusst, wie sonderbar sein Vorhaben war. Eine innere Stimme fragte: *Was tust du? Warum bist du hier?* Warum hatte er unter den zahlreichen möglichen Treffpunkten ausgerechnet die Kirche ausgewählt? Das war verstörend, weil es hieß, dass ein Teil seines Bewusstseins etwas über ihn wusste, das dem Ganzen nicht klar war. Er fragte sich, ob er an diesen Ort zurückgekehrt war, weil er Maida damals geschworen hatte, ihn nie mehr zu betreten, ob er nun, da sie nicht mehr lebte, da er tun konnte, was er wollte, der Verlockung eines Tabus ebenso wenig widerstehen konnte wie jeder andere Mensch. Wollte er seine verstorbene Frau hintergehen? Natürlich nicht. Andererseits sträubte er sich gegen jede Einschränkung, die sie ihm auferlegte.

Irgendwo im Gebäude wurde eine Tür geöffnet, und er stand auf und drehte sich um, denn um Adeles Miene nicht zu versäumen, wollte er, dass sie einander gleichzeitig sahen. Aber da war niemand, nur die leeren Bankreihen.

Er setzte sich wieder und griff nach einem der Bücher, die auf der Ablage der nächsten Bank lagen. Es war keine Bibel, sondern ein Gesangbuch, und er blätterte mehrere Bücher durch, bis er eines fand, das das Alte Testament enthielt. Er schlug das Fünfte Buch Mose auf, Vers 30:14, jener, den sein Cousin ohne viel Gefühl bei der Heirat vorgelesen hatte. Er hatte noch im Ohr, wie seine Lehrerin in der fünften Klasse, Miss Gerta, diese Stelle deklamiert hatte. *Denn es ist das Wort fast nahe bei dir in deinem Munde und in deinem Herzen, dass du es tust.* Ihr Mund hatte sich um diese Worte geschlossen, als würden sie etwas Köstliches bergen. Danach war der Unterricht weitergegangen – Miss Gerta hatte sie gebeten, die Schreibhefte für eine »Grübelei« zu zücken, ihr Begriff für einen kurzen Aufsatz –, doch er nahm den Klassenraum nicht mehr wahr, und sein Gesicht brannte, weil er glaubte, die Worte, die Miss Gerta zitiert hatte, würden eine geheime Botschaft beinhalten, die seinen Körper und dessen Begierden betraf. Später, am College, hatte er einen Kaplan gefragt, ob Jesus jemals so etwas wie Lust empfunden habe. Der Kaplan hatte die Frage höflich erwogen, dies unter Berücksichtigung des Alters von Jesus und der Tatsache, dass dieser natürlich auch schönen Frauen begegnet war, und hatte dann überlegt, ob die Lust an sich gegen irgendwelche theologischen Prinzipien verstoße. »Ein Fisch schwimmt am ersten und am letzten Tag seines Lebens, nicht wahr?«, hatte der Kaplan am Ende gesagt, und Gene hatte diese Worte als eine klare Bejahung gedeutet.

Adele verspätete sich.

Er beschloss, sie bei ihrem Eintreffen zu küssen, und das leidenschaftlich. Er glaubte verrückterweise, das wäre an diesem Ort seine Pflicht, denn er hatte der Kirche zeit seines Lebens getrotzt und die Aufgabe, ihr weiterzutrotzen. Er hatte Gott vor vielen, vielen Jahren den Laufpass gegeben und stattdessen über das spirituelle Wesen des Universums nachgedacht, und er hatte stets edle und beruhigende Antworten gefunden: Entweder gab es keine nennenswerte Gottheit, dann wäre die Welt von einer Eigenart erfüllt, die sich gelegentlich als ein Gefühl des Göttlichen bemerkbar machte, oder der Geist, der über allem schwebte, war ungreifbar, gütig und wohlwollend. Dass es auch ohne Zutun eines Gottes wahre Güte auf Erden gab, war in Genes Augen wahrscheinlicher als das Gegenteil. Und sollte sich am Ende herausstellen, dass das, was jenseits dieser Welt lag, tatsächlich der katholischen Vorstellung entsprach, dann hoffte er, ein Schlupfloch zu finden, durch seine Hingabe an Frau und Tochter errettet zu werden.

Er fragte sich, ob es von Bedeutung war, dass er das Glück mit einer geliebten Frau gegen das Glück mit einer anderen eintauschte. War die eine Leidenschaft höher zu bewerten als die andere, selbst wenn man das Gefühl hatte, trotz gewisser Veränderungen im Kern beständig zu sein und sich selbst treu zu bleiben?

Er spürte ein leises Vibrieren im Boden, in den Füßen und Knöcheln, und im nächsten Moment drang das volltönende Glockengeläut an seine Ohren. Ein heller Ton, gefolgt von mehreren tieferen Tönen, die klangen, als wäre ein Meer aus geschmolzenem

Metall über sie hinweggeschwappt. Miss Gerta hatte diesen Klang »Reiten auf dem Schweif« genannt, ein schöner Name für etwas sehr Melancholisches. Die Glocken ertönten noch einmal laut im Chor, dann verhallten sie.

Inzwischen konnte er nicht mehr leugnen, dass Adele extrem lange auf sich warten ließ. Genes Blick suchte wieder das greise Jesusbaby, das vielleicht schon alt genug war, um die Qualen der Lust durchlitten zu haben. Da fiel ihm etwas ein. Adele hatte gesagt, falls das Baby ihres Sohnes komme, könne sie sich nicht mit ihm treffen. Die Geburt war also im Gange, und Genes Leben stand vor einer neuerlichen Veränderung. Er hätte nie damit gerechnet, in seinem Alter noch einmal mit einem Baby zu tun zu haben. Dennoch akzeptierte er dieses Mysterium – durch den Verlust seiner Frau eine neue Chance bekommen zu haben.

Er hatte seit Jahren nicht mehr gebetet, aber die Sehnsucht nach einem neuen Leben überwand die alten seelischen Schranken. Er betete für Adele, und er betete für das Baby. Er betete für ihr gemeinsames Leben, dies in dem Wissen, dass er alles dafür geben musste, was er aufzubieten hatte. Er wurde von einer Leidenschaft erfüllt, die nicht nur Adele galt. Es war auch eine neuerliche Leidenschaft für sein eigenes Leben, denn zum ersten Mal seit langer Zeit gab es einen Menschen, der ihn brauchte.

17

Am vorletzten Tag des Jahres veranstalteten die Donnellys stets eine Party, zu der sie alle Freunde einluden. Die Ashes waren jedes Jahr erschienen, und es waren immer vertraute Gesichter da – die Harmons, die Luces, die Spectors, Ehepaare aus Colton, mit denen sich die Donnellys im Laufe der Jahre angefreundet hatten. Dazu kamen jedes Mal neue Gäste, die aus Eds Kollegenkreis stammten, teils auch Frauen, die Gayle durch ihre Wohltätigkeitsarbeit kennengelernt hatte. Bei einer dieser Partys (sie war mindestens zehn Jahre her) hatte Ed gesagt, wenn er noch einmal seine Chinareise schildern müsse, werde er beim nächsten Mal alle mit den Dias quälen, die er dort gemacht habe. Das war nur ein Scherz, aber einige Gäste nahmen diese Ankündigung begeistert auf und erklärten, Ed im kommenden Jahr darauf festnageln zu wollen, und so entstand die Tradition der Diashows. Der subversive Geist, aus dem sie geboren worden waren, flaute mit der Zeit aber ab. Die Missgeschicke und Unglücke, die den Donnellys auf Reisen widerfuhren, wurden als etwas Schicksalhaftes präsentiert, das den Charakter der Familie stählte und stärkte. Nachdem sie in Cuernavaca falsch abgebogen waren, führte sie der Weg durch einen übel riechenden Tunnel zu einem verborgenen, bereits in präkolumbischer Zeit gegründeten Gewürzmarkt. Im Norden von Cumbria hatte ein Fehler bei der Hotelbuchung zur Folge, dass sie in der winterfesten Scheune einer Schäferfamilie wohnten. Gene hatte den Eindruck, dass es für die versammelten

Freunde inzwischen eine Pflicht war, die grandiosen Fernreisen der Donnellys zu beklatschen.

Er erwog, in diesem Jahr abzusagen. Annie hatte schon beschlossen, nicht hinzugehen, weil ihre Cousins und Cousinen heimgefahren waren. Nach dem Ausbleiben Adeles in St. Mary hatte Gene nichts mehr von ihr gehört, und er war unruhig und besorgt, weil er sie nicht erreichte. Das konnte viele Gründe haben – vielleicht war das Baby nicht gesund auf die Welt gekommen, vielleicht war die Mutter wegen irgendwelcher Komplikationen bei der Geburt noch im Krankenhaus –, aber solange er den genauen Grund nicht kannte, befürchtete er, dass etwas anderes im Argen lag. Er versuchte, sich an den Wortlaut ihres letzten Gesprächs zu erinnern. War er in ein Fettnäpfchen getreten? Ihr Schweigen belastete ihn und schürte eine latente Unsicherheit. Als er zu Dary sagte, er lasse die Party vielleicht ausfallen, erwiderte sie aber, das dürfe er nicht, weil es eine Überraschung gebe.

Eine Überraschung war das Letzte, was er wollte, und das sagte er auch so.

»Es wird dir gefallen«, meinte Dary nur.

Anlässlich der Party war das Haus der Donnellys von oben bis unten erleuchtet. Man hatte blinkende Lichterketten durch die Streben des Treppengeländers gefädelt, Lampen in die Fenster gestellt und Halter mit jeweils zwei oder drei Kerzen auf Beistelltischen platziert und auf dem Kaminsims zwischen Fichtenzweige gesteckt. Unter dem Weihnachtsbaum, einem grünen in steife, goldene Bänder gehüllten Monstrum, lagen noch Geschenke, irgendein Überschuss, den Gayle, so Genes Vermutung, nicht versiegen ließ, solange Gäste kamen. Auf dem adrett gebügelten karierten Läufer, der sich über den gesamten Esstisch zog, stand eine Karawane von Desserts, darunter glänzende Schokoladenschichttorten, konzentrische Kreise und Buttercremebordüren.

Dary hatte gemeint, es sei nicht genug, gemeinsam etwas zu schenken; Gene müsse ein eigenes Geschenk mitnehmen und beim Betreten des Hauses übergeben. Er legte es unter den Weihnachtsbaum zu den anderen Geschenken und suchte dann zwischen den Partygästen nach Brian. Er ging nach oben und schaute in die Gästezimmer; wie üblich wirkten sie tadellos und unberührt. Er kehrte zur Party zurück und fragte Gayle, ob Brian später komme.

»Es gab einen Streit«, sagte sie.

Das war typisch für Gayle – weder gab sie jemandem die Schuld, noch führte sie die Sache aus. Gene folgte ihr, während sie nachschenkte und schmutzige Teller einsammelte, bis sie schließlich mehr erzählte: Ed hatte Brian beim Rauchen ertappt; Brian wusste, wie sein Vater dazu stand; Ed hatte sich aufgeregt und Brian angebrüllt; daraufhin hatte sich Brian aufgeregt und seinen Vater mit Worten beschimpft, die man besser nicht wiederholte. Anschließend hatte Brian seine Sachen gepackt und war zum White Pine Camp gefahren.

»Fängt er sich wieder?«, fragte Gene.

»Er regt sich auf, weil Allison aller Welt erzählt, er sei seelisch instabil.«

»Stimmt das?«

»Er ist einfach total fertig. Ginge es dir nicht auch so?« Sie klang fahrig, aber bestimmt. »Wenn das Leben zerbricht, darf man wohl fertig sein. Er hat sie so geliebt! Und das hat sie nicht mal geahnt. Sie bildet sich vermutlich ein, *jeder* Mann würde sie so sehr lieben.«

»Du findest bestimmt eine Möglichkeit, ihm zu helfen.«

»Manchmal bleibt einem nichts anderes übrig, als seine Kinder zu lieben und zu hoffen, dass sie sich nicht so dumm anstellen wie man selbst.« Sie lief rot an, als fände sie es geschmacklos, ja widerlich, von sich selbst zu sprechen. »Ich habe Ed gesagt, dies sei eine Chance. Er könne jetzt wieder eine Beziehung zu seinem Sohn aufbauen.«

»Das musste ihm wirklich mal gesagt werden.«

»Sicher, aber du kennst ja Ed. Er hat sich vermutlich schon über die bloße Vorstellung aufgeregt, man könnte ihm vorschreiben, wie er mit seinem Sohn umzugehen habe. Er mag es nicht, wenn man etwas über seinen Kopf hinweg entscheidet. Außerdem schiebt er mir sicher die Schuld an dem Streit in die Schuhe.«

»Er hat sich noch nie mit Brian verstanden.«

»Wahrscheinlich habe ich Brian schon vor der Geburt verdorben. Bevor ich wusste, dass ich schwanger war, habe ich gelegentlich gern eine geraucht.«

Sie standen dicht beisammen, dichter als zu Beginn ihres Gesprächs. Gene legte Gayle eine Hand auf das Kreuz und erlaubte sich, sie erst nach einer Weile zurückzuziehen. »Eine einzige Zigarette ist doch halb so wild«, sagte er.

»Tja, wie sich zeigt, bin ich dümmer als dumm.« Sie lachte, aber in ihrem Lachen schwang ein Unbehagen mit. Ihr Duft, eine Mischung aus Mehl und Süße, weckte in Gene den Wunsch, sie noch einmal zu berühren. Beide beobachteten Ed, der durch die Menge auf sie zukam. »Ich hätte auf das College gehen können«, sagte sie. »Stattdessen habe ich *diesen* Mann geheiratet.«

»Das war doch sicher kein Fehler«, erwiderte Gene.

Sie schwieg.

»Nein, das war kein Fehler«, wiederholte er.

»Was war ein Fehler?«, fragte Ed, der zufrieden mit sich wirkte, weil er den Gesprächsfaden aufgegriffen hatte.

»Ach nichts. Die Schokoladenganache ist etwas körnig«, sagte sie.

»Das ist mir gar nicht aufgefallen«, sagte Gene. »Ich fand sie köstlich.«

»Ich hatte keine Raffinade mehr, also habe ich braunen Zucker benutzt«, sagte Gayle. »Wenn man einen Ersatz nimmt, kann man nicht das gleiche Ergebnis erwarten.«

Ed legte Gayle einen Arm um die Taille und zog sie an sich. »Ich erkläre dir mal was über diese Frau«, sagte er zu Gene. »Immer, wenn sie ein Kompliment haben will, bezeichnet sie irgendetwas als furchtbar.«

»Die Ganache ist *wirklich* köstlich«, sagte Gene.

»Du bist ihr auf den Leim gegangen.«

Gene sagte: »Wenn ich versuchen würde, so etwas zuzubereiten …«

»… dann wäre es nicht essbar«, ergänzte Ed. »Was hat Maida immer gesagt? Es sei ein Wunder, dass du morgens die Schuhe unter dem Bett findest?«

»Entscheidend ist«, sagte Gene, der Eds Worte ignorierte, zu Gayle, »dass du keinen Anlass für Selbstzweifel hast.«

Auf Gayles Gesicht breitete sich Zärtlichkeit aus. Gene spürte, dass sie auf seine nächsten Worte wartete.

Ed meinte: »Ich habe immer gesagt, dass sie ein Restaurant eröffnen kann, falls sie beschließt, mich zu verlassen.«

Gayle lächelte tapfer, wenn auch etwas mutlos. Dann entschuldigte sie sich mit der Begründung, eine Süßkartoffelpastete aufwärmen zu müssen.

»Hat Dary erzählt, dass sie für heute Abend Fotos ausgesucht hat?«, fragte Ed. »Sie hat ein paar nette alte Aufnahmen entdeckt. Keine Sorge – wir sehen jung aus. Jung und hübsch und glücklich. Wir hatten ja keine Ahnung, wie froh wir damals über unsere kleinen Probleme sein konnten.«

In diesem Moment erschien eine Frau auf der Party, die Gene zunächst für Esther Prince hielt (was ein Irrtum war), und die mühsam gebändigte Freude, die sich auf Eds Gesicht abzeichnete, sowie die Anstrengung, mit der er sich zusammennahm, deuteten an, dass er sie unbedingt begrüßen wollte. Er ließ Gene prompt stehen.

Gene hörte Patty Luce zu Regina Harmon sagen: »Wir sind immer mindestens zehn Tage im Burgund – man schafft das Burgund einfach nicht in weniger als zehn Tagen.« Kurz darauf saß Gene in einem Gespräch mit einem emeritierten Professor für dieses oder jenes in der Falle. Sobald er begriff, dass es egal war, ob er die Arbeit des Mannes verstand oder nicht, weil dieser sowieso nicht von seinem Thema abließ, hörte er nur mit halbem Ohr zu. Während sich der Professor, Schokoladenganache futternd, über »das Problem der Redundanz in einem Doppelsystem-Modell« ausließ, studierte Gene das links hinter seinem Gesprächspartner hängende Gemälde eines badenden Aktes. Die nackte Frau hob eine Wasserkaraffe über ihren Kopf, und obwohl sie diese noch nicht ausgekippt hatte, ihr Kopf also trocken war, bildeten die Haare lose Wellen, wie durch fließendes Wasser geformt. Ihre Augen mit den schweren Lidern – konturiert durch dick aufgetragenes, schmutziges Gelb und einen Streifen aschigen Violetts – waren halb zu, als hätte man sie gerade erst aus dem Bett geholt. Gene war oft genug auf Partys gewesen, um zu wissen, wie man über ein solches Bild reden musste, um smart zu wirken. Er hätte nur auf ein Detail wie die Wange hinweisen müssen, wider Erwarten nicht fleischfarben, sondern knallgrün verschattet, um danach zu erklären, dass der Künstler genial sei, denn er wisse, dass diese Farbe an jener Stelle genau richtig sei.

Als er sich endlich loseisen konnte, ging er in die Küche, in der er nicht Gayle vorfand, sondern Ed und Dary, beide mit einem Glas Rotwein. Ed trug einen Ofenhandschuh, der an eine Hummerschere erinnerte, und unterhielt sich quer durch das geflieste Kücheneiland mit Dary.

»Findest du, es ist die Regel, dass zwei Menschen einander ähnlich tief lieben?«, fragte sie gerade.

»Du musst begreifen«, sagte Ed, »dass das Konzept der Ehe auf etwas basiert, das andere Menschen sofort einordnen können. Die Ehe ist laut Definition konventionell.«

»Aber die Ehe diktiert doch nicht die Gefühle«, meinte Dary.

»Sie verlangt aber eine Übereinkunft. Eine Art Friedensvertrag.«

»Klingt sehr förmlich«, erwiderte Dary und sah Gene zum ersten Mal an. »Und nicht gerade aufregend.«

»Worum geht es?«, wollte Gene wissen.

»Um die Ehe und die Frage, ob sie heutzutage überflüssig ist«, antwortete Dary.

»Und ich habe betont«, sagte Ed, »dass eine offizielle Bindung durchaus ihren Wert hat. Stabilität ist nicht zu verachten.«

Gene fragte sich, wie sie darauf gekommen waren – ob Ed das Thema angeschnitten und Dary dafür erwärmt hatte oder ob Dary Eds Meinung hatte hören wollen. Wie es auch war, Gene verspürte einen neidischen Stich.

»Und was heißt Stabilität?«, fragte Dary. »Dass man an dem Menschen festhält, in den man in seinen Zwanzigern verliebt war, obwohl das ganze Leben samt aller Wechselfälle noch vor einem liegt? Zig Jahre, in denen man sich zu einer Person entwickelt, die mit dem zwanzig-plus-x-jährigen Menschen, der die Entscheidung traf, kaum noch etwas zu tun hat?«

»Egal was man tut, man wird alt«, erwiderte Ed.

»Aber Vereinbarungen sind nicht für die Ewigkeit«, sagte Dary. »Sie verändern sich permanent, weil man sich als Mensch verändert, und sie können auch zerbrechen. Warum sollte das Leben das nicht spiegeln?«

In diesem Moment kam Gayle in die Küche und fragte Ed, ob er wie versprochen die Süßkartoffelpastete im Blick habe.

Ed öffnete den Ofen und wendete die Pastete. Danach zog er die Hummerschere aus und warf sie auf die Kücheninsel. Er sagte: »Die Ehe ist nur in Kulturen sinnvoll, die eine Scheidung akzeptieren.«

»Warum diskutiert ihr über so ernste Themen?«, schalt Gayle. »Wir feiern eine Party! Ihr sollt nebenan essen und trinken und euch amüsieren.« Als sich niemand rührte, setzte sie eine strenge Miene auf. »Raus!«, sagte sie und scheuchte sie mit einer Handbewegung hinaus.

Sie verließen im Gänsemarsch die Küche, aber zuvor schnappte sich Ed noch die Flasche Wein. Er bat Dary, ihm zu helfen, ein paar Klappstühle aus dem Keller zu holen, die sie wenig später im Wohnzimmer aufstellten.

Die Gäste wurden gebeten, sich zu setzen. Daraufhin flitzten einige zum Tisch mit den Desserts und luden sich noch schnell die Teller voll. Dann wurde das Licht gedimmt.

Die Donnellys hatten im Frühling eine Tour entlang der Küste Kaliforniens unternommen. Einmal stand Gayle steif neben einer erotischen Skulptur im Hof von Hearst Castle. Einmal sah man sie komplett bekleidet am Strand, wo sie nach Steinen suchte, um bei einem Picknick die Servietten zu beschweren. Dann liefen sie durch die Straßen Istanbuls, jedenfalls Ed, denn Gayle hatte sich tagelang im Hotel erholen müssen (der Fruchtsalat war ein Fehler gewesen). Männer mit roten Brokatwesten servierten den Tee auf Tabletts, und Wäsche flatterte an Fernsehantennen, die auf Balkonen voller Graffiti standen. Dann folgte der Sommerurlaub in Vermont. Die Donnellys hatten ein historisches Farmhaus mit stillgelegter Molkerei gemietet, und alle Enkel waren gekommen und hatten auf der Wiese gespielt. Die Wettkämpfe im Schubkarrenschieben, Eimerziehen und Holzhacken und viele andere rustikale Spiele im Freien waren so gründlich dokumentiert worden, dass man den Eindruck gewann, die Donnellys hätten nicht nur drei Tage, sondern den ganzen Sommer auf der Farm verbracht.

Gene hatte es immer wieder überrascht, dass Maida, die von romantischem Firlefanz viel weniger hielt als er, geglaubt hatte, Reisen wäre automatisch eine seelische Bereicherung. Sie war stets reiselustiger gewesen als Gene, und vielleicht hatte sie das Gefühl der Donnellys geteilt, Reisen sei eine Leistung und verleihe einem Leben Glaubwürdigkeit. Schwer zu sagen, was ihm widerstrebte, neue Orte oder die Art, auf die manche Leute von ihren Reisen erzählten. Wieso brauchten die Donnellys ein Publikum für ihre Erlebnisse?

Nach einer kurzen Pause (der Professor schob die oberste Etage einer Zikkurattorte auf seinen Teller) folgte der historische Teil des Abends. Die junge Gayle, bezaubernd und verschämt und schwanger mit Michael, in einem marineblauen Kittelkleid mit Erdbeerapplikation auf der Tasche. Ein Colin mit Babygesicht, der Äste in einen Ententeich warf, während ein plumper Brian am Rand stand und missbilligend zusah, aber nicht eingriff. Dary im Schneeanzug neben einer Schneewehe, ein Klecks von Kind neben einem Klecks von Schnee, beides in harmonischer Eintracht. Gene musste zugeben, dass Ed ein Händchen dafür hatte, Menschen in Momenten einzufangen, in denen sie in einem dynamischen Verhältnis zu ihrer Umgebung standen. Auf den Dias, die ihn selbst zeigten, hatte er einen stärkeren Sonnenbrand und einen schlafferen Bauch als gedacht, und obwohl die Gefühle, an die er sich erinnerte, sehr intensiv waren, zog er auf den Bildern ein unbestimmtes, gedankenverlorenes Gesicht. Und dann kam Maida: Sie lag auf dem Anleger auf dem Rücken, der See im Hintergrund schien nicht aus Wasser, sondern aus purem Licht zu bestehen. Auf dem nächsten Bild kam sie aus dem See, die dicke

Badekappe vom Kopf ziehend, die ihn stets an ein Prophylaktikum erinnerte. Ihr Lächeln war herausfordernd, drückte sowohl Gleichgültigkeit als auch Interesse gegenüber der Kamera aus, einen Trotz, der abweisend und einladend zugleich war. Auf einem anderen Dia lachte sie mädchenhaft, den Kopf in den Nacken gelegt, die Augen halb geschlossen wie der Akt auf dem Gemälde, den Rücken wie bei einer Gymnastikübung weit durchgedrückt, ein Anblick, der ihn stets erregt hatte.

Jedes Mal, wenn ein Bild von ihr gezeigt wurde, hatte er das Gefühl, als würde man sein Herz mechanisch melken, damit es sein ureigenes Produkt verströmte, die Liebe. Das geschah fast überstürzt, ganz automatisch, und ihm fiel jedes Mal mit Verspätung ein, dass Maida nicht mehr lebte, eine Tatsache, die ihm sein Geist dann nicht nur einmal, sondern gleich mehrfach vor Augen führte, als liefe sein Körper Gefahr, es wieder zu vergessen.

Es überraschte ihn nicht, dass Dary von dieser Lebensphase ihrer Mutter fasziniert war – die Zeit, in der die Eltern offen und formbar und noch nicht die Menschen gewesen waren, als die man sie später gekannt hatte, weckte die Neugier vieler Kinder. Darys Faszination war fast niedlich, weil darin eine Verehrung zum Ausdruck kam. Dass sie diese Bilder in sich aufsog, in gewisser Weise sogar stolz darauf war, schien zu bedeuten, dass sie ihre Mutter differenzierter sah, als es den Anschein hatte, dass sie nicht nur jene Person berücksichtigte, die sie unmittelbar erlebt hatte, sondern auch den Menschen, der Maida während einer Zeit gewesen war, in der Dary sich noch kein Bild von ihr hatte machen können.

Nach dem Abschalten des Projektors und dem Anknipsen des Lichts wurde er trotzdem kurz von einer unbehaglichen Spannung erfasst. Er dachte daran, wie oft er mit einer Kamera vor seiner jungen Frau gestanden und wie oft sie es abgelehnt hatte, sich fotografieren zu lassen, dies mit den heiteren und sorglosen Worten: *Nein, nein, ich weiß ja, wie ich aussehe.* Und er hatte stets befürchtet, dass es später, wenn sie älter wären, keine Bilder von ihr gäbe, die sie jung und schön und glücklich zeigten. Er schien etwas verpasst zu haben, das Ed eingefangen hatte, denn hier hatte man sie mehrfach sehen können, jung und hübsch und glücklich.

18

Der letzte Tag des Besuches seiner Tochter, Neujahr, war klar und strahlend, am Himmel stand eine kalte Wintersonne. Sie verbrachten den Vormittag in seinem Büro, um seine alte Ware zu sortieren und in Kartons zu packen, über deren Bestimmung er sich noch nicht im Klaren war. Dary meinte, er müsse das nicht sofort entscheiden – die Sachen einzupacken, sei ein Zwischenschritt. Sie arbeitete schnell, klebte die Kartons zu, sobald sie voll waren, und füllte all jene, die für sie selbst gedacht waren. Für ihn verhielt es sich anders – er hatte das Gefühl, über jedes Stück nachdenken, sich in Erinnerung rufen zu müssen, wie und warum er es erworben hatte, denn wenn diese Dinge wertlos wären, hätte er sie doch wohl nicht so lange aufbewahrt.

Gegen Mittag machten sie eine Pause, um nachzuprüfen, wieviel sie geschafft hatten. Er setzte sich zum ersten Mal seit der Ankunft im Büro auf seinen Schreibtischstuhl, der nicht am Tisch, sondern mitten im Zimmer zwischen halb gefüllten Kartons stand, weil sie so vieles hatten umräumen müssen. In einer halben Stunde mussten sie Annie bei den Donnellys abholen, und er schlug vor, zum Fisher Lake zu fahren.

»Brian ist doch dort, oder?«, fragte Dary, die auf dem Schreibtisch saß. Sie trug die Klebebandrolle wie ein Armband.

»Spielt das eine Rolle?«, entgegnete Gene.

»Ich finde ihn manchmal sonderbar. Ist er immer noch so komisch drauf wie früher?«

»Ich fand ihn nie sonderbar.«

»Bei unserer letzten Begegnung trug er eine Zahnspange für Erwachsene. Unter meinen Bekannten ist er der Einzige, der zweimal eine Zahnspange hatte. Ich hätte am liebsten zu ihm gesagt: ›Mensch, du hast deine Zähne schon so lange, warum noch dieser Umstand?‹«

»Er trägt seit Jahren keine Zahnspange mehr.«

»Als er sie noch hatte, gab es wenigstens ein Gesprächsthema.«

»Ich wette, ihr habt mehr gemeinsam, als du glaubst.«

»Ach komm.«

»Du weißt es wahrscheinlich nicht mehr, aber Brian ist ein Leser.«

»Genau wie achtzig Prozent der Erstklässler«, sagte sie so leichthin, dass es fast bissig klang. »Erinnerst du dich noch an das Weihnachten, als er jedem erzählte, die Perestroika sei eine furchtbare Entwicklung, weil sie die Vorherrschaft Amerikas auf der Welt gefährde?«

»Hatte er recht?«

»Das ist unwichtig! Es geht um eine Weltanschauung. Wir könnten uns vermutlich nicht mal auf die gleiche Weltkarte einigen.«

»In meinen Augen habt ihr viele Gemeinsamkeiten.«

»Bitte sag das nicht.«

»Ihr seid beide aus Colton verschwunden, um an ein College zu gehen, und nie wieder zurückgekehrt. Und ihr wisst beide, welche Herausforderung es darstellt, Kinder großzuziehen.«

»Nicht zu vergessen die nostalgische Sehnsucht nach dem Risiko einer nuklearen Katastrophe.«

»Und die … Einsamkeit?«

»Gut, das reicht jetzt.« Sie glitt vom Tisch, bereit für die nächste Aufgabe.

»Und die Schwierigkeit, sich mit jemandem zu verabreden, wenn man Kinder hat?«, sagte er.

»Ich sagte, das reicht.« Sie kniete sich hin und wollte mit fahrigen Bewegungen einen Karton schließen, der noch nicht ganz voll war. Sie fummelte mit den Deckeln herum und hielt dann abrupt inne. »Wie kommst du auf so etwas?«, fragte sie. »Habe ich mich je über Einsamkeit beklagt?«

»Du musst dich nicht beklagen, um mir zu zeigen, dass es so ist. Ich möchte nur, dass du glücklich bist.«

»Indem du mich mit einem Typ verkuppeln willst, mit dem du am Flughafen dreißig Sekunden geredet hast? Oder, noch besser, mit Brian Donnelly?«

»Ah – das ist unfair. Du kennst Brian seit deiner Kindheit.«

»Das ist so, als würde man sagen: ›Ich habe mein ganzes Leben Zigaretten geraucht, also tun sie mir gut.‹«

»Du weißt, dass er aus einer guten Familie stammt.«

»Ich bin nicht scharf auf eine andere Familie! Meine ist schon schwierig genug.« Während er sie betrachtete, schien sie sich zu sammeln, zum Gegenschlag auszuholen. »Warum gibst du nicht einfach zu, dass du versuchst, einen Mann für mich zu finden?«, sagte sie. »Das ist es doch, oder? Du wärst glücklicher, wenn ich einen Mann hätte.«

Er überlegte, ob sie recht hatte. »Ich will nicht, dass du um meinetwillen heiratest«, erwiderte er dann.

»Für wen sollte ich es sonst tun?«

»Deine Mutter hat sich auch Sorgen um dich gemacht.«

»Ach? Und die Heirat hat all ihre Probleme gelöst? Willst du das damit sagen?«

Er spürte den Stachel in ihren Worten.

Sie kam fast aggressiv auf die Beine. »Ich brauche deine Hilfe nicht, verstanden?«, sagte sie. »Das ist dir klar, oder?« Sie reckte einen Arm und berührte die schräge, niedrige Decke, als müsste sie diese stemmen. »Und überhaupt – seit wann bist du ein Fachmann für das Glück aller Welt?«

»Nicht *aller Welt*. Nur für deines.«

»Wie kommst du darauf, dass du recht hast?«

»Weil ich dein Vater bin.«

»Und das gibt dir privilegierte Einblicke in mein Seelenleben?«

»Meist nicht, nein. Unter gewissen Umständen aber schon, ja.«

»Und was, wenn ich das Leben, das du mir wünschst, gar nicht führen will?«, fragte sie und betrachtete ihn mit einer sehr speziellen Mischung aus Trauer und Zorn. »Was, wenn ich nun mal so bin? Was, wenn ich nicht so werden kann, wie du es dir wünschst?«

Bei diesen Worten fühlte sich sein Körper sonderbar schwer und hohl zugleich an, als wäre vor Jahren irgendetwas aus ihm herausgepustet worden, was ihm erst jetzt schmerzhaft bewusst wurde. Er hätte gern etwas in diese Leere gerufen, hatte aber weder einen Satz noch einen Gedanken oder irgendetwas anderes, das sich geistig greifen ließ. Es war ein Gefühl, das ihn zeit seines Lebens verfolgt hatte, tiefer als ein Gedanke, und es besagte, dass nichts, was Dary tat, die Liebe zerstören konnte, die er für sie hegte – egal wie oft sie sich verwandelte, seine Liebe würde sich auch verwandeln, damit es wieder stimmte. Genau das bedeutete es, ein Elternteil zu sein – man gab die Kontrolle über die eigene Liebe auf. Man liebte sogar trotz gelegentlichen Missfallens. Es war etwas, das sich schwer in Worte fassen ließ, und wäre das möglich gewesen, dann wären die Worte absolut widersinnig gewesen.

Ihre Miene wurde plötzlich milder, ihr ganzes Gesicht weicher, und sie löste die Hand von der Zimmerdecke. »Was willst du?«, fragte sie.

»Du kannst du selbst sein«, meinte er, »und gleichzeitig andere

Möglichkeiten in dir tragen. Du kannst für Überraschungen gut sein. Vielleicht sogar für einen Wandel.«

Darys Augen weiteten sich, sie sah ihn eindringlich an. »Hast du das mal erlebt?«

Er dachte kurz an Adele, an die unerwarteten Gefühle, die er für sie hegte. Die Qual der letzten zwei Wochen ohne sie, seine Besorgnis, weil er noch nichts von ihr gehört hatte – das waren nur erste Indizien dafür, wie tief er empfand. Bei dem bloßen Gedanken an sie erfüllten ihn leise Skrupel, und wie sollte er die Sache bewerten? War es kindisch? Ja, vielleicht war es kindisch, denn was auch immer sie füreinander empfanden, er mochte es noch nicht verraten. »Ich habe schon vor deiner Geburt aufgehört, in die Kirche zu gehen«, antwortete er.

»Und was noch?«

»Ich habe damals Eisenhower gewählt. Ein schwerer Fehler, glaub mir.«

»Das ist schon alles?« Sie versuchte vergeblich, ein Lachen zu unterdrücken. »Entschuldige, Dad. Ich versuche, dich ernst zu nehmen, aber das ist nicht ganz einfach. Wie soll ich einen Rat von jemandem akzeptieren, der es für den schlimmsten Fehler seines Lebens hält, Eisenhower gewählt zu haben?«

»Ich habe meine Haltung zu vielen Dingen geändert«, sagte er.

Sie sah ihn von der Seite an. »Auch mal die zu einer Frau?«

»Für mich gab es immer nur eine Frau, und das weißt du.«

»Mom?«

»Wer sonst?«

»Weiß nicht – darum frage ich ja. Aber das zeigt dir, dass sich manche Menschen nicht wandeln. Und vielleicht bin ich auch so gestrickt.«

»Oh, aber das passiert vielen Menschen. In erotischer – in romantischer Hinsicht, meine ich.«

Sie lachte nervös.

»Was ist so lustig?«

»Ich habe zum ersten Mal das Wort *erotisch* aus deinem Mund gehört«, erwiderte sie. »Das klingt so, als würdest du dreißig Jahre zu spät von Eros und Amor reden.«

19

Er rief Adele mehrmals an, legte aber jedes Mal auf, kurz bevor sich der Anrufbeantworter meldete, weil er immer noch wie in seiner Jugend glaubte, er könnte so oft anrufen, wie er wollte, vorausgesetzt, diese Versuche blieben unentdeckt. Als die Phantomanrufe am übernächsten Tag noch immer nicht das erwünschte Resultat hatten, hinterließ er schließlich doch eine Nachricht.

Hallo? Hallo, Adele? Hier spricht ... ah, gut, dass muss ich wohl nicht extra sagen. Ich bin zu Hause – habe das ganze Haus für mich allein. Dary hat Stiefel vergessen, die ich ihr nachschicken soll, ich habe also nur ein Paar Stiefel als Gesellschaft. Kommst du? Tja, ich rufe an, weil sich mein, äh, Terminplan geändert hat. Der heutige Tag passt weiterhin, der Mittwoch auch, aber falls du am Freitag kommen willst, sollten wir das besprechen, denn ich habe einen Termin beim Arzt. Ich könnte ihn natürlich verschieben. Ja, gut, dann warte ich auf deinen Rückruf. Wegen Freitag, okay? Mann, das ist eine lange Nachricht. Ich ... hallo? Oh, ich dachte, du wärst vielleicht – aber gut, ich hoffe, es geht dir ... BIEEEEP.

Der Apparat schnitt ihm das Wort ab.

Der Arzttermin hatte einen rein pharmakologischen Zweck. Genes Schlaftabletten waren alle, und seine Sorgen hielten ihn wach. Obwohl nur jede zweite Schlaftablette zu wirken schien, hatte er festgestellt, dass es noch quälender war, gar keine im Haus zu haben, denn es war besser, trotz der lausigen Tabletten keinen Schlaf zu finden, als schlaflos dazuliegen und keine Option zu haben.

Dr. Fornier unterzog ihn einer Routineuntersuchung. Er checkte Genes Augen mit einem hellen Lichtstrahl, und Gene fragte sich, ob der Arzt anhand des Gewebes seiner Augenbälle auf Schlafmangel schließen konnte. Vermutlich nicht, denn im Anschluss stocherte Dr. Fornier mit einem Instrument in seinen Ohren herum, und Gene wiegte sich in dem Glauben, physisch sei alles im grünen Bereich. Als der Arzt die kalte Muschel des Stethoskops über Genes Rücken wandern ließ, zog er jedoch ein Gesicht, bei dem sich der Magen seines Patienten verkrampfte.

»Stimmt etwas nicht?«, fragte Gene.

»Mal schauen«, sagte Dr. Fornier.

Der Arzt ordnete ein EKG an und erklärte anderthalb Stunden später, die Ergebnisse gäben keinen Anlass zur Sorge. Der fehlende Anlass zur Sorge schien trotzdem weitere Untersuchungen zu erfordern, »um ganz sicherzugehen«, wie Dr. Fornier sagte.

Untersuchungsräume und Krankenhaus waren durch einen Tunnel verbunden, in dem es mehrere Grad zu warm war und nach Käse-Schinken-Sandwiches roch. Gene fuhr im Fahrstuhl zur Kardiologie im dritten Stock, wo schon mehrere andere Patienten auf den Arzt warteten. Ein uralt wirkender Mann, krumm und steif, begleitet von einer jüngeren, müden Frau. Ein kleiner Junge mit einem aufmüpfigen Haarbüschel auf dem Hinterkopf tobte mit einem Jo-Jo herum, das er unbändig und unkontrolliert in den Raum sausen ließ. Seine Mutter legte die Zeitschrift weg und ermahnte ihn, aufzupassen, aber sie schien das so oft gesagt zu haben, dass sie nicht mehr an die Wirkung ihrer Worte glaubte, und ihr Sohn hörte auch tatsächlich nicht darauf.

Dann gab es noch einen dicken Mann, dessen rosiger Teint durch einen lückenhaften grauen Bart betont wurde. Seine Wampe schien von einem anderen Mann stibitzt worden zu sein, denn sie war viel zu riesig für seine Statur. Er wurde von einem Hustenanfall geschüttelt, wobei das in seinem Schoß liegende Buch auf den Fußboden fiel. Nach dem Anfall schaute er sich im Wartezimmer um und sagte, ohne die Worte an eine bestimmte Person zu richten: »Bitte verzeihen Sie, aber es ist nichts Ansteckendes.«

Gene setzte sich mit etwas Abstand neben ihn, doch der Mann beugte sich über den freien Sitz zwischen ihnen. »Und warum sind Sie hier?«, wollte er wissen. »Angina?«

Gene tat so, als fühlte er sich nicht angesprochen, aber der Mann schien seine Aufmerksamkeit erzwingen zu wollen und wiederholte seine Frage.

»Oh«, sagte Gene schließlich, »es geht nur um ein paar Untersuchungen.«

»So fängt es immer an.« Der Mann wandte sich seinem Buch zu, beugte sich nach einer knappen Minute aber wieder zu Gene hin und fragte: »Haben Sie Kinder?«

Gene schielte zu der Tür, in der die Krankenschwestern erschienen, um die Patienten aufzurufen. »Nur eines«, antwortete er. »Eine Tochter.«

Der Mann nickte und las dann weiter. Er hatte es so in seinen Schoß gelegt, dass beim Umblättern ein lautes, klatschendes Geräusch entstand. Er schien über etwas nachzudenken, das er gerade gelesen hatte, und beugte sich dann ein drittes Mal hinüber. »Weiß sie, dass Sie hier sind?«

Gene antwortete sinngemäß, er habe sie nicht unnötig beunruhigen wollen.

»Sehr gut«, erwiderte der Mann. »Sie sollten das möglichst

lange so halten. Wir haben keine andere Wahl. Wir müssen uns schützen.«

»Keine Ahnung, was Sie meinen«, sagte Gene.

»Warten Sie ab«, meinte der Mann. »Eines Tages gehen Sie zu einer Routineuntersuchung, und bevor Sie sich versehen, erörtern Ihre Verwandten heimlich die Frage, ob Sie Ihr Testament auf den neuesten Stand gebracht haben. Wenn Sie vor dem Frühstück keine sechs Meilen laufen und dann später am Tag kein Steak essen – weil es mit fünfundzwanzig vielleicht zu einem gelungenen Tag gehörte, sechs Meilen zu laufen und ein Steak zu essen –, wird man wissen wollen, ob es Ihnen auch wirklich gut geht. Und wehe, Sie vergessen den Namen der Frau des Vizepräsidenten oder husten in Ihre Suppe. Dann erklärt man Sie für so gut wie tot.«

In diesem Moment erschien eine Krankenschwester in der Tür und rief einen Namen. Der uralt aussehende Mann schob den Rollator durchs Wartezimmer, gefolgt von der jüngeren Frau, die seine Papiere trug.

»Sehen Sie?«, meinte der Mann. »Wir können froh sein, wenn uns die Wahl zwischen einem Katheter und einer Bettpfanne bleibt.«

Wie sich herausstellte, war Gene keinen Kardiologen wert. Im Behandlungsraum legte ihm eine Krankenschwester einen kleinen, tragbaren Herzmonitor an und drückte mehrere weiche Schaumstoffscheiben auf seine Brust. Diese Scheiben – Elektroden – waren mit einem Computer verbunden, etwa so groß und schwer wie ein kleines Transistorradio, der an einem schwarzen Nylonband um seinen Hals hing. Gene entnahm den Erläuterungen der Schwester, dass man sein Herz über einen längeren Zeitraum auf ungewöhnliche Rhythmen untersuchen wollte. Man erwarte nicht von ihm, seinen Tagesablauf zu ändern. Falls er Sport mache, soll er das weiter tun; falls er die Angewohnheit habe, zu

Fuß zu gehen, solle er auch das nicht ändern; sollte er auf eine Leiter steigen, um die Regenrinnen seines Hauses zu säubern – hier sah ihn die Krankenschwester scharf an, um zu demonstrieren, was sie davon hielt, dass jemand in seinem Alter auf eine Leiter stieg. Vorn auf dem Monitor befand sich ein roter Knopf, den er bei bestimmten Gelegenheiten drücken musste – wenn er Medikamente nahm, wenn er sich schlafen legte –, aber auch, wenn er – falls er – einen erhöhten Puls bemerkte.

Diese Elektroden, riesigen Brustwarzen gleichend, waren verstörend fremdartig, ebenso die Kabel, die aus seinem Körper ragenden, mit dem Gerät verbundenen Adern glichen. Der Computer verstörte ihn aber am stärksten, denn dieser würde vielleicht etwas über ihn herausfinden, was er gar nicht wissen wollte.

Während er das Hemd über dem Gerät schloss, dachte er daran, wie verängstigt Maida gewesen war, als ihr die Sanitäter im Rettungswagen eine Sauerstoffmaske aufgesetzt hatten. Der Blick, den sie ihm zuwarf, schien ihre Befürchtung zum Ausdruck zu bringen, diese Maske wäre ihr Tod. Das stimmte natürlich nicht, aber Tatsache war, dass er sie ohne Maske nicht mehr lebend gesehen hatte. Der Moment, in dem ihr Gesicht hinter der Maske verschwunden war – das war in gewisser Weise der Moment ihres Todes gewesen. Danach hatte es weitere Eingriffe und andere Maschinen gegeben, und obwohl er wusste, dass sie auch daran nicht gestorben war, hatte er das Gefühl, all das hätte dazu beigetragen, sie in eine anonyme Grauzone zu befördern, in der ihr Körper nicht mehr der ihre war. Damals, im Rettungswagen, wurde ihm bewusst, dass die Angst vor dem Tod in mehrerer Hinsicht tödlich sein konnte: Die Angst davor, was mit dem eigenen Körper geschah, konnte tödlich sein, vielleicht setzte der Prozess des Sterbens auch in dem Moment ein, wenn andere Leute den Tod für unvermeidlich hielten. Er hatte Maida die Befürchtung angesehen, er könnte sie in diesem Zustand erleben. Und vielleicht hatte er ihre Befürchtung erhärtet, indem er ihr die Angst angesehen hatte, die Maske könnte sie umbringen – vielleicht war ihr Tod in dem Augenblick, als sie beide den gleichen Gedanken gehabt hatten, unausweichlich gewesen.

Er musste nicht lange darüber nachdenken, ob er Adele von seinem Herzen erzählen sollte oder nicht. Wenn er wirklich daran glaubte, dass es mit seinem Körper endgültig bergab ging, würde sie ihn auf einer unbewussten Ebene weniger attraktiv finden. Er nahm sich vor, den Monitor unter seinem Hemd zu verbergen, damit sie ihn nicht als das Wrack sähe, das er in Zukunft wäre.

Am Montag kam Adele endlich. Er hatte sie zuletzt vor drei Wochen gesehen, und sie hatte in dieser Zeit etwas zugelegt. Ihr Gesicht war voller, und ihre Hüften hatten eine weiche Fülle, eine Rundlichkeit, die zu ihr passte. Sie trug einen engen Pullover über der Jeans, der fast bis auf ihre Knie reichte, und er hätte beinahe aufgeschrien, als sie ihn auszog – denn er hätte ihn gern selbst über ihren Kopf gezogen und auf den Fußboden geworfen.

Sie gab keine Erklärung für ihr Ausbleiben. Ihre Miene – pflichtgemäß aufmerksam, aber privat desinteressiert – sagte ihm, dass er sein albernes, beschränktes Verlangen, ihre Beziehung neu zu beginnen, indem er eine Erklärung für die lange Trennung verlangte, vergessen musste. In gewisser Weise war dies die erste Zumutung, mit der sie ihn konfrontierte, und das traf ihn tief. Warum verschwieg sie, wo sie gewesen war? Wenn etwas Wichtiges passiert war, warum teilte sie es dann nicht mit ihm? Und wozu die Mühe, Ereignisse zu verschweigen, wenn diese nicht weiter von Bedeutung waren? Sie erwähnte seine Nachricht mit keinem Wort, vielleicht, weil sie jetzt, nach ihrem Kommen, keine Rolle mehr spielte. Trotzdem war es komisch, dass sie nicht von sich aus von der Geburt ihres Enkelkindes erzählte, ein Ereignis, das sich während des Zeitraums zugetragen haben musste, in dem sie nicht miteinander gesprochen hatten.

»Wie geht es dem Baby?«, fragte er schließlich.

»Wem?«

»Dem Baby deines Sohnes«, sagte er. »Mädchen oder Junge?«

Sie zögerte kurz und erklärte dann, es sei ein Mädchen. »Sie haben sich noch nicht auf einen Namen geeinigt«, ergänzte sie und kam seiner nächsten Frage damit zuvor.

Sie regte sich mächtig über den Staubsauger auf, ein altes, launisches metallisch grünes Gerät zum Schieben, und äußerte ihre Verärgerung darüber, dass er den Beutel nicht gewechselt hatte, warf ihm vor, die Maschine vorzeitig zu ruinieren. Sie hatte noch nie mit ihm geschimpft, und er wusste nicht, was er davon halten sollte. Vielleicht bedeutete es, dass sie schon jetzt tiefer verbunden waren als gedacht.

Sie stellte die Sessel im Wohnzimmer um, zog sie von den üblichen Standorten, wo ihre Beine für platte Stellen im Teppich gesorgt hatten. Als er helfen wollte, sagte sie: »Lass das, du tust dir nur weh.«

Bei diesen Worten lief ihm ein kalter Schauder über den Rücken. Er frage sich, ob sie die Elektroden unter seinem Hemd erahnte. Oder ob er sich selbst sabotierte, indem er unbewusst die Rolle eines siechen Mannes spielte. Deshalb beschloss er, ihre Bemerkung in einen Scherz zu verwandeln. Er tat so, als würde er über einen Sessel stolpern, und landete in einer Position, die, wie er hoffte, charmant wirkte, die Arme ausgebreitet, die Beine gespreizt. Er glaubte, diese Haltung wäre so hilflos und albern, dass sie nach ihm schaute, und dann würde er sie an sich reißen.

»Ich glaube, ich komme nicht hoch«, sagte er.

Sie warf ihm einen Blick zu. »Du schaffst das schon.«

»Weiß nicht«, sagte er zweifelnd. »Vielleicht musst du mir aufhelfen.«

Als sie an ihm vorbeiging, klemmte er sie zwischen seinen Beinen ein, und sie ließ sich eine Weile festhalten.

»War es schön mit deiner Tochter?«, fragte sie.

»Ich habe dich wie verrückt vermisst. Ich war ein richtig mürrischer Junggeselle.«

Sie tätschelte sein Knie – Zeit, sie freizugeben. »Du hast dich offenbar gut davon erholt.«

Sie hob sein Bein wie einen Ast, der vor ihr auf den Weg geplumpst war, eine Geste, die ihn verwirrte, denn bei ihrer letzten Begegnung hatten sie noch ein Bett geteilt. Er verdrängte das Gefühl jedoch, denn hätte er etwas anderes als Freude über ihre Anwesenheit empfunden, dann hätte er sich eingestehen müssen, dass zwischen ihnen irgendetwas unwiderruflich zu Bruch gegangen war, und so war es ja nicht. Er redete sich ein, sie hätten sich einfach zu lange nicht mehr gesehen. Er schaute zu, wie sie den Teppich saugte und sich bückte, um das Gerät anders einzustellen, wenn es komische Geräusche von sich gab, begnügte sich damit, ihren üppigen Hintern zu betrachten.

Als Adele fast fertig war, stand er auf und ging nach oben. Im Badezimmer vor dem Spiegel stehend, zog er das Hemd aus und begann, die Kabel aus den Elektroden zu ziehen. Danach löste er die Elektroden von der Brust. Das Haftmittel hinterließ graue, gummiartige Kreise auf der Haut, die er mit einem in Alkohol getauchten Wattebausch entfernte. Schließlich rollte er alles – einschließlich der benutzten Watte – in ein Handtuch, das er unter dem Waschbecken hinter das Abflussrohr klemmte. Er würde den Termin beim Kardiologen absagen und das Gerät mit einer schriftlichen Entschuldigung an Dr. Fornier schicken.

Im Schlafzimmer zog er sich um, tauschte den dicken Pullover, unter dem er das EKG-Gerät hatte verstecken wollen, gegen ein Hemd ein, das er für flotter hielt. Der Schrank war halb mit Maidas Sachen gefüllt; alles andere lag in ihrer Kommode. Er konnte sich nicht dazu durchringen, ihre Kleider einer Wohltätigkeitsorganisation zu übergeben. Er fand die Vorstellung schmerzhaft, dass ihre besonders schönen Stücke, die edlen Schuhe oder sein Geschenk, das sündhaft teure Nachthemd, bei der Heilsarmee landeten und dort von einer Fremden vom Ständer genommen wurden.

Als er wieder nach unten ging, hantierte Adele immer noch mit dem Staubsauger. Er bat sie, ihn nach oben zu begleiten.

»Na, gut«, sagte sie, »aber den nehme ich mit.«

Als sie im Schlafzimmer standen, forderte er sie auf, in die Kommode zu schauen, ein gewöhnliches Möbelstück mit fünf Schubladen und Messinggriffen. Die Schere aus rostfreiem Stahl, mit der Dary seine Cordhose für den Strand gekappt hatte, lag oben darauf neben einer Rolle mit marineblauem Zwirn.

»Soll ich etwas flicken?«, fragte sie.

»Öffne die oberste Schublade.«

Sie erfüllte seine Bitte und schaute hinein. »Was ist das?«

»Das ist für dich.«

Sie holte ein helles Seidenbündel heraus. Es entfaltete sich in ihren Händen und fiel bis auf den Fußboden. »Ist das ein Nachthemd?«

Er bat sie, es anzuprobieren.

»Aber ich bin noch bei der Arbeit«, wandte sie ein.

»Bitte.«

Sie willigte ein, kindlich mürrisch, wie er fand. Sie zog ihr Hemd aus und warf es auf den Boden, stand in ihrem stabilen BH da und strampelte sich aus der Jeans, trat darauf, um die Füße aus den Beinen zu zerren. Sie trug ein riesiges Höschen, das ihre Oberschenkel traurig und bauschig umhüllte und dessen elastisches Bündchen den Bauchnabel bedeckte. Sie zog sich das Nachthemd über den Kopf und zupfte es danach an den Seiten und auf Taillenhöhe zurecht, damit es besser saß.

»Und?«, fragte sie, indem sie sich zu ihm umdrehte.

Die Konturen von Höschen und BH zeichneten sich deutlich unter dem viel zu straff sitzenden Nachthemd ab, das ihren Körper in wulstige Abschnitte unterteilte.

»Das hast du dir anders vorgestellt, hm?«, sagte sie.

»Sieht … nicht übel aus.«

»Ich sehe aus wie ein gefesseltes Huhn.«

Er wollte ihre Schulter streicheln, aber stattdessen landeten seine Finger auf dem dicken Halter ihres BHs.

»Ein fettes, gefesseltes Huhn.« Sie sog Luft ein.

»War nur eine Idee«, meinte er. »Nur so aus Spaß.«

Sie zog sich wieder an. »Ich bin aber noch nicht mit der Arbeit fertig«, sagte sie.

In seinem Bauch verkrampfte sich etwas, ebenso ein Nackenmuskel. »Das darfst du nicht sagen«, erwiderte er. »Wir empfinden doch etwas füreinander.«

Sie schüttelte den Kopf. »Das geht nicht mehr.«

»Was stimmt denn nicht?«

»Es war ein Fehler. Es hätte nie passieren dürfen.« Ihr Gesicht wirkte schlaff und mutlos. »Entschuldige«, sagte sie, umging ihn und stöpselte das Staubsaugerkabel ein.

Das Gerät war offenbar noch angeschaltet, denn es begann sofort zu dröhnen.

»Adele«, sagte er.

Sie legte sich eine Hand hinter das Ohr.

»Du warst kein Fehler, niemals«, sagte er.

Sie schüttelte wieder den Kopf, um ihm deutlich zu machen, dass sie ihn bei dem Lärm nicht hören konnte.

Gene nahm in aller Seelenruhe die Schere von der Kommode, schob sie über das Staubsaugerkabel und drückte sie zusammen, als wäre das ihre Funktion. Der schwere Stahl durchtrennte das Kabel. Funken schossen aus den fransigen Kabelenden. Komischerweise verstummte das Gerät nicht sofort, sondern dröhnte noch kurz weiter.

Adele war wie vor den Kopf gestoßen. »Bist du jetzt vollkommen verrückt geworden?«, fragte sie.

»Ich verliebe mich gerade in dich.«

»Du bist nur durcheinander«, erwiderte sie. »Deine Frau ist tot, aber da kann ich dir nicht helfen.«

»Mit meiner Frau hat das nichts zu tun«, sagte er.

Adele betrachtete ihn sowohl bedrückt als auch gleichgültig. Kurz darauf verflog ihre Bedrückung, und sie sah wieder aus wie die Person, die sich vor Monaten bei ihm vorgestellt hatte, die schlichte, aber nette Frau ohne lange Fingernägel, ohne Schnickschnack im Haar, ohne Berge von Halsketten. Sie sah aus wie damals, nur müder, und sie verließ das Zimmer ohne ein weiteres Wort. Nach einer Weile war das Haus totenstill. Als er nach unten ging, waren ihre Flipflops weg. Sie hatte den Schlüssel dagelassen.

Während der folgenden Tage befand er sich in einem Zustand permanenter innerer Unruhe. Adele ignorierte seine Anrufe, doch er klammerte sich an die Hoffnung, sein Telefon würde irgendwann klingeln. Er checkte immer wieder seine E-Mails. Adele kannte seine Adresse zwar nicht, aber das tat seiner Hoffnung keinen Abbruch, denn vielleicht hätte sie ja herausgefunden, wie er per Computer zu erreichen war, wenn er seine E-Mails am richtigen Tag und zur richtigen Zeit einsah.

Er klickte alle Storys auf seiner AOL-Homepage an, und wenn sie ihn nicht rasch genug unterhielten, klickte er auf die Anzeigen. Er hatte nicht geahnt, dass jeder neue Klick zu neuen Links führte, die offenbar auch neue Storys anboten, dies auf den Seiten der Anzeigen, bis er schließlich nicht mehr wusste, inwieweit all das noch auf Tatsachen beruhte. Je tiefer er in die Schichten der Inhalte eindrang, desto bizarrer wurden diese, und so musste es auch sein, weil sie ihn sonst nicht mehr von seiner Einsamkeit abgelenkt hätten. Was an einem Tag bizarr gewesen war, kam ihm am nächsten schon wieder banal vor, die Dosis musste also täglich erhöht werden, denn jede Suche schürte sein Verlangen nach noch bizarreren Storys. Er klickte auf die grässlichen Fotos eines Wals, der von einem russischen Torpedo getroffen und zerrissen worden war. Er las von einem Service, der Pornos mit Haustieren produzierte, und er ertappte sich beim Kauf einer Vitaminkur, die versprach, die Fasern seines Penis zu stärken. Vor allem suchte er nach Adele, dies halb in der Erwartung, das Internet würde sie irgendwie herbeizaubern.

Ihm wurde plötzlich bewusst, dass sie ein weitgehend unbeschriebenes Blatt für ihn war. Er wusste nicht, ob sie in Colton aufgewachsen oder wann sie hergezogen war. Er wusste nicht, wo sie wohnte, ahnte aber, welche Viertel infrage kamen, vermutlich eines der ärmeren, mit Wohnbauten, die Metallwände hatten und in Vorder- und Hinterhaus aufgeteilt waren, Viertel, in denen alte Schuhe über Telefondrähten hingen. Er fand es verblüffend, dass man auf diese Weise suchen konnte – wenn man den Namen der gesuchten Person plus *über Telefondrähten hängende Schuhe* eingab, lieferte das Internet etwas. Nur war das gefundene Etwas fast nie das gesuchte Etwas.

Einmal gab er die Wörter *Frau verloren New Hampshire* ein, und die Suchmaschine lieferte einen Artikel über eine Frau, die so rasant so viel Gewicht verloren hatte, dass ihre Haut in Falten an ihrem Körper hing, so riesig, dass sie von den Plastikclips umschlossen werden konnten, mit denen man geöffnete Chipstüten versiegelte. Er fand das Bild widerlich und traurig und hatte obendrein das Gefühl, einen namenlosen Teil seiner Persönlichkeit zu beschädigen, konnte den Blick aber nicht abwenden. Er rief das Bild täglich auf, stets in der Befürchtung, es könnte in der Zwischenzeit verschwunden sein. Das Bild wurde verrückterweise ein Bestandteil seiner Trauer um Adele.

Er hatte oft den Eindruck, hinter dem Bildschirm würde sich ein empfindsames Wesen verbergen, das sich seiner Gegenwart bewusst war, seine Vorlieben kannte und auf dieser Grundlage entschied, was ihm als Nächstes zu schicken sei. Solange er sich durch diese Realität klickte, blieb er ruhig. Wenn er nach Stunden vom Computer aufstand, waren seine Gedanken träge, und er war zerstreut. Aber diese Wirkung flaute ab, und dann hielt die Einsamkeit wieder Einzug.

Er dachte stundenlang vergeblich darüber nach, warum Adele ihn verlassen hatte. Nachdem er die einleitenden Erklärungen durchgekaut hatte – sie habe nicht klar gedacht, sie habe einen Fehler begangen, sie bereue es bereits, sei aber zu stolz, um dies zuzugeben –, fühlte er sich bedrückt und geriet in einen Zustand, in dem manches, was sie zu Beginn ihrer Beziehung gesagt hatte, in einem neuen Licht erschien. So erinnerte er sich an ihre Sympathie für depressive Menschen. Anfangs, als er depressiv gewesen war, hatte sie ihn gemocht, aber sobald er nicht mehr hatte verbergen können, wie glücklich sie ihn machte, hatte sie ihn verlassen. Ja, sie hatte Schluss gemacht, weil er zu glücklich war. Das war der Grund. Oder das EKG-Gerät. Davor war alles gut gewesen, sie hatte ihn also vielleicht verlassen, weil sie wusste, dass gesundheitlich etwas nicht stimmte.

Wenn er besonders verbittert und verzweifelt war, kurvte er langsam durch die Stadtviertel und betrachtete die Frauen, die auf den Bürgersteigen unterwegs waren. Sie hatten häufig ein Baby auf dem Arm und hielten eine schwankende Tüte mit Einkäufen in der freien Hand, versuchten manchmal, ein zweites oder drittes Kind zu überreden, aus dem Auto zu steigen. Es konnte passieren, dass sich die Kinder um ein schmuddeliges Stofftier oder ein Handy stritten. Sobald die Frauen ihn bemerkten, verfolgten sie ihn mit argwöhnischen Blicken, und wenn er wegfuhr, wurde ihm bewusst, dass er ihnen misstraute.

Er fühlte sich vollkommen verloren. Fünfzig Jahre lang hatte er zu jemand anderem gehört. Zuerst zu Maida und dann, wenn auch nur kurz, zu Adele. Adele hörte ihm nicht mehr zu, also würde ihn niemand mehr verstehen. Adele berührte ihn nicht mehr, also würde niemand mehr seinen Körper berühren. Er befürchtete, gerade zu erleben, wie sich die Liebe endgültig aus seinem Leben verabschiedete.

20

Er hatte eine Dummheit begangen. Die Rücksendung des EKG-Gerätes an Dr. Fornier – das war unbedacht gewesen. Er hatte nicht geahnt, dass bereits Herzdaten aufgezeichnet worden waren und dass die Ärzte problemlos an diese herankamen. So oder so ähnlich war es gelaufen, und deshalb hatte er am Montag einen Termin bei einer Gefäßchirurgin. Dr. Fornier hatte ihn am Sonntagabend persönlich angerufen, um zu erklären, warum er den Termin unbedingt einhalten müsse.

Als er am Montagmorgen wach wurde, schneite es stark. Zwischen den Häusern erstreckte sich eine weiße, dunstige Weite. Die Asphaltstraße war eine breite Schneise aus Schnee. Ihm fiel ein, dass er Dary versprochen hatte, bei schlechten Straßenverhältnissen kein Auto zu fahren. Ein solches Versprechen konnte man wegen eines Arzttermins zwar ohne große Skrupel brechen, aber er schwankte, vor allem aufgrund einer abergläubischen Angst. Die Logik dieser Angst besagte, er werde einen schrecklichen Unfall haben, wenn er sich an das Versprechen erinnere und trotzdem erwäge, sich nicht daran zu halten. Er hasste es, andere um einen Gefallen zu bitten, aber weil er wusste, dass es Gayle nichts ausmachen würde, ihn zu fahren, war sein Widerwille nicht ganz so groß.

Eine halbe Stunde vor dem Termin kam Ed vorbei, um ihn abzuholen. Gene ärgerte sich, weil Gayle zu glauben schien, sie und Ed wären austauschbar. Das hätte ihn vielleicht nicht ganz so genervt, wenn er sich schon an den Gedanken gewöhnt hätte, dass er endgültig körperlich abbaute, aber dieser Tatsache mochte er noch nicht ins Auge sehen, würde sie auch ganz sicher nicht einem anderen Mann gegenüber thematisieren. Als Ed nach dem Termin fragte, sagte Gene, er müsse zum Hautarzt, Routineuntersuchung eines Leberflecks.

Die Gefäßchirurgin zeigte ihm mehrere grobkörnige Aufnahmen, schwarze Flächen, unterbrochen durch auf dem Kopf stehende Fächer aus Licht. Sie wies ihn auf ein geprenkeltes schwarzweißes Oval hin, das auf einer der Aufnahmen ins Dunkel ragte. Es war eine kleine Wucherung auf der linken Seite seines Herzens, die sie zunächst als *Knoten* bezeichnete. Nachdem sie ihm versichert hatte, dass es mit hoher Wahrscheinlichkeit kein Krebs sei, benutzte sie den Begriff *Tumor*, sicher die korrekte Bezeichnung, aber Gene blieb lieber bei der Bezeichnung *Knoten*. Dieser war laut der Chirurgin die potenzielle Ursache seines gestörten Herzrhythmus. Wenn man nichts unternehme, könne das dramatische Folgen habe: Der Tumor könne die Blutzufuhr zum Herzen blockieren; denkbar sei auch, dass sich ein Teil ablöse und die Durchblutung anderer Organe störe, darunter das Gehirn; außerdem könnten diese Teilchen in andere Körperbereiche eindringen – in die Gliedmaßen, das Gehirn, die Augen. Sie empfahl eine sofortige Operation.

»Ein ziemlich einfacher Eingriff«, meinte sie. »Resektion der linken Vorhofwand, vielleicht eine kleine Rekonstruktion des Herzfells und eine Reparatur der Mitralklappe.«

Ed hätte damit etwas anfangen können, aber für Gene klang es einfach nur grauenhaft. Er fragte die Chirurgin, ob sein Herzrhythmus nach dem Eingriff wieder normal sei.

»Das können wir erst mit Gewissheit sagen, wenn wir drin sind und uns umschauen«, antwortete sie.

Er wollte mehr Klarheit. Ob das bedeute, dass er am Ende mit den gleichen Problemen dasitze wie zuvor, obwohl sie etwas aus ihm herausgeschnitten habe?

»Wie Sie sich denken können«, erwiderte sie, »gibt es ein gewisses Spektrum vorteilhafter und unvorteilhafter Resultate, basierend auf vorhandenen oder nicht vorhandenen klinischen Voraussetzungen.«

»Soll heißen?«

»Es geht um Faktoren, die einen Einfluss auf den Erfolg des Eingriffes haben. Zum Beispiel das Alter. Reiferes Alter kann eine größere Herausforderung darstellen, aber die meisten meiner Patienten sind wie Sie.«

»Alt«, sagte er.

»Reifer.«

Nach dem Termin schlug Ed vor, an die Küste zu fahren und irgendwo zu Mittag zu essen. Also fuhren sie nach Osten und bogen dann in nördlicher Richtung nach Maine ab, brausten aus dem Schutz der Bäume in eine vom Schneesturm verheerte Landschaft. Die Büsche, drahtig und gedrungen, sahen aus, als wären sie mit brutaler Gewalt in den Boden geschraubt worden. An den Straßenrändern türmte sich schmutzig brauner Schneematsch. Die Reifen schleuderten das dreckige Wasser gegen die Scheiben des Autos.

Gene war wortkarg. Er rekapitulierte im Stillen, was die Ärztin gesagt hatte. Wenn er versuchte, sich an den genauen Wortlaut zu erinnern, sprangen seine Gedanken aber jedes Mal nach vorn, dann lautete die Zusammenfassung: »Du wirst sterben.«

Sie kehrten im Pomonock Resort and Club ein. Das Pom war ein sonderbarer Laden, weil es exklusiver tat, als es war, Mitglieder mit dem Versprechen einzigartiger Vorzüge lockte und zugleich jedem offenstand, der die unverschämt hohen Beiträge zahlen mochte. Ed war in den 1970ern eingetreten, als er emsig dabei gewesen war, seine Praxis aufzubauen, ermuntert durch einen älteren Kollegen. Plötzlich schien es zwei Eds zu geben, einen, der den Klub und dessen Mitglieder verspottete und behauptete, seine Mitgliedschaft sei eine pragmatische, wenn auch nervige berufliche Notwendigkeit, und einen anderen, einen hochtalentierten Ed, der es verdient hatte, ab und zu ein üppiges Mahl in exklusiver Umgebung zu genießen. Irgendein inneres Ausgleichssystem schien dafür zu sorgen, dass er mit diesem Widerspruch leben konnte. Einerseits war er ein Teil dieser erlesenen Welt, andererseits nicht. Irgendwann hatte der Klub im Hinblick auf seine Arztpraxis keine Rolle mehr gespielt, aber da hatte er ihn längst problemlos in sein Leben integriert.

Der Speisesaal war eine Ansammlung voluminöser Objekte: großen Tischen aus knorrigem Holz, hohen, an Throne erinnernden Stühlen, einem mächtigen, mittelalterlich anmutenden Kamin aus Stein, in dem nur das Schwein am Spieß fehlte, um das Tableau zu vervollständigen. Der Saal wirkte immer leer und war immer zugig, ganz egal wie viele Menschen anwesend waren oder wie groß das Feuer war.

Ed bestellte das Prime-Rib-Steak und Gene einen Hamburger. Das Essen wurde auf weißen quadratischen Tellern serviert, die an kieferorthopädisch perfekte Zähne erinnerten. Nachdem der Kellner die Pfeffermühle förmlich präsentiert hatte und der Pfeffer akzeptiert worden war, sagte er: »Ich bringen Ihnen gleich ein paar Teller zum Teilen, Mr. Donnelly.«

Wenn Gene im Pom war, musste er immer an Brian Donnellys Hochzeitsfeier denken, die in genau diesem Raum stattgefunden hatte. Gegen Mitte des Abends hatte der DJ aufblasbare Musikinstrumente verteilt, Elektrogitarren, Trompeten und Saxofone, und die Gäste aufgefordert, auf der kleinen Bühne vor seinem Pult einen Auftritt damit hinzulegen. Michael, zu dem Zeitpunkt schon ziemlich angeheitert, hatte beschlossen, jedem Hochzeitsgast mit einem lila Saxofon eine Kopfnuss zu verpassen. Colin hatte noch versucht, ihn zu bremsen, anfangs freundlich, dann nachdrücklicher, aber Michael, der zwanzig Kilo mehr auf den Rippen hatte, hatte seinen Bruder so energisch fortgestoßen, dass dieser rückwärts über einen Stuhl gestolpert war. Daraufhin hatte Brian – ziemlich heldenhaft, wie sich Gene erinnerte – seine Braut von der Tanzfläche eskortiert und nach seiner Rückkehr eine Wasserkaraffe über Michaels Kopf ausgekippt. Am Ende hatte eine Cousine zweiten Grades den Auftrag erhalten, Michael zu bezirzen, damit er die Party verließ, und zu guter Letzt hatten alle gelacht.

Gene sagte: »Weißt du noch, wie Brian damals Wasser über Michaels Kopf gekippt hat? Danach hat der DJ »You Shook Me All Night Long« gespielt, und alle haben barfuß auf dem nassen Boden getanzt.«

»Schrecklicher Song«, erwiderte Ed. »Ich habe ihn nie gemocht, nicht mal, als er angesagt war.«

»Wir haben uns amüsiert«, sagte Gene. »Das scheinst du zu vergessen.«

»Brian sagte zu mir: ›Wie konntest du das tun? Warum hast du das zugelassen?‹ Als wäre ich für die Sauferei seines Bruders verantwortlich.«

»Es war seine Hochzeit«, meinte Gene. »Du darfst ihm nicht böse sein.«

Ed verzog abfällig den Mund. »Er macht mir gern Vorwürfe.«

»Entschuldige«, sagte Gene. »War wohl das falsche Thema.«

»Was hat die Hautärztin denn nun genau gesagt?«

»Sie sprach von einer Wucherung. Nein – von einem *Knoten*.«

»Hat sie sich dazu geäußert, ob es Krebs sein könnte?«, fragte Ed, der sein Steak fast verspeist hatte und das auf dem Tisch stehende Brot in die Soße tunkte.

»Das hat sie ausgeschlossen.«

»Weißt du was? Ab jetzt werden sich unsere Gespräche fast nur noch um unser Befinden drehen – Gesundheit oder Tod, egal. Alt zu werden ist einfach nur bescheuert.«

»Du bist doch kerngesund«, sagte Gene. »Du musst dir keine Sorgen machen.«

»Kann man wissen, was noch kommt? Ja, ich mag fit sein, aber ich freue mich bestimmt nicht darauf, meinen Freunden beim Sterben zuzuschauen.«

»Wäre es denn so schlimm, wenn ich sterben würde?«

Ed zog eine Grimasse. »Meinst du das wirklich ernst?«

»Vielleicht wärst du ja auch ein bisschen … erleichtert?«

»Du spinnst ja.«

»Wir haben deinen Maßstäben doch nie ganz genügt.«

»Der Knoten sitzt nicht zufällig in deinem Gehirn?«

»Erinnerst du dich an unsere Gespräche im College? Darüber, ein bedeutsames Leben zu führen und Bedeutendes zu erreichen? In dieser Hinsicht sind Maida und ich gescheitert, oder?«

»Du kannst nicht ernsthaft glauben, dass ich so denke.«

»Ich weiß nicht, wie du denkst.«

»Weißt du, was Gayle tut, wenn sie mich so richtig ärgern will? Sie fragt: ›Liebst du mich auch wirklich?‹«

»Was soll das jetzt heißen?«

»Sag du's mir.«

Sie saßen eine Weile schweigend da. Dann sagte Ed leise: »Kurz nach Maidas Tod habe ich immer geweint, wenn ich meine Söhne gesehen habe.« Er verstummte, als wollte er etwas ergänzen, sagte aber nichts weiter.

Gene wollte wissen, warum.

»Keine Ahnung, es war einfach so. Und es war peinlich. Nicht nur für mich, sondern auch für die Jungs. Sie ziehen mich gern damit auf, dass ich allmählich vergreise, aber wenn ich gestehe, mich alt zu fühlen – wenn ich auch nur andeute, dass die Sterblichkeit für mich kein abstraktes Konzept mehr ist –, dann rasten sie total aus.«

»Tja, wir sind nicht gleich«, meinte Gene.

»Das hat auch niemand behauptet.«

»Ich meine Maida und mich. Was du über ihren Tod erzählst, hättest du auch über mich sagen können, aber wir sind nicht miteinander identisch.«

»Schon klar«, erwiderte Ed. »Das weiß ich wohl am besten. Vergiss nicht, dass ich euch beide zusammengebracht habe.«

In diesem Augenblick hasste Gene seinen Freund für dessen arroganten Glauben, andere Menschen seien nur Spielfiguren im faszinierenden Drama seines Lebens. Er hätte gern erzählt, dass er ein komplettes Leben hatte, von dem Ed nichts ahnte, eine Liebhaberin, mit der Sex wieder überraschend und von jedem moralischen Gebot befreit war. Der bloße Gedanke an sein Geheimnis gab ihm ein Machtgefühl. Aber gut – die Affäre war natürlich schon wieder vorbei. Die Macht, die er zu haben glaubte, war verpufft.

Ed bezahlte das Essen, und sie gingen wortlos nach draußen zum Auto.

»Soll ich dich nach Haus fahren?«, fragte Ed.

»Mach, was du willst«, sagte Gene.

»Ich frage ja nur.«

»Mach, was du willst.«

Ed fuhr noch etwas weiter nach Norden. Sie stiegen auf einem kleinen Parkplatz am Ende der Landzunge aus. Auf der kahlen

Felseninsel jenseits des Meeresarms stand ein Leuchtturm, weiß und mit eiserner Galerie. Der Wind wühlte das Meer auf, und die Wellen brachen sich an den schneebedeckten Felsen unterhalb des Leuchtturms. Eine mächtige Bronzetafel beschrieb die Lebensweise der einstigen Leuchtturmwärter, Männer, die ihre Frauen bei Sturm an die Leiter des Turms gebunden hatten, damit sie nicht ertranken.

Ed kehrte dem Meer den Rücken zu und lehnte sich gegen das Geländer. »Tut mir leid, was ich im Klub gesagt habe«, meinte er. Während des kurzen Schweigens, das nach diesen Worten eintrat, schien er zu überlegen, was er jetzt tun sollte. »Darf ich dir einen Drink spendieren? Würdest du das annehmen?«

Die Bar in York hatte keine Fenster und war dunkel vertäfelt. Jeder Quadratzentimeter war von Artefakten bedeckt: Schuluhren, die nicht mehr tickten; Infanteriehelme aus dem Zweiten Weltkrieg; leere Streichholzschachteln; Axtköpfe; und eine Sammlung ausgemusterter oder gestohlener Schilder, darunter eines mit der Aufschrift VORSICHT KINDER – SIE SIND ALLGEGENWÄRTIG. Die Kellnerin trug Stiefel mit Fellbesatz und ein Armband mit dem Zahn eines Tieres daran. Sie war weder alt noch jung, weder hübsch noch hässlich. Sie schien irgendwo in der Lebensmitte zu schweben, jener schwer zu definierenden Phase, in der man sich sowohl davor fürchtet, mehr zu erwarten, als auch davor, zu resignieren.

Ed verlängerte ihren Aufenthalt am Tisch, indem er so tat, als könnte er sich nicht für einen Drink entscheiden. »Darf ich Sie fragen«, sagte er, »von welchem Tier der Zahn stammt?«

Sie lachte, als hätte er sie angemacht. »Wissen Sie was? Wenn Sie das erraten, geht die Runde auf mich.«

Sie begab sich zu einem anderen Tisch, und bei ihrer Rückkehr fragte sie: »Und? Haben Sie eine Vermutung?«

»Darf ich noch mal schauen?«, fragte er. Die Frau hielt ihm das Handgelenk hin. Ed umfasste es behutsam und schob den Zahn mit dem Daumen hin und her. Dann trafen sich ihre Blicke, und in seiner Miene regte sich eine leise Freude, als hätte er kurz vergessen, dass die Frau nicht nur eine Hand, sondern auch ein Gesicht hatte, das er jetzt beglückt wiederentdeckte. Er sagte: »Und ich dachte, die hätte man schon vor Ihrer Geburt nicht mehr importiert.«

»Das ist Ihre Vermutung?«

»Glauben Sie, Ihr Kindergesicht könnte mich täuschen? Wenn dieser Zahn echt ist, dann haben Sie ihn von Ihrer Großmutter geerbt.«

Sie verzog trotzig und skeptisch den Mund, aber in ihren Augen leuchtete etwas beinahe Schwereloses auf. Sie entzog ihm die Hand, fast entschuldigend, als würde sie nicht nur ihr selbst, sondern auch ihm gehören. Dann erkundigte sie sich nach seinem Beruf und fragte, nachdem er geantwortet hatte: »Arbeiten Sie in einem der hiesigen Krankenhäuser? Meine Schwester ist Krankenschwester im Bridgeway General.«

»Ich meide Krankenhäuser nach Möglichkeit«, sagte er.

»Sie sind aber keiner dieser Ärzte, die ständig unterwegs sind, weil sie bei der jeweils neuesten Krise zum Einsatz kommen, oder? Meine Schwester war mal mit einem zusammen. Wenn er mit ihr ins Bett wollte, hat er jedes Mal französisch gesprochen.«

Ed erwiderte: *»Je ne parle pas français et encore moins au lit. Sauf si bien sûr je suis avec une belle française.«*

Die Frau lachte unsicher. »Welche Art von Arzt sind Sie?«

»Ich bin selbstständig. Ich habe eine kleine Praxis, die eigentlich nicht wachsen soll, aber trotzdem jedes Jahr größer zu werden scheint.«

»Manche Menschen sind dazu bestimmt, erfolgreich zu sein«,

sagte sie. »Ich wünschte, ich wäre auch so. Mit einem solchen Menschen verheiratet zu sein würde mir aber schon reichen – das wäre genauso gut.« Sie lachte im Vertrauen darauf, dass er ihre Dreistigkeit charmant fand. »Sagen Sie mir Bescheid, wenn Sie von jemandem hören, der noch zu haben ist?«

Sie verschwand und kehrte bald darauf mit ihren Drinks zurück. Ed zückte das Portemonnaie, aber sie wollte kein Geld. »Lassen Sie den Unsinn«, rügte er, wirkte aber zugleich so selbstzufrieden, als wäre es vollkommen korrekt, nichts zu bezahlen, nachdem man jemandem ein gutes Gefühl gegeben hatte.

Dann musste die Frau an anderen Tischen bedienen und hielt sich nicht mehr bei ihnen auf. Ed war trotzdem wie ausgewechselt. Er wirkte überdreht, aus seinen Gesten und seiner Stimme sprach eine schwungvolle Energie. Er begann, laut über ein Thema zu reden, über das er unendlich viel zu wissen schien, nämlich die Ton- und Bildaufnahmen, die mit der Voyager 2 ins Weltall geschickt worden waren, darunter ein Foto des Leuchtturms, den sie gerade gesehen hatten. Diese Auswahl, meinte er, sei für mögliche Außerirdische ein Kompendium irdischen Lebens: die Laute von Walen, die Geräusche von Traktoren und wilden Hunden, ein Herzschlag, ein schreiendes Baby, Schritte, eine Symphonie Beethovens, »Johnny B. Goode« – sogar die Gehirnwellenaufzeichnung einer Frau, die kurz davor war, sich zu verlieben. Gene blieb wortkarg, aber Ed redete ohne Punkt und Komma. Er schien vorauszusetzen, dass andere seine Faszination teilten. In diesem Moment hätte Gene seinen Freund gern gehasst, hätte dessen Sermon gern als blinde Selbstbezogenheit abgetan. Doch war es mehr als das, denn Eds Begeisterung war echt, und er sprach wie berauscht von Optimismus und Vitalität. Ein Mensch wie Ed fantasierte in Farbe und hörte auf seine Träume, und ihm fiel nicht zwei Tage nach einem Gespräch ein, was er eigentlich hatte sagen wollen. Er fühlte sich in der Welt zu Hause wie ein Tier oder ein Geist, und wenn er merkte, dass er haderte, was selten geschah, löste dies nur Erstaunen in ihm aus und erhöhte die Sympathie für seine Mitmenschen. All das war Gene bewusst, und trotzdem wusste er nicht, wie es war, ein Mensch wie Ed zu sein.

Als sie das Auto erreichten, begann es zu schneien.

»Warum hat man die Gehirnwellen einer Frau mit auf die Reise geschickt, die sich frisch verliebt?«, fragte Gene.

»Die größte Macht auf Erden«, sagte Ed mit ehrfürchtigem Unterton.

Sie machten sich auf die Heimfahrt. Dicke Schneeflocken flogen gegen die Windschutzscheibe, kleine helle Explosionen im Licht der Scheinwerfer entgegenkommender Autos. Dann tauchte plötzlich eine ganze Kette abweisender Motels auf, zu dieser Jahreszeit alle verrammelt und verriegelt, die rasch von der Dunkelheit verschluckt wurden.

»Hast du meine Frau geliebt, Ed?«, fragte Gene. Diese Frage brach gedankenlos aus ihm heraus.

»Wir alle haben sie geliebt.«

»Ja, aber hast du sie geliebt, wie ein Mann eine Frau liebt?«

Eds Hände glitten oben auf das Lenkrad. »Keine Ahnung, was ich dazu sagen soll. Ich bin ein Mann, und sie ist eine Frau, also könnte man sagen, dass ich sie geliebt habe, wie ein Mann eine Frau liebt.«

»Hast du sie geliebt, wie ich sie geliebt habe?«

Ed griff nach dem Knopf des Radios, drückte ihn, besann sich aber sofort anders und schaltete aus. Er schien sich wieder stärker auf das Fahren zu konzentrieren. »Die Frage nach der Qualität der Liebe, die man für jemanden hegt, würde ich nie stellen«, meinte er. »Denn was sollte man dazu sagen? ›Liebe – das ist eine private Katastrophe‹.«

»Nicht die zwischen Maida und mir.«

»Dann eben nicht.«

Im darauf folgenden Schweigen schienen beide nach einem anderen Gesprächsthema zu suchen.

»Warum mochte sie dich?«, fragte Gene.

»Bitte?«

»Was hat sie in dir gesehen?«

»Oh – schwer zu sagen. Ich nehme an, dass wir etwas Vertrautes ineinander gewittert haben. Gemeinsamkeiten, die uns von jenen Menschen unterschieden, mit denen wir aufgewachsen waren.«

»Und was genau?«

»Ich weiß nicht, ob ich das erklären kann.«

»Du musst doch eine Ahnung haben.«

Wieder ein Schweigen.

Gene nahm einen neuen Anlauf: »Du hast doch sicher darüber nachgedacht.«

Irgendein Gefühl flackerte in Eds Gesicht auf. Es kam und ging so schnell – und wurde durch einen Ausdruck entschlossener Geduld ersetzt –, dass Gene keine Zeit blieb, es zu deuten.

»Keine Ahnung, warum das so kompliziert sein soll«, sagte Ed. »Zwischen zwei Menschen kann Vertrauen herrschen, ohne dass sie mehr voneinander wollen – weil beide ihr eigenes Leben mit jeweils eigenen Regeln führen. Maida und ich haben einander nicht benutzt. Das hätten wir nie getan. Wir haben uns sehr gemocht. Es war eine tiefe Freundschaft.«

»Wie bei dir und mir«, meinte Gene.

»Wie bei dir und mir.«

»Aber von anderer *Qualität* – das ist dein Wort.«

»Ja.«

Endlich hatten sie Colton erreicht. Auf der Hauptstraße schlugen Schneepflüge eine Schneise, streuten Salz und tauchten die glitschigen Straßen in ein schmerzhaft grelles Licht. Gene und Ed verabschiedeten sich im Auto. Gene hatte die Ahnung, dass er Ed eine ganze Weile nicht mehr sehen würde.

Abends konnte er nicht einschlafen, weil er in seiner Brust eine Empfindlichkeit spürte; wenn er Luft holte, schien dort jedes Mal ein Knochen aus der Haut dringen zu wollen. Nur gab es keinen solchen Knochen, keinen Herzknochen, und wenn er versuchte, die Stelle zu ertasten, dann verflüchtigte sie sich, floh an einen anderen Ort seines Körpers, wo er sie nicht entdecken konnte.

Morgens riss ihn das Telefon aus dem Schlaf. Es war eine Krankenhausangestellte, die einen Operationstermin mit ihm vereinbaren wollte. Er war noch unschlüssig, was den Eingriff betraf, wusste aber nicht, wie er seine Gefühle erklären sollte. In einem Anflug von Panik legte er einfach auf. Sein Kopf war wie verklebt, und seine Entschlusskraft wurde durch die Zwickmühle gelähmt, in der er saß. Wenn er die Ärztin richtig verstand, blieben ihm zwei Optionen, und beide bedeuteten schlussendlich den Tod. Wenn er den Tumor am Herzen beließ, konnte er sterben, während er seine Nasenhaare stutzte, und wenn er sich operieren ließ, konnte er *trotzdem* sterben, während er seine Nasenhaare stutzte. Dieser Gedanke löste eine tiefe Verzweiflung in ihm aus. Selbst wenn alle Probleme mit seinem Herzen behoben wurden, wäre es zu guter Letzt das Gleiche in Grün – denn er würde ebenfalls sterben, wenn auch durch eine andere Ursache.

Wo war Maida? Warum half sie ihm nicht? Irgendein verletzter Teil seiner Persönlichkeit glaubte immer noch, es wäre ihre Pflicht, ihm zu helfen. Und wo steckte Adele? Er hatte sie nie als Ersatz für Maida betrachtet – sie war ein eigenständiger Mensch mit eigenen Vorzügen –, aber jetzt, da sie von der Bildfläche verschwunden war, quälte ihn das Gefühl, sowohl seine Frau als auch deren Ersatz verloren zu haben.

Er erwog, Dary anzurufen und sie um Rat zu fragen. Dann fiel ihm ein, was der Mann im Wartezimmer gesagt hatte: Sobald andere Leute Bescheid wussten, war das der Anfang vom Ende. Dary würde aus Kalifornien einfliegen und den gut gemeinten Versuch unternehmen, ihm zu helfen, Pläne für den kläglichen Rest seines Lebens zu schmieden. Er war allerdings noch nicht bereit, sein restliches Leben als eine Gnadenfrist aufzufassen, die von anderen Menschen organisiert wurde.

Die Krankenhausangestellte rief noch einmal an, um ihm zu sagen, dass die Chirurgin auf der Operation bestehe. »Das ist keine Abwarten-und-Tee-trinken-Situation«, meinte sie.

Gene erwiderte, er müsse das zunächst mit seiner Tochter besprechen, aber für einen Anruf in Kalifornien sei es noch zu früh.

Beim nächsten Anruf der Krankenhausangestellten wollte er nicht daheim sein. Der Schlüssel zur Hütte der Donnellys war noch in der Garderobe, steckte in der Tasche des viel zu großen Mantels, der ewig nicht mehr getragen und von niemandem beansprucht worden war. Gene erwog, ihn anzuziehen, aber als er ihn anprobierte, stellte er fest, dass sich das Innenfutter auflöste, in kleine weiße Flocken zerfiel, die sich wie Schuppen in seinem Pullover festsetzten. Er wollte sie abbürsten, drückte sie dadurch aber noch tiefer in die Wolle. Das erweckte den Eindruck, als hätte irgendein Insekt in seinem Pullover gehaust und kleine weiße Maden hinterlassen. Er gab auf und zog sich um.

Er packte ein paar Kleider und jede Menge Proviant ein, die Mahlzeiten, die Adele gekocht und eingefroren hatte, außerdem Butter, Kaffee, Milch und Eier. Auf dem Weg aus der Stadt hielt er vor einem Laden, um für Brian Zigaretten zu kaufen. Er wusste zwar nicht, ob Brian noch am See war, aber die Möglichkeit hob seine Stimmung.

An jenem Nachmittag gab es zwei unterschiedliche Winterhimmel. Der erste hatte eine niedrige, träge und milchige Wolkendecke, die für trübes Licht sorgte, der zweite war doppelt so hoch und von einem strahlenden, ungetrübten Blau, das das Eis auf beiden Seiten der Straße glitzern ließ wie fließendes Wasser. Gene fuhr an schneebedeckten Häuschen vorbei, deren Schornsteinrauch vor den Hügelflanken waberte. Die Bäume rückten der Straße immer näher, und dann schien der Wald vom Boden abzuheben und sich zu Bergen zu organisieren.

Nachdem er die Wasserfälle hinter sich gelassen hatte, hielt er Ausschau nach der Abzweigung. Sie war leicht zu verpassen – nur eine schmale Öffnung, die im spitzen Winkel zwischen die Bäume führte. Zu dieser Jahreszeit war der Zustand der Straße auf den letzten Metern unberechenbar, und als Gene abbog, schrammte der Boden seines Autos über Eisbuckel.

Als er die Hütte erreichte, zog sich das letzte Sonnenlicht aus dem Tal zurück. Er sah aus den Augenwinkeln etwas über die Eisfläche wirbeln, einen geisterhaften Streitwagen mit Rädern aus Funken. Es war nur der Wind, der über den See fegte und im letzten Tageslicht Schnee aufstäuben ließ.

DREI

21

Die Hütte hatte sich nicht verändert. Sie sah nicht nur so aus wie bei seinem letzten Besuch (vor anderthalb Jahren, anlässlich eines Picknicks an Gayles Geburtstag), sondern wie ein primitives, unveränderliches Original, das sich seinem Gedächtnis eingebrannt hatte. Im Wohnraum hatte die Holzvertäfelung an mehreren Stellen Löcher (ein Abschnitt war in einem Sommer, als die Kinder in der Hütte Dreirad gefahren waren, besonders schwer beschädigt worden), zum Teil schlampig mit Holzspachtel ausgebessert, der heller war als die Vertäfelung. Ein blauer Streifen Malerkrepp auf dem Fußboden zwischen Wohnzimmer und Küche markierte die Stelle, an der das Linoleum vor der fransigen Teppichkante auslief. In der Küche gab es einen Elektroherd und offene Regale mit bunt zusammengewürfeltem Geschirr, darunter der aus Gayles erster Wohnung stammende Zuckerstreuer in Vogelgestalt. Hinter dem Holzofen im Wohnraum standen hohe Regale, vollgestopft mit einer wilden Mischung aus Autobiografien und Unterhaltungsromanen, typisch für Urlaubsdomizile, die man fröhlicher verlassen möchte, als man sie betreten hat. Oben im Bad, neben einem Wäscheschrank, der nie eine Tür gehabt hatte, hing noch Eds einfaches Schild mit der Aufschrift GEBROCHENE ERKENNTNIS.

Gene suchte nach Anzeichen für die Anwesenheit Brians – eine Tasche oder ein Kopfkissen oder etwas anderes, das nicht zu der normalen Gästeausstattung gehörte –, aber die Atmosphäre der Hütte überlagerte die eines jeden Bewohners. Er hatte nicht gewusst, wie es wäre, wieder in der Hütte zu sein, und er war überrascht, dass es sich anfühlte wie eine Heimkehr. Sonderbar, wie tröstlich die banalsten Dinge sein konnten, wenn sie nur vertraut waren: an der frischen Luft getrocknete Handtücher, steif und rau wie Pappe, der mineralische Geschmack des Wassers, den er mit dem See in Verbindung brachte, das kleine sechseckige Fenster über dem Treppenabsatz, das die Kinder, als sie noch klein gewesen waren, Feenausguck genannt hatten. Die Hütte war etwas verlottert, hätte auf jemanden, der sie nicht kannte, jedenfalls so wirken können, aber sie weckte bis heute lebhafte Erinnerungen an glückliche Zeiten im Leben der Familien Ashe und Donnelly. Vielleicht war dies die Erklärung dafür, warum sie vom Umgestaltungswahn der Donnellys verschont geblieben war.

Als Gene den Blick über die Rücken der Bücher in den Regalen gleiten ließ, wurde ihm bewusst, dass er seit einer Ewigkeit nicht mehr gelesen hatte. Schwer zu sagen, wann ihm diese Gewohnheit abhandengekommen war, aber der Antrieb zum Lesen fehlte seit Jahren. Vielleicht aufgrund der Erinnerungen an die Abende, als sie in Eds Bohemienwohnung über Lyrik diskutiert hatten, denn im Nachhinein empfand er ihr Getue als aufgesetzt, hatte den Eindruck, dass sie die leidenschaftlichen Intellektuellen nur gemimt hatten. Genes Enthusiasmus war echt gewesen, nur hatte er zu neun Zehnteln nicht der Literatur gegolten; stattdessen war es ihm um die Aura dessen gegangen, was er für einen poetischen Lebensstil gehalten hatte. Besessen von sich selbst, hatten Ed und er Gedichte als leere Parenthesen angesehen, die sie nach Belieben mit Ideen oder Gefühlen füllen konnten. Hatten sie sich erhaben gefühlt, dann hatten sich die Gedichte um die Transzendierung des menschlichen Geistes gedreht, und wenn sie sich als ordinär empfunden hatten, war es darin um die Brutalität des

Tieres Mensch gegangen. Inzwischen war es ihm peinlich, sich an ihr damaliges Selbstverständnis oder daran zu erinnern, wie fest sie an die Bedeutung ihres Dialogs über das Wesen des Menschen und den Sinn des Daseins geglaubt hatten.

Das war jedoch nicht der einzige Grund dafür, dass seine Lust an der Literatur geschwunden war. Er war auch aus der Übung und befürchtete, das Lesen mühsam zu finden. Manchmal bedurfte es einer großen Anstrengung, und wenn er sich zwischen dieser großen Anstrengung und rascher Befriedigung entscheiden musste, sprintete er lieber durch einen Artikel in der Zeitung oder, wie seit Neuestem, im Internet, um diesen dann sofort wieder zu vergessen und am nächsten Tag durch andere Nachrichten zu ersetzen. Er fand den Takt, mit dem er die geistigen Löcher füllte, die durch die abflauende Erregung des verblassenden Artikels entstanden, durchaus angenehm. Sobald er das Lesen eingestellt hatte, hatte er sich nicht mehr als Leser betrachtet. Und später konnte er sich einreden, nicht mehr zu lesen, weil er kein Leser mehr war.

Er ließ ein Buch aus dem Regal in seine Hand kippen und las den Text auf der Rückseite. Es war eine ländliche Romanze über eine junge Witwe namens Lana Sky, die ihrem Mann, Edward, am Sterbebett geschworen hatte, nie wieder zu heiraten und sich nicht von seinem Bruder Edgar helfen zu lassen. Eine ländliche Romanze würde ihn sicher vor keine großen Schwierigkeiten stellen, aber genau das nagte an ihm – angenommen, er könnte den Sätzen nicht folgen, wie man Sätzen manchmal eben nicht folgen konnte? Wenn man sich die Zähne ausbeißen wollte, dann doch besser an Proust, Melville oder *Middlemarch*. Wer gab schon gerne zu, das letzte Buch, das er jemals gelesen habe (das letzte Buch, an dem er sich die Zähne ausgebissen habe), sei eine ländliche Romanze mit einer Heldin albernen Namens gewesen? Er suchte zwei andere Bücher heraus, ein seriös wirkendes über den Umgang mit chinesischen Eisenbahnarbeitern und einen Krimi über einen geheimnisvollen Mord, der, wenn er dem Cover trauen durfte, unter Holzfällern spielte. Er setzte sich, um eines der Bücher oder sogar beide zu lesen, und musste dann über sich selbst lachen, denn er hatte die Bücher nicht frei gewählt, obwohl niemand da war, der ihm kritisch über die Schulter schaute. Stattdessen hatte er die korrekte Wahl getroffen – das Sachbuch über die Eisenbahnarbeiter, weil es ihn über ein wichtiges Thema informierte, und den Krimi, weil man sich ein solches Vergnügen nach allgemeiner Übereinkunft im Urlaub gönnen durfte, ja musste. In Wahrheit hätte er natürlich lieber eine ländliche Romanze gelesen, deren Protagonisten wilden sexuellen Ausschweifungen frönten, bis die wahre Liebe nach mancher Verwirrung am Ende obsiegte.

Er kuschelte sich auf das weiche Polstersofa und begann die Romanze. Sie war gar nicht so übel. Die Kapitel ließen sich flott und leicht lesen.

Schließlich begann sein Magen zu knurren, und er legte das Buch weg. Er briet einen Grillkäse wie damals für die Kinder, presste ihn mit einer kleinen gusseisernen Pfanne flach, die er in die große tat.

Nach dem Essen bezog er oben im Gästezimmer das Bett. Hier hatten Maida und er während vieler Sommer geschlafen. Seine Verbundenheit mit dem Muster aus orangefarbenen Elefanten, die ihre Stoßzähne ineinander verhakten, schien so alt zu sein wie er selbst, obwohl es Dary gewesen war, die als Kind in diesem Bettzeug geschlafen hatte. Er erinnerte sich, wie er sie als Baby zwischen Maida und sich gelegt hatte, damit sie schlief, und dann über sie hinweggegriffen hatte, um Maidas milchpralle Brüste zu berühren.

Maida war in der Hütte allgegenwärtig. Nach dem Beziehen des Bettes hatte sie oft geduscht und war im Anschluss nackt und kichernd unter die Decke geschlüpft, dann hatten ihre nassen Haare das Kissen feucht werden lassen, und ihr Körper hatte einen milden pflanzlichen Seifenduft verströmt. Er wusste nicht, warum sie das so gern getan hatte – zu Hause machte sie das nicht –, aber er hakte nie nach, weil ihr Glück Antwort genug war. Sie hatte auch oft auf dem Stuhl mit der Leitersprossenlehne gesessen und ihre Füße mit einem Waschlappen abgerubbelt, den sie dann zum Trocknen über das Kopfende des Bettes hängte. Er wusste noch, dass sie oft barfuß in Tannenharz getreten war, die klebrigen braunen Flecken unter ihren Füßen dann mit einem stumpfen Messer abgekratzt und über den Vorschlag, in Zukunft doch besser Schuhe zu tragen, nur gelacht hatte.

Er konnte sich verblüffend gut an die Eigenarten erinnern, die ihr geholfen hatten, sich auf dieser Welt einzurichten. An diese Details zu denken, genau zu wissen, wie sie ihren Körper gepflegt oder diesen durch den Raum bewegt hatte, stellte eine tiefe Vertrautheit dar. Und war zugleich so banal, so unwichtig. Trotzdem hatte er all das registriert. Ihre vielen unterschiedlichen Versionen: Die Person, die sie gewesen war, bevor er sie geliebt hatte; jene, die er geheiratet hatte; jene, die sich auf Arten verändert hatte, die anderen verborgen geblieben waren. Er fragte sich kurz, ob er gekommen war, um den Entwicklungsstufen Maidas zu begegnen. Oder ob er nach Adeles Verschwinden einen Ort aufgesucht hatte, an dem er sich stets gemeinsam mit Maida aufgehalten hatte, um sich nicht mehr so einsam zu fühlen.

Sie waren allerdings nicht immer gemeinsam hier gewesen. Wenn Gene nach Colton zurückgekehrt war, um das Schuhgeschäft wieder zu öffnen, hatte Maida oft noch einige zusätzliche Tage mit Ed und Gayle und den Kindern am See verbracht. Er hatte immer geglaubt, sie hätte die Zeit ohne ihn als das Gleiche in Grün erlebt, als eine Verlängerung oder Fortsetzung dessen, was sie gemeinsam erlebt hatten. Aber wieso hätte es ohne ihn genauso sein sollen wie mit ihm? War sie weiter nackt unter das Deckbett geschlüpft? Hatte sie weiter dreckige Waschlappen über das Kopfbrett gehängt? Ihre Füße mit einem stumpfen Messer abgeschabt? Das würde er nie erfahren.

Nachdem er das Gästezimmer hergerichtet hatte, kehrte er zu seinem Buch auf das Sofa zurück. Er fand die pikanten Stellen jetzt entweder zu obszön oder zu fade, und der Liebesgeschichte, wenngleich voller Leidenschaft, fehlte die Komplexität echter Liebe. Trotzdem fühlte er sich verpflichtet, das Buch, das er schon halb durch hatte, zu Ende zu lesen. Sein Antrieb war jedoch nicht mehr das Vergnügen. Stattdessen wollte er wissen, wie ihn etwas, über das er sich zunächst vage geärgert hatte, ganz verärgern konnte. Er zog eine Häkeldecke über seine Beine und futterte eine Kakaomischung direkt aus der Packung.

Während er las, wurde die Hütte von einem unnatürlich weißen Licht erfüllt. Als er den Kopf hob, sah er, wie Scheinwerferstrahlen den Wald durchdrangen. Er ging nach draußen und lief mit einer Decke über den Schultern bis zum Ende der Zufahrt.

Der See war verschwunden. Kein Glitzern im Dunkeln, und die Lichter stammten von einem Auto, das viel weiter entfernt war als gedacht. Das Auto kam nicht auf die Hütte zu. Es war nicht einmal auf der gleichen Straße unterwegs.

Am nächsten Morgen zog er den Mantel an, fischte eine Mütze aus der Tonne und ging nach draußen, um sich wieder mit der Umgebung vertraut zu machen. Über Nacht hatte es geschneit, und die Luft über dem See war so rein und still wie Wasser. Der Gipfel des Mount Orry, im Westen aufragend, war ein Flickwerk aus lichten und dunklen Abschnitten, aus weiten Schneefeldern und unförmigen Granitbuckeln. Überall, wo kein Wasser war, erstreckte sich Wald. Mächtige Schierlingstannen, deren ausladende Zweige frisch verschneit waren, hüllten die Bergflanken in ihr Grün. Die höchsten weißstämmigen Zirbelkiefern reckten ihre besenartigen Äste über das Tal, und an den jüngsten Bäumen saßen die Nadeln nur noch an den höchsten Ästen. Das Laub der Buchen war verdorrt, aber noch nicht abgefallen, die Blätter hingen wie vertrocknete bräunliche Fledermäuse an den Zweigen. Manche Kiefern hatte keine Rinde mehr, und das bloße Holz war glatt und grau wie alte Knochen. Andere Stämme waren von rundlichen Flechten mit rissigen, gewellten Rändern bedeckt, samtig und gelbgrün wie prähistorische Objekte, die nicht sterben wollen.

In manchen Bäumen hatten sich Schneenester gebildet, die plötzlich abstürzten und auf dem Boden zerplatzten wie mit Schneematsch gefüllte Eier. Wenn hinter seinem Rücken ein dumpfes Klatschen ertönte, fuhr er jedes Mal herum, halb in der Erwartung, ein Tier über seine Spur springen zu sehen. Einmal überraschte er ein schneeweißes Kaninchen, das in einer Böschung verschwand, die auf den ersten Blick kein Schlupfloch bot, und er fragte sich, ob er das Tier tatsächlich gesehen hatte.

Der lang gezogene See bot ein Wechselspiel des Lichts. Einmal wirkte er wie ein gewaltiges farbloses Loch, in dem keine Bäume wuchsen, dann wieder rissen die Wolken auf, und die Oberfläche glitzerte wie grober Zucker. Am Rand von Genes Sichtfeld schien der See zu flackerndem Leben zu erwachen.

Gene fühlte sich erstaunlich kräftig. Während er durch den Wald wanderte, schien er mit einer jüngeren, gesünderen Ausgabe seiner Person zu verschmelzen, die unzählige Male hier unterwegs gewesen war. Wieder in der Hütte, stellte er verblüfft fest, dass er über eine Stunde unterwegs gewesen war.

Dann fiel ihm ein, dass er sich um sein Auto kümmern musste, das eingeschneit auf der abschüssigen Garageneinfahrt stand. Er holte eine Schaufel aus der Garage und begann, es vom Schnee zu befreien. Keine sehr schwierige Arbeit, denn es waren keine Massen von Schnee, aber darunter hatte sich eine Eisschicht gebildet, und als er einstieg und den Rückwärtsgang einlegte, ruckelte das Auto vor und zurück und schlitterte dann auf der Einfahrt ein Stück nach unten. Ihm blieb nichts anderes übrig, als es später noch einmal zu versuchen.

Nach dem Mittagessen – noch einmal Grillkäse, jetzt direkt auf dem Holzofen zubereitet – zog er Eds zerlesene Ausgabe von *Anna Karenina* aus dem Regal. Gene hatte etwas gegen diesen Roman, obwohl er ihn nie gelesen hatte, und ein Grund dafür war die Zeit, die die Lektüre dieses Wälzers verschlang. Gene bezweifelte, dass ein Buch so viel Lebenszeit wert war. Aber gerade diese Eigenart – die Herausforderung, die sie für den Leser darstellte – hatte ihren eigenen Reiz.

Alle glücklichen Familien gleichen einander, jede unglückliche Familie ist auf ihre eigene Weise unglücklich.

Tja, schön und gut – das hatte er schon mal gehört, so oder so ähnlich. Wohlgesetzte Worte, die weise klangen, aber waren sie auch richtig? Nicht alles, was weise klang, traf zwangsläufig zu.

Er las das erste Kapitel. Es war anders als gedacht. Und es endete auch zu rasch, mitten im Getümmel, ohne dass die berühmte Anna aufgetreten wäre. Er fand den Anfang gar nicht so außergewöhnlich, aber es war gerade das Gewöhnliche – der aus einem Traum erwachende Ehemann, der die aktuellen Umstände vergessen hatte, seine Verärgerung über die Störung des bequemen häuslichen Trotts –, das seine Neugier weckte. Er las noch ein Kapitel. Und danach noch eines.

Als er das Buch aus der Hand legte, war es schon dunkel.

An diesem Abend kramte er jede Dose und Tüte und Schachtel mit Essen hervor, die er finden konnte. Sobald alles auf dem Tresen stand, machte er Inventur: die Dosen mit Räucherfisch, die Tüten mit gesalzenen Crackern, die Packungen mit Zucker, Mehl und Kaffee, tiefgefrorenes Brot und Gemüse, der Käse. Alles zusammengenommen, die Vorräte in der Speisekammer und der mitgebrachte Proviant, war er bestens versorgt. Das Eis auf der Zufahrt würde irgendwann schmelzen. Und sollten die Vorräte vorher zur Neige gehen, dann würde er sich in »die Stadt« begeben, die liebevolle Bezeichnung der Sommergäste für drei verlotterte Geschäftsgebäude an der Kreuzung zweier Straßen: eine Bar, einen Burgerladen, der nur im Sommer betrieben wurde, und eine ehemalige Tankstelle, die einen winzigen, im Winter nur stundenweise geöffneten Laden beherbergte. Es wäre etwas mühsam, zu Fuß dorthin zu gelangen, aber Teenager, die dringend Zigaretten brauchten, legten den Weg im Sommer ständig zurück.

Das einzige absehbare Problem war die Kaffeeknappheit. In der Hütte gab es nur noch einen Rest, und als er seine Sachen ins Auto gepackt hatte, hatte er aus Versehen die falsche Dose erwischt – die mit Maidas Asche.

Er richtete sich allmählich in einem ländlich schlichten Leben ein, das er immer für das wahre gehalten hatte – in mancher Hinsicht mühsamer als das Leben in der Stadt, dafür aber authentischer, denn wenn er etwas erfolgreich bewerkstelligt hatte, wusste er, dass ihm dies ohne die Hilfe anderer gelungen war. Anfangs glomm das Feuer nur und erlosch, wenn er sich nicht ständig darum kümmerte, doch er lernte rasch und regulierte die Luftzufuhr so, dass es wieder zum Leben erwachte. Er trank den Kaffee vor dem Ofen und sah zu, wie die Dämmerung rötlich in die Wolken über den Bergen sickerte und den Himmel mit einem rosigen Licht erfüllte, das der Atmosphäre eines fernen Planeten zu entstammen schien.

Er stellte fest, dass er große Freude daran hatte, bei leichtem Schneefall durch den Wald zu spazieren. Es gab so viele Arten des Schneefalls. Große Flocken fielen wie Untertassen oder Linsen, ihre Ränder wurden nach oben geweht, und kleinere Flocken bildeten Dunstschleier zwischen den Bäumen. Der Schnee landete manchmal direkt auf der Erde, und manchmal trieb er so langsam dahin, dass sich die Welt durch die in der Luft verharrenden Flocken zu bewegen schien und nicht umgekehrt.

Nach der frischen Luft, der Kälte, der Bewegung war alles viel befriedigender. Sein kräftiger Appetit sorgte für ein Gefühl, das er mit gesteigerter Lebendigkeit assoziierte. Sogar die Erschöpfung am Ende des Tages schien ebenso ursächlich wie unauflöslich mit dieser Vitalität verknüpft zu sein. Wenn er abends einschlief, dann hatte die Müdigkeit schlagartig seinen ganzen Körper erfasst.

Wenn er tagsüber nicht aufpasste, ertappte er sich dabei, sich Fantasien über Adele hinzugeben. In diesen Tagträumen war sie stets untröstlich, weil sie sich von ihm getrennt hatte, und wild entschlossen, ihn aufzuspüren. Sie fand irgendwie heraus, wo er steckte, und wenn er die Tür öffnete, stand sie da, überwältigt von Gefühlen. Dann bat er sie herein und wollte ihr einen Tee kochen, aber sie schälte sich am Holzofen schon aus ihrer schneebedeckten Kleidung. Und wenn der Wasserkessel pfiff, hatte sie seine Taille bereits mit ihren nackten Beinen in die Zange genommen, und er bewegte sich in ihr, verlor sich in der Üppigkeit ihres Körpers und war trotzdem imstande, sie fachmännisch auf dem Fußboden zu verlagern, damit ihr Kopf nicht gegen die Ofenkante knallte. (Gut möglich, dass sich genau dies zwischen Lana Sky und Edgar, ihrem Schwager, abgespielt hatte.)

Er sah kaum einen Menschen, außer einer kleinen, zähen, unbestimmbar alten, aber eindeutig topfitten Frau, die den See jeden Nachmittag auf Schneeschuhen überquerte, vielleicht die in White Pine Camp aus dem Schornstein aufsteigende Rauchsäule ansteuerte. Wenn sie das Ufer erreichte, hielt sie dort inne, wo sich zu anderen Jahreszeiten der kleine Strand der Donnellys befand. Dann nahm sie einen Schluck aus einer Trinkflasche, die sie aus ihrer Umhängetasche holte, und brach nach einer kurzen Verschnaufpause wieder in die Richtung auf, aus der sie gekommen war. Am späteren Nachmittag konnte es passieren, dass über einem der großen Holzhäuser am anderen Ufer eine Rauchfahne im Wind flatterte.

Das Leben bekam einen wohligen Rhythmus. Gene schürte das Feuer, ging spazieren, las den voluminösen russischen Roman. Im Grunde albern, dass er ihn so lange gemieden hatte. Die Protagonisten waren so klar gezeichnet, dass man ihre Laster und Tugenden gar nicht erst abwägen musste, um sie zu sehen, wie von Tolstoi beabsichtigt. Gene fand Anna unsympathisch, denn ihr unguter Reflex, jeden zu bezirzen, war nur ein schlauer Trick, um ihre eigenen Schattenseiten nicht wahrnehmen zu müssen. Dolly nervte ihn, weil sie so tat, als wollte sie unabhängig von Stiva sein, obgleich sie diesen gehasst hätte, wenn er ihren Wunsch erfüllt hätte. Sein größtes Missfallen galt Wronskij, den er für die lächerlichen Versuche verachtete, sich ohne Anna in Gesellschaft zu begeben, obwohl er sicher sofort zugegeben hätte, all seinen Stolz und Mut und seine ganze Männlichkeit in die Beziehung investiert zu haben. Er begann, Wronskij zu hassen, und wusste, dass genau das beabsichtigt war. Er hasste ihn wegen seiner Arroganz und Selbstbesessenheit und wegen seines Besitzerstolzes auf Anna. Er musste lachen, als Levin Kitty heiratete, und rümpfte die Nase über dessen Illusionen im Hinblick auf die Liebe, war aber gleichzeitig besorgt, weil das einfache Leben, das Levin vor Kitty geführt hatte, für immer dahin war. All das wurde auf die denkbar schlichteste Weise erzählt – und das Vergnügen an der Lektüre bestand darin, dass er wusste, was die Protagonisten im Innersten ihrer Seele bewegte. Er fand sich in der gleichen befriedigenden und überlegenen Position wieder, die man einnahm, wenn sich befreundete Erwachsene wie verzogene Kinder aufführten.

Seine größte Not, falls man es so nennen konnte, bestand darin, dass ihm der Kaffee ausging, und anstatt sich diesen Mangel bewusst zu machen und die morgendliche Routine entsprechend zu ändern, sah er sich täglich von Neuem mit dieser lästigen Tatsache konfrontiert. Dann erblickte er die Dose mit löslichem Kaffee und war kurz froh, weil er vergaß, was sie enthielt, also ständig auf seinen eigenen Trick hereinfiel. Wenn er sich an den wahren Inhalt erinnerte, war er stets bedrückt. Am Ende entfernte er die Dose aus der Küche und schob sie im Regal hinter ein paar Bücher.

22

In der vierten Nacht wurde er durch den Schrei einer Eule geweckt, krächzend, durchdringend und lang gedehnt, mit tiefem Fauchen und Schnabelklappern. Vermutlich eine Schleiereule, die einen Partner suchte oder ihr Nest verteidigte. Der Rufe verstummten nach einer Weile, und Gene rollte sich auf die andere Seite und schlief wieder ein.

Als er am nächsten Morgen Holz aus der Garage holte, war er müde. Er lud sich so viele Scheite auf, dass er kaum noch etwas sah, und dachte nicht mehr an die niedrige Teppichschwelle. Als sein Fuß an der fransigen Kante hängen blieb, tat er reaktionsschnell einen großen Schritt nach vorn und riss gleichzeitig das Holz in die Höhe, damit es ihm nicht aus den Armen flog. Er spürte einen Schmerz im Fußknöchel, schaffte es aber bis zum Ofen, ohne dass ein Scheit hingefallen wäre.

Er schichtete die Scheite auf, und als er beobachtete, wie sie im Ofen zu brennen begannen, nahm er sich vor, den Knöchel später zu kühlen. Er dachte aber erst nach der Rückkehr vom Spaziergang wieder daran, und da schien es überflüssig zu sein, weil der Knöchel nicht mehr schmerzte.

In der nächsten Nacht fuhr er erneut aus dem Schlaf auf, nun ohne äußeren Anlass. Er versuchte, wieder einzuschlafen, war aber seltsam angespannt. Anfangs erwog er, ein paar Seiten zu lesen, hatte aber die bittersüße Phase erreicht, in der sich die Zeit, die man mit einem Buch verbringt, dem Ende zuneigt. Einerseits wollte er unbedingt wissen, wie es ausging, andererseits wollte er das Lesevergnügen noch etwas strecken.

Der zweite Drang war stärker, und er zog ein anderes Buch aus dem Regal, eine illustrierte Märchensammlung, sozusagen ein Lehrbuch des Todes für Kinder. In den Geschichten tauchten regelmäßig Ungeheuer und Teufel auf, die aber Zurückhaltung und Vernunft walten ließen, egal wohin sie sich begaben. Alle Phantome hatten vornehme, höfische Manieren, und die unheimlichste Erscheinung war ein fescher Kerl mit elegantem Hut. Selbst der Tod, ein staatsmännisch würdevoller Besucher, verhielt sich, als müsste er eine lästige Pflicht erledigen. Und der Tod war nie heimtückisch, sondern sandte vorab eine Warnung: ein Husten, eine Erkältung, ein Fieber, eine unheilvolle Vision, ein zu großes Machtgefühl. Er half dem Holzfäller, die Stämme aufzuschichten, bevor er ihn mit sich nahm, und als der Bäcker an der Reihe war, sorgte er dafür, dass die Brotlaibe, die noch im Backofen lagen, nicht anbrannten. Wenn die Leute dann ihren letzten Atemzug taten, war das Gefühl, ihre Zeit sei nun wahrlich reif, fast unvermeidlich.

Als Gene am nächsten Morgen erwachte, erfüllte ihn eine dumpfe Benommenheit wie nach einem schlechten Traum, den man vergeblich in die Unwirklichkeit zurückzudrängen versucht, der er entstammt. Der Vormittag verstrich aber ohne Zwischenfälle. Gene kümmerte sich um das Feuer und las noch einmal die wollüstige Szene, in der es Edgar Sky zum ersten Mal mit Lana treibt.

Nachmittags, er wollte zum Ofen gehen, um Holz nachzulegen, und überlegte gerade, ob er nicht doch aufbrechen sollte, um Kaffee zu kaufen, erhob sich irgendetwas aus dem Fußboden und brachte ihn zu Fall. Anfangs war er so froh, nicht gegen den Ofen geknallt zu sein, dass er dem Schmerz im Fußknöchel wenig Beachtung schenkte. Er merkte erst, was passiert war, als er auf alle viere kam und aufstehen wollte. Er konnte den Knöchel nicht voll belasten, denn dieser fühlte sich wackelig, ja fast butterweich an.

Trotzdem war es nur eine Verstauchung, vielleicht nicht mal das. Er würde den Knöchel schonen und mit Eis kühlen, dann wäre es sicher bald besser.

Als er am nächsten Tag versuchte, den Fuß zu belasten, knickte der Knöchel aber erneut um.

Der verstauchte Knöchel brachte sein Leben durcheinander. Bevor er morgens nach unten ging, musste er genau planen, was er für den Tag brauchte, denn zwischen Erdgeschoss und Obergeschoss lagen fünfzehn Stufen, spontane Aktionen waren also unmöglich. Er konnte nur jeweils ein Scheit aus der Garage holen, und das Feuer erlosch mehrmals, weil er nichts zum Nachlegen hatte. Und wenn er dann genug Holz hatte, um es wieder zu entfachen, bibberte er so stark, dass ihn das neue Feuer nicht mehr richtig wärmte.

Er hätte seinen Kreislauf durch einen Spaziergang ankurbeln können, aber das war undenkbar, weil sein Knöchel alle drei bis vier Schritte umknickte. Er humpelte durch die Hütte und wärmte sich mittags tiefgefrorenes Gemüse auf, das er mit geraspeltem Parmesan aufpeppte, ein klägliches Essen. Wenn er abends zu Bett ging, erfüllte ihn die Müdigkeit eines Tages, an dem er sich nicht verausgabt hatte. Dann war er müde, aber wach, wach, aber nicht klar im Kopf, mit der Folge, dass er sich am nächsten Tag ausgelaugt und benebelt fühlte.

Die Erschöpfung führte dazu, dass ihm sein Knöchel deutlicher bewusst wurde. Ein Teil seines Gehirns schien permanent auf kleinste Anzeichen körperlichen Unwohlseins zu achten, und er verachtete sich für seine Wehleidigkeit, zumal er immer geglaubt hatte, Schmerzen klaglos ertragen zu können. Er erinnerte sich an Maidas ängstliche Miene im Rettungswagen und wünschte sich, liebevoller gewesen zu sein, mehr getan zu haben, um sie zu trösten und seine eigenen Sorgen und Ängste beiseitezuschieben.

Er konnte weder auf dem Rücken noch auf der Seite schlafen. Wenn er sich hinlegte, begann sein Herz zu rasen. Er schlief mit mehreren Kissen im Rücken, lag aber nie wirklich bequem. In manchen Nächten schlief er auf dem Sofa, weil er die Treppe nicht hinaufgehen mochte.

Der Schnee fiel weiter und füllte das Tal, und Gene lag im Bett und las die letzten Seiten von *Anna Karenina*, dies mit Bedauern, denn er näherte sich rasant dem Moment, in dem sich das Schicksal der Protagonisten erfüllen würde. Der Genuss der Lektüre war jedoch zum Teil verflogen. Er hatte zwar immer noch das Gefühl, Anna und Wronskij und Levin so gut zu kennen wie sich selbst, wusste aber nicht mehr genau, was er von ihnen zu halten hatte. Etwa die Passage, in der Wronskij zu malen begann – was hatte das zu bedeuten? Sollte das heißen, dass Wronskij sich besser nie an der Kunst versucht hätte, weil er im Grunde nur ein eingefleischter Soldat war? Und wie sah es mit Levin aus, der über die seltene Gabe einer natürlichen Weisheit verfügte, die es ihm erlaubte, frei und ungezwungen mit allen möglichen Menschen zu reden – und sich trotzdem geschmeichelt fühlte, wenn er von gelehrten Menschen um seine Meinung zu wichtigen Themen gebeten wurde? Und Anna – was gab es zu Anna zu sagen? Ihre Verzweiflung und ihre zunehmend bizarren Versuche, der Einsamkeit und der Isolation zu entgehen, die mit ihrer Position untrennbar verbunden waren, ja, das war schrecklich, nur wusste er nicht, ob es schrecklich war, weil sie ein bemitleidenswerter oder ein bewundernswerter Mensch war. Er konnte plötzlich nicht mehr sagen, ob diese Person gut oder schlecht, jene einfach oder kompliziert war. Und je intensiver er sich bemühte, sein früheres Verständnis wiederzuerlangen, desto verlorener fühlte er sich.

Er ertappte sich dabei, insgeheim mit Tolstoi zu diskutieren, weil dieser erklärt hatte, es sei ein Irrtum, wenn man glaube, die Verwirklichung von Wünschen führe zu Glück. Einerseits stimmte das, andererseits aber auch nicht, weil Unglück ja auch daraus entsprang, dass man Wünsche nicht verwirklichen konnte. Sowohl verwirklichte als auch nicht verwirklichte Wünsche konnten Anlass für Unglück sein. Und wie sollte man wissen, ob man unglücklich war, weil man das Gewünschte erreicht oder weil man es nicht erreicht hatte? Gene suchte überall in dem Roman nach einer Antwort darauf, fand aber keine.

Dann starb Anna. Anna starb, und die Geschichte ging weiter. Und dann war sie zu Ende. Dieses Ende glich der unerwarteten Ankündigung, dass das öde Provinznest, in dem der Zug gleich halte, die Endstation sei, wo alle aussteigen mussten. Das irritierte Gene – wo war er in dem Roman, warum war er dort, was sollte er jetzt tun? Nachdem er das Buch zugeklappt hatte, lag er im Dunkeln lange wach. Warum hatte Ed aller Welt diesen Roman empfohlen? Was konnte man durch die Lektüre lernen oder begreifen?

Dann hatte er plötzlich Eds Stimme im Kopf, hörte ihn sagen, dass sein Verhältnis zu Maida *eine tiefe Freundschaft* gewesen sei. Wenn jemand erklärte, er habe »eine tiefe Freundschaft« mit deiner Frau geführt, dann war das nicht unbedingt positiv. Gegen Freundschaft war an und für sich nichts einzuwenden, aber *tiefe* Freundschaft – das klang irgendwie überzogen. *Tief* klang zunächst solide und positiv, war aber ein zwiespältiger Begriff, fast eine Phrase. Denn wie die meisten einfachen Konzepte bedurfte auch die Freundschaft keines zusätzlichen Nachdrucks oder weiterer Erklärungen, um verstanden zu werden. Eds Ergänzung des Wörtchens »tief« irritierte Gene. Denn wenn Eds Beziehung zu Maida tief gewesen war, hieß das, dass die Beziehung anderer Menschen oberflächlich oder nicht authentisch gewesen war.

In diesem Moment spürte er sein Herz. Er nahm es deutlich wahr, als schweres, plumpes Ding, das sich in seiner Brust hin und her warf, ein schwerfälliges Objekt, das sich irrtümlich für flink und geschickt hielt. Zugleich verwandelte sich sein Herz in ein Geflecht, das straffe Fasern über seine Brust wob und auf diese Weise versuchte, das Pochen zu ersticken, das ja die Funktion seines Herzens war. Gene bekam Angst. Er drückte beide Hände gegen die Brust, als wollte er das rasende Herz ausbremsen. Dann entwich ihm unwillkürlich ein Laut, ein trockenes, heiseres Keuchen.

Er hievte sich in eine aufrechte Sitzposition, und der Anfall endete so abrupt, wie er begonnen hatte.

Nach dem Erwachen ging er in Gedanken sofort wieder alles durch: *Anna Karenina*, die Gefühle seiner Frau, ihre Freundschaft mit Ed. Ihm fielen frühere Ungereimtheiten ein, denen er nie Beachtung geschenkt hatte, die er aufgrund seiner Befürchtungen nun jedoch bis in die banalste Geste hinein zerpflückte. Warum war Ed an dem Tag zu Hilfe geeilt, als Maida ihr Baby wegen des Hitzeausschlags nicht hatte stillen können, hatte Dary ins Auto gesetzt und war losgesaust, um das gewünschte Wassereis zu besorgen? Oder der Tag, als Maida den See durchschwommen hatte – nachdem Gene zurückgerudert war, war er dem gerade aufgestandenen Ed begegnet, der vorgeschlagen hatte, um den See zu fahren und Maida einzusammeln. Er musste das gemeinsam mit ihr geplant haben, denn sonst hätte er nicht wissen können, dass sie durch den See geschwommen war. Hatten die zwei noch mehr hinter seinem Rücken ausgeheckt? Schwer zu sagen, was schlimmer war – dass sie ihre Köpfe zusammengesteckt hatten, wenn er noch bei ihnen gewesen war, ein ahnungsloser Zeuge ihrer schwelenden Gefühle, oder dass sie dies erst nach seiner Rückkehr nach Colton getan hatten.

Nun meinte er, sich an noch etwas zu erinnern, daran nämlich, dass Maida einmal auf Eds Schoß gesessen hatte, als sich die beiden während eines Sonnenuntergangs auf der Veranda ausruhten. Alle anderen duschten oder machten sich bereit für das Abendessen, aber die beiden trugen noch ihre Badesachen. Maida hatte ein Baby im Arm. Vielleicht lag das Baby auch in Eds Schoß. Obwohl das eigentlich nicht möglich war, denn Maida und das Baby hätten ja nicht zugleich auf Eds Schoß sitzen können.

Jeder Gedanke packte etwas in seinem Inneren und riss es in die Höhe, bis er Galle in der Kehle schmeckte. Sein Herz hämmerte zu hoch oben in der Brust, fast schon im Hals, und gleichzeitig pochte es im Unterleib, klopfte gegen die hohle Stelle, wo das Bein ins Becken mündete. Er setzte sich bewusst einem vollkommen zwecklosen Irrsinn aus, denn er würde nie zu der ersehnten konkreten Erkenntnis gelangen, sondern sich nur ins Unglück stürzen. Trotzdem fuhr er fort, zwanghaft jede Erinnerung umzudrehen und auf faule Stellen zu untersuchen. Nur so, redete er sich ein, konnte er den rätselhaften Zustand ergründen, der sein Leid verursachte.

»Eine Vertrautheit« – so hatte Ed seine Beziehung zu Maida beschrieben. Worte, die Gene beschwichtigen sollten. Aber war *Vertrautheit* nicht nur ein anderes Wort für *Intimität*? Intimität hieß, dass man jemanden an sich band und zugleich jemand anderen ausgrenzte. Wenn das, was zwischen Ed und Maida existiert hatte, tatsächlich Vertrautheit gewesen wäre, dann hätte er, Gene, außen vor gestanden, Ed aber an Maidas Seite.

Wäre Ed tatsächlich zu einem solchen Verrat fähig gewesen? Gene bedachte, dass Ed ein großer Verehrer der Frauen war und energisch sein Vergnügen suchte. Dann war da noch sein Überlegenheitsgefühl, vor allem gegenüber Gene, ein Gefühl, das dazu geführt haben könnte, dass Ed ungewöhnlich nachsichtig mit sich selbst gewesen war, denn wenn das stärkere Tier dem schwächeren etwas raubte, war das ganz natürlich und wurde nicht als moralischer Fehltritt aufgefasst.

Aber was war mit Maida? War sie das Opfer eines gerissenen Verführers, oder hatte sie Gene bewusst hintergangen? Und wenn sie sich Ed zum Teil hingegeben hatte, hatte sie Gene diesen Teil dann vorenthalten? Oder gab es einen Teil ihres Wesens, den sie niemals preisgegeben, niemandem geschenkt hatte? Und konnte man es Liebe nennen, wenn man sich nicht ganz hingab?

Ein Übelkeitsanfall trieb ihm Schweiß auf die Stirn. Er versuchte, emotional wieder an die Zeit anzudocken, als er sich der Treue seiner Frau sicher gewesen war. Sollte Ed etwas für Maida empfunden, aber nie entsprechend gehandelt haben, dann wäre es sowieso egal. Und wie sollte Gene, dem es mit Gayle ähnlich ergangen war, seinem Freund daraus einen Vorwurf machen? War es von Bedeutung, wenn Maida Ed in einem gelegentlichen Anflug von Großmut das Gefühl gegeben hatte, er könnte bei ihr landen? Ed hatte *nicht* bei ihr landen können. Nur das zählte. Immerhin war sie all die Jahre bei Gene geblieben, ganz gleich, welche Anfechtungen es gegeben haben mochte. Genügte das nicht? Warum genügte das nicht?

Im tiefsten Elend lag ein gewisser Trost, der nämlich, dem Schlimmsten ins Auge zu sehen, was einem widerfahren konnte.

Wenn er seine gesamte Empörung auf das Unrecht konzentrierte, das ihm angetan worden war, fühlte er sich unglaublich lebendig! Es war die Hölle, es war unerträglich, über die widerwärtigen Details des Verrats nachzudenken, der an ihm begangen worden war – aber zugleich sorgte dies für ein Gefühl von Sinn und Zweck. Der ganze Strahl seines Daseins war darauf konzentriert, jenen Menschen Feindschaft entgegenzubringen, die sein Leben ruiniert hatten. *Meine Frau, mein Freund, der Verrat* – wenn das Gefühl der Lebendigkeit abflaute, frischte er es durch dieses geistige Mantra auf. Er hatte dem Schlimmsten getrotzt, was einem Mann passieren konnte.

In Wahrheit stand das Schlimmste noch bevor. Und als es kam, glich es einem Schlag in die Magengrube, einem Schauer eisigen Regens. Das Schlimmste war …

Was, wenn Dary gar nicht seine Tochter wäre?

Ein Zweifel erzeugte den nächsten, und dieser sorgte für den übernächsten, bis Gene innerlich vergiftet war.

Er tat zwei Tage lang kaum ein Auge zu und aß fast nichts, saß im Teufelskreis quälender Gedanken fest, die seine Zweifel schürten und seine Furcht vor einer Vermehrung eben dieser Zweifel benutzten, um genau das zu tun, nämlich die Zweifel zu schüren, bis er regelrecht besessen davon war, bis sie sich durch ihr schieres Ausmaß von selbst zu erhärten schienen.

Die Zweifel boten Erklärungen für alte Rätsel. Sie erfassten das Ungreifbare durch ihre endlos mutierende Logik, laut der nur die quälendste Antwort die wahre Antwort sein konnte. Wie kam es, dass Dary und er nie jenes unbeschwerte Verhältnis gehabt hatten, wie es zwischen Vater und Tochter üblich war? Warum bissen sie sich an Problemen fest, die anschließend für Leid sorgten? Warum kam sie ihm manchmal wie eine Fremde vor, wie ein unbekanntes Wesen, sonderbar kalt und gefühllos, zumal für eine Frau? Wie kam es, dass sie sich Ed so nahe fühlte? Warum hatte Ed sie unter seine Fittiche genommen, als sie klein gewesen war? Warum sprach Dary bis heute mit Ed über Dinge, die sie gegenüber Gene nie thematisiert hätte?

Nachdem ihm die Antwort – *weil du nicht ihr Vater bist* – durch den Kopf gegangen war, erlebte er etwas, das er sehr selten erlebte: Sein Kopf war wie leer gefegt. Es war nicht die Leere, für die Schneefall sorgte, denn Schnee war in Wahrheit vielschichtig und strukturiert, nein, diese Leere glich dem Frost, einem grauenhaft eisigen Weiß, das in seinen Kopf flutete und das Denken erstarren ließ. Sein Körper entband das Gehirn von der Aufgabe, mit diesem unerträglichen Schmerz fertigzuwerden. Aber irgendetwas in seiner Brust wurde mehrmals ruckartig auseinandergerissen.

23

Er glaubte, seit zwölf Tagen in der Hütte zu sein, aber seit der Lektüre von *Anna Karenina* hatte er aufgehört zu zählen, hatte auch nicht mehr aufgeräumt. Nach dem Mittagessen – aufgewärmte Kartoffeln mit Ketchup – tat er die dreckigen Teller auf den Geschirrberg, der sich angesammelt hatte. Als er sich von der Spüle abwandte, spürte er, dass im Raum etwas nicht stimmte.

Anfangs konnte er es nicht greifen. Dann dämmerte es ihm.

Er – der Tod – war allgegenwärtig. Im Geruch des gekochten Gemüses, der noch in der Luft hing, und im zerwühlten Bettzeug auf dem Sofa. Im Seifenstückchen neben der Spüle, das täglich kleiner wurde, und in den Schwämmen, die den Grauton verwesenden Fleisches angenommen hatten. In den öligen Flecken der Geschirrhandtücher. Er sah sich in einer Fensterscheibe gespiegelt und erschrak über seinen Anblick: die unfreiwillig krummen Schultern, die schlaffe Kleidung. Er dachte an die über siebzigjährigen Rentner im Coffee Shop, die darauf warteten, dass Ed nach seinem Lauf schwitzend hereintrabte. Diese Männer und Frauen mit den altersbleichen, weichen, geschlechtslosen Gesichtern – Frau hätte Mann und Mann hätte Frau sein können –, waren ihm immer steinalt vorgekommen. Nun glich er ihnen.

Er ging nach oben, obwohl es im Tal noch hell war, und blieb den ganzen Tag im Bett, ohne die fünf salzigen Cracker und die drei Sardinen aus der Konserve gegessen zu haben, die er sich abends hatte gönnen wollen. Dann zog sich die Sonne aus den Baumwipfeln zurück und wurde durch ein Dunkel ersetzt, das die Äste in eine noch tiefere Schwärze tauchte als den Himmel.

Er versuchte, sich den Tod als guten Kumpel vorzustellen, als Freund, der ihn zeitlebens begleitet und vor zig Gefahren beschützt hatte, die ein vorzeitiges Aus hätten bedeuten können. Hatte der Tod nicht mit im Bett gelegen, als er als Kind hohes Fieber gehabt hatte? War der Tod nicht jedes Mal, wenn er nicht im See ertrunken war, unter ihm mitgeschwommen? Irgendeine lebenserhaltende Macht hatte dafür gesorgt, dass er es durch Säuglingszeit, Kindheit und Jugend geschafft hatte, sie hatte ihm viele Jahre als Ehemann und Vater beschert und diese Zeit noch einmal verlängert, damit er sein Enkelkind erleben durfte. Er hatte lange geglaubt, diese Zeitspanne wäre ihm vom Leben zugemessen worden, aber wer konnte schon ausschließen, dass der Tod dafür verantwortlich war?

Eine innere Stimme sagte ihm allerdings, dass er sich etwas vormachte.

Seine Hände waren so kalt, dass er das Hemd nicht mehr unter den Fingern spürte. Er befürchtete plötzlich, das Feuer könnte erloschen sein. Als er aufstand, schienen die Ränder des Raums um einen schwarzen, reglosen Kern zu kreisen. Ohne Licht war er nur ein Paar körperloser Augen. Er berührte sein Gesicht, als suchte er seinen Körper oder wollte diesen wieder in sein Recht setzen, wusste aber beim besten Willen nicht, ob das Gesicht, das er berührte, das eines Toten oder das eines Lebenden war. Er fürchtete sich vor seinem eigenen Körper, hatte Angst, dieser könnte aufhören zu existieren, ohne dass es jemand bemerkte.

Er kehrte ins Bett zurück und rollte sich zitternd zusammen. Sein Körper begann zu beben – sich abwechselnd zu dehnen und zu verkrampfen –, als müsste er sich übergeben, obwohl sein

Magen leer war. Diese heftige, unkontrollierte Bewegung strapazierte alles: seine Kehle, seine Augen, seine Beine, sein Herz.

Beim Erwachen wusste er nicht, wie spät es war, ahnte aber, dass er bis in den Nachmittag geschlafen hatte. Das Licht im Zimmer war von demselben wässerigen Grau wie der Himmel über den Bäumen. Er glaubte kurz, hinter der Hütte würde ihn jemand rufen. Dann verstummte das Geräusch – lange genug, um ihn davon zu überzeugen, dass er keinen Menschen gehört hatte, sondern irgendetwas anderes.

Dann hörte er wieder etwas, das Poltern von Stiefeln auf der Veranda, gefolgt von dem Ruf: »Juhu, juhu!«

Er humpelte die Treppe hinunter, zog einen Pullover über die Klamotten, in denen er geschlafen hatte.

»Juhu! Ich kann Sie sehen.«

Als er öffnete, stand eine Frau vor ihm. Er wusste sofort, dass es die war, die er nachmittags oft mit Schneeschuhen über den See hatte laufen sehen. Sie war mindestens so alt wie er, vielleicht älter. Kaum größer als ein Mädchen, mit runzeliger Haut und kindlichen Zügen. Ihr keckes schiefes Lächeln ließ seine Befürchtung verfliegen, er könnte es mit einem ernsten Besuch zu tun haben.

Sie erklärte, ihre Trinkflasche sei leer, und sie hoffe, er könne sie auffüllen.

Er war so überrascht, einem anderen Menschen gegenüberzustehen, dass er ihre Bitte kurz vergaß, denn es schien genau andersherum zu sein – er war plötzlich so unfassbar dankbar dafür, nicht allein zu sein, dass er befürchtete, es wäre ihm anzusehen, und sie würde sich erschrecken. Er riss sich zusammen, um sich seiner Besucherin als besonnenes menschliches Wesen zu präsentieren.

»Sie haben doch Wasser?«, fragte sie ermutigend.

Er nahm ihre Trinkflasche und füllte sie an der Küchenspüle.

Bei seiner Rückkehr war sie weg. Er hörte das dumpfe Geräusch, mit dem eine Schaufel in den verharschten Schnee gestoßen wurde, gefolgt von einem Schaben und einem zweiten dumpfen Stoß. Als er merkte, dass die Schneeschaufel nicht mehr an der Hüttenwand lehnte, bestätigte sich seine Ahnung. Sie schaufelte.

Sie befreite ihn aus dem Schnee. Zuerst räumte sie den Pfad, der zu den Verandastufen führte. Sie zertrümmerte die kompakten Schichten mit schnellen, energischen Stößen und warf den gelockerten Schnee mit einer Drehung ihres schmalen Oberkörpers zur Seite. Gene stand oben vor den Stufen und sagte, das sei nicht nötig, aber sie arbeitete emsig weiter und schaufelte, bis sie Pfad und Stufen vom Schnee befreit hatte. Danach ging sie zur Vorderseite des Hauses und legte Weg und Vordertreppe frei. Nachdem sie fertig war, bat sie um Streusalz, das sie auf der Zufahrt und auf den Wegen verteilte, und nach getaner Arbeit stand sie mit gerötetem Gesicht und nassen Stiefeln auf der Vordertreppe, und er bat sie auf einen Tee herein, sagte, andernfalls hätte er nach all ihrer Mühe ein schlechtes Gewissen.

Sie war in ein exzentrisches Mischmasch von Farben, Stoffen und Schichten gehüllt. Als sie die Mütze absetzte, kamen ein fusseliger lila Ohrenschutz und ein Dutt aus dünnen, weißen Haaren zum Vorschein. Unter der Winterjacke trug sie eine Art Fleecejacke, darunter eine Weste und wiederum darunter einen Kapuzenpullover. Als sie sich aus der Schneehose schälte, tauchten dicke rotbraune Leggings aus Wolle auf, und auf Knöchelhöhe trug sie farblich dazu passende Stutzen. Er erwartete, dass sie eine selbstironische Bemerkung über ihren spleenigen Aufzug machen würde, aber sie schien sich nicht darum zu scheren, was er dachte, sondern machte es sich in der Hütte gemütlich.

Sie erzählte, sie wohne am gegenüberliegenden Ufer im Haus ihres Ex-Mannes. Ihr Ex-Mann schien gerade nicht da zu sein – vielleicht vorübergehend, vielleicht dauerhaft. Gene erfuhr dies nur, weil er irrtümlich annahm, ihr Ex-Mann wäre mit im Haus, woraufhin sie leichthin, aber ohne Wehmut erwiderte: »Oh, ich habe es niemals ertragen, mit jemandem zusammenzuleben. Der arme Roger wusste das, hat mich aber trotzdem geheiratet.«

Sie schlenderte durch die Hütte, inspizierte die Bücherregale und Gegenstände. Er fragte sich, ob sie es immer so hielt oder ob irgendeine Eigentümlichkeit der Hütte ihre Aufmerksamkeit erregt hatte – was ihm offenbar ins Gesicht geschrieben stand, denn sie sagte: »Achten Sie einfach nicht auf mich. Ich schaue mir gern an, wie Leute so leben.« Sie fragte, ob er es sei, der *Anna Karenina* lese. »Ich verschenke das Buch immer wieder«, meinte sie, und als er fragte, warum, antwortete sie: »Weil darin alle Katastrophen passieren, die man so erleben kann, und weil trotzdem nicht alles den Bach runtergeht.«

Als sie von ihrer Erkundung des Badezimmers zurückkehrte, sagte sie: »Die ›gebrochene Erkenntnis‹ hatte ich schon ganz vergessen.«

Gene starrte sie verdutzt an. »Sie kennen Ed?«

»Welchen Ed?«

Nach seiner Erklärung meinte sie: »Nein, ich kenne Ihren Ed nicht, aber ich kenne Francis Bacon. Von ihm stammt das Zitat – er schrieb, Wunder seien gebrochene Erkenntnis. Damit wollte er sowohl Gott als auch die wissenschaftliche Methodik verteidigen, kein leichtes Unterfangen, wie Sie sich denken können.« Sie verstummte kurz, als hätte sie den Gedanken beendet, fuhr dann aber fort: »Je mehr man über manche Dinge weiß, wollte er damit wohl sagen, desto mehr weiß man halt darüber, aber das verhindert nicht, dass man über andere Dinge gar nichts weiß.

Beschäftigen Sie sich mal mit dem Mann! Er fand heraus, dass man Brathühnchen durch Einfrieren vor dem Verderben bewahren kann, und ist dann prompt nach einem Schneespaziergang gestorben.« Und sie fügte in demselben Atemzug hinzu: »Haben Sie einen Bären gesehen?«

Er erinnerte sich an seine letzte Begegnung mit einer leicht dementen Frau. Er hatte Dary davon erzählt, und sie hatte ihn wegen seiner Schilderung sofort attackiert. Warum, hatte sie wissen wollen, galten alte Männer als »süß« und »lustig«, alte Frauen aber als »zickig« und »verrückt«? Als ihm hinsichtlich seiner Besucherin jetzt ein ähnlicher Gedanke durch den Kopf ging, fragte er sich, ob er unfair war. Er kam zu dem Schluss, dass es nur unfair wäre, wenn eine Frau durch Demenz an Reiz verlöre, und das traf hier nicht zu. Er hatte nicht geahnt, wie sehr er sich danach gesehnt hatte, einen anderen Menschen zu sehen und zu hören, und es war ein echter Glücksfall, dass die Frau, die ihn aufgesucht hatte, so unterhaltsam war. Das einzige Problem bestand vermutlich darin, einen Vorwand zu finden, damit sie noch etwas blieb.

Er fragte: »Vermissen Sie einen Bären?«

»Ja, er hat lange zwischen den Blaubeerbüschen hinter dem Haus gelebt. Manchmal habe ich Fische an die Zweige gehängt. Ooh, das hat Roger zur *Weißglut* getrieben. Er meinte immer, wenn ich unbedingt eine Bühne für ein Schlachtfest wolle, solle ich die Fische am anderen Ende der Straße deponieren. Diese Wendung habe ich danach übrigens oft benutzt: ›Bühne für ein Schlachtfest‹. Klingt toll.«

Gene musste nicht viel sagen, um das Gespräch am Laufen zu halten. Sie schien sich gern selbst zuzuhören, wenn sie einen Gedanken ausspann, was er aber nicht als Egoismus einstufte, denn hinter ihrer spielerischen Art schien sich eine natürliche Achtung vor den Themen zu verbergen, über die sie sprach. Sie erzählte von ihren Schülern, und er ging automatisch davon aus, dass sie an der Universität gewesen war. Junge Erwachsene, auf der Suche nach Orientierung und Sinn, hatten sich bestimmt ein Bein ausgerissen, um mit ihr Mittag essen zu können. Als er fragte, ob sie an einer der umliegenden Universitäten gelehrt habe, lachte sie aber nur, als wäre diese Vorstellung sowohl absurd als auch schmeichelhaft. Sie sei Grundschullehrerin, erzählte sie, jedenfalls vor vielen, vielen Jahren gewesen.

»Ich hatte immer das Gefühl, Kinder am besten zu verstehen«, sagte sie. »In ihren Gesichtern ist schon die gesamte spätere Persönlichkeit angelegt. Diese wahrzunehmen, ohne sie ganz erfassen zu können, ist etwas Besonderes, und dann versorgt man die Kinder aufs Geratewohl mit allem – mit Wasser, Luft oder Erdnussbutter –, falls eines dieser Elemente das ist, was sie brauchen. Darum mochte ich den Bären«, meinte sie. »Er war noch klein. Kein Baby, sondern ein junges Ding mit einer echten Persönlichkeit, die darauf wartete, sich entfalten zu können. Erwachsene finde ich schwieriger. Manchmal sind sie interessant, aber meist versuchen sie, genau das nicht zu sein.«

Sollte sie gehofft haben, in der Hütte etwas Besonderes zu finden, dann, so Genes Eindruck, war sie enttäuscht worden. Sie hatte keinen Schluck getrunken, reichte ihm die Tasse aber schon zurück. Er fand diese Geste, das Zurückreichen des nicht angerührten Tees, deprimierend. Er schlug vor, den Tee in ihre Trinkflasche zu füllen, damit sie etwas Warmes für unterwegs hatte, aber sie meinte, das sei sinnlos. Die Flasche lecke, laufe manchmal langsam und manchmal rasant aus, und oft sei kein Tropfen mehr darin, wenn sie ihr Ziel erreiche.

Kurz darauf verließ sie die Hütte auf der Rückseite und bahnte sich einen Weg über den verschneiten See, eine kleine Energieturbine. Sie war noch nicht weit gekommen, da blieb sie stehen und befestigte einen Schneeschuh. Gene glaubte, sie würde sich umdrehen und ihm signalisieren, dass sie die Begegnung genau wie er als befremdlich, aber vertraut, und als absolut unerwartet empfunden hatte, zumal sie im Umkreis vieler Meilen die einzigen Menschen waren. Aber sie drehte sich nicht um, sondern ging weiter, sobald der Schneeschuh wieder richtig saß.

Die Sonne sank, sie strebte immer schneller auf den Berggipfel zu. Licht zitterte auf dem Eis, brüchig und flüchtig wie durch Schnee gefiltert, der noch nicht gefallen war. Manchmal schien die Frau auf der Stelle zu treten, und manchmal schien sie einen großen Satz getan, eine weite Strecke übersprungen zu haben. Je näher sie dem anderen Ufer kam, desto undeutlicher war sie in der anbrechenden Dämmerung zu erkennen, war schon bald nur noch ein dunkler Fleck, der sich mit den letzten Zuckungen des Lichts vermischte. Gene verlor sie aus den Augen, entdeckte sie dann wieder.

Das letzte Tageslicht flackerte über dem Gipfel des Mount Orry und erlosch. Der Berg ragte über dem See auf wie ein dunkler, auf dem Kopf stehender Krater.

Als Gene noch einmal Ausschau nach der Frau hielt, war sie verschwunden.

24

Regen und Schnee, dann wieder Regen und Schnee. An den Dachtraufen der Hütte bildeten sich Eiszapfen. Sie waren glitschig und zugleich rau und huckelig und so unförmig wie angeknabberte Möhren. Sie tropften den ganzen Tag und schmolzen immer weiter, und Gene glaubte, so würde es weitergehen, bis sie sich aufgelöst hatten, aber sie fielen plötzlich ab und zerbrachen auf dem Boden.

Auch Gene empfand eine Gebrochenheit. Er war auf keine besondere, sondern auf ganz normale Art gebrochen. Er war jemand, der sein Leben lang etwas ersehnt hatte, das er nicht verstand. Er verstand die Liebe nicht. Er hatte zeitlebens versucht, sich anständig und korrekt zu verhalten, dies in dem Glauben, man würde ihn dafür lieben. Er hatte die fixe Idee gehabt, braves Verhalten würde durch stete Liebe belohnt werden. Darauf hatte er spekuliert, ohne sich dabei als Schauspieler zu empfinden, ohne zu merken, dass seine Liebesimpulse Veränderungen, Schwankungen oder auch Verzerrungen ausgesetzt waren. Er wusste nicht, ob sein Leben durch diesen Liebesimpuls bedeutsam oder auch nur gut gewesen war. Er wusste nur, dass dieser Impuls für Leid gesorgt hatte. Er wusste nur, dass er sich dadurch verletzt hatte.

Eines Nachts träumte er, vor der Himmelspforte zu stehen. Die davor wachenden Engel des Herrn erkundigten sich bei jedem Menschen, der einzutreten wünschte, nach dem Sinn des jeweiligen Lebens. Gene, der die vor ihm stehenden Leute beobachtete, merkte, dass die Antwort ganz egal war. Ein Mann antwortete, er habe Schäferhunde gezüchtet; ein anderer meinte, er habe seine Frau geärgert; ein dritter, der zugab, dies lieber für sich behalten zu haben, gestand, für ihn habe das Saufen an erster Stelle gestanden. Jeder gab eine Erklärung ab, und jeder wurde eingelassen. Doch als Gene an der Reihe war, wusste er nichts zu sagen.

Der Engel des Herrn beugte sich zu ihm hinab und flüsterte: »Denk dir einfach etwas aus.«

Gene erwachte in dem erneuten Gefühl, sein Herz würde ein einschnürendes Geflecht auf seiner Brust weben. Er lag entsetzt da und dachte rückwirkend über einen Lebenssinn nach. War es sein Ziel gewesen, am Ende »gut dazustehen«? Seinen Eltern zu gefallen? Bis zum Schluss eine intakte Ehe zu führen? Eine Familie zu gründen?

Er dachte intensiv darüber nach, ob sein Lebenssinn darin bestanden hatte, Ehemann und Vater zu sein. Damit wäre er keine Ausnahme – es gab viele Mütter und Väter, die offen erklärten, die Rolle als Ernährer oder Beschützer der Familie sorge für das Gefühl, ein sinnvolles Leben zu führen. Gene fragte sich allerdings, ob sie das behaupteten, weil andere Träume, deren Umsetzung viel Mühe und große Entbehrungen gekostet und obendrein etwas Glück erfordert hätte, am Ende einer Realität hatten weichen müssen, die leichter zu handhaben war. Gut möglich, dass man dem Familienleben erst Bedeutung beimaß, wenn der wahnwitzige Alltag mit den Kindern begann, wenn man als Erwachsener eine innere Belohnung für das Chaos und den Kummer brauchte, zu denen man sich verpflichtet hatte. Gab es einen Trick, mit dem man sich für einen bestimmten Lebenssinn begeistern konnte, und war es möglich, diesen Trick danach zu vergessen und nur noch in der Begeisterung zu schwelgen? War die Behauptung ausreichend, sein Lebenssinn habe darin bestanden,

Frau und Tochter blühen und gedeihen zu sehen? Entsprach das der Wahrheit?

Der Schmerz, der ihn jetzt erfüllte, entsprang nicht seinem Herzen – jedenfalls nicht nur. Es war ein allumfassender, von innen nach außen dringender Schmerz. Anfangs glaubte er, der Ursprung des Schmerzes könne nur im Herzen liegen, aber dann dämmerte ihm, dass er einem Gedanken entsprang. Dem Gedanken, dass sein Lebenssinn – sein willensmäßiger Antrieb, vielleicht unbewusster Art – nur darin bestand, *niemals allein zu sein*. Er hatte geheiratet, weil er sich eingebildet hatte, dies würde eine Frau an ihn binden, die ihn bis zum Schluss liebte, und nachdem die Ehe geschlossen worden war, hatte ein Teil von ihm geglaubt oder gehofft, es wäre vollbracht. Das andere Leben, das er in Gedanken ab und zu durchgespielt hatte, das mit Gayle als Frau an seiner Seite, war eines, in dem er sich für einen Menschen mit treuerer Seele als Maida entschieden hatte. Er war davon ausgegangen, seine Tochter würde ihn zuverlässig heiß und innig lieben; er hatte ihre Geburt nie als Beginn einer Geschichte gesehen, in der die unerschütterliche, tiefe Liebe zum Vater fehlte. Ob Maida, Dary oder Ed – jeder von ihnen hatte während gewisser Lebensabschnitte die Aufmerksamkeit von ihm abgewandt, und er hatte während dieser Phasen jedem von ihnen insgeheim vorgeworfen, ihn absichtlich verletzen zu wollen. Gut möglich, dass er deshalb nie verstanden hatte, wie tief sein Bedürfnis war, nicht allein zu sein, und dass er gerade aufgrund dieses Bedürfnisses einsam gewesen war.

Ob das stimmte, war schwer zu sagen. Und doch war der Gedanke so überzeugend, dass er ihn nicht gleich verwerfen konnte, zumal er trotz allen Kummers nicht ohne jene Menschen sterben wollte, die sein Leben vielleicht ruiniert hatten.

Der Schock dieser Erkenntnis sorgte für eine leichte Entspannung. Seine Brust tat sich auf, und er konnte wieder durchatmen. Er lag still da, musste sich weder auf eine neue Verkrampfung noch auf eine neue Qual gefasst machen.

Als er versuchte, seine Zweifel daran, dass Dary seine Tochter war, in der alten Intensität wachzurufen, konnte er diese zwar noch verorten und erfassen, aber sie vereinnahmten ihn nicht mehr. Er war definitiv Darys Vater. Nicht nur wegen der täglichen Mühen – Füttern, Bürsten, Zähne putzen, zu Bett bringen –, sondern auch wegen all der Gefühle, mit denen sich Eltern herumschlagen mussten: Sorge und Kritik, Stolz und Furcht vor Katastrophen, und der mühsame Versuch, immer neue Wege zu finden, um das Leben der Kinder zu verbessern.

Dieses Selbstverständnis schloss Maida ein, band sie an ihn und schmiedete sie zusammen, egal was zwischen ihr und Ed geschwelt haben mochte, ganz gleich ob es ausgelebt worden war oder nicht. Sie hatten im Rahmen einer vielleicht nicht ganz glücklichen Partnerwahl eine Tochter großgezogen, ein erstaunliches Projekt, das die Basis ihres gemeinsamen Lebens gebildet hatte.

Kein Mensch, kein Wort, kein Einwand, kein Gerücht, keine Tatsache, weder eine Rechtslage noch ein Gesetz konnten dies revidieren. Schon gar nicht jetzt, zu diesem späten Zeitpunkt, an dem sich das Leben, das er in nicht allzu ferner Zukunft verlieren würde, nicht als das erträumte erwies, sondern schlicht als jenes, das er geführt hatte. Ausgerechnet sein Widerstand gegen das Sterben, seine tiefe Verzweiflung und seine furchtbare Angst hatten ihm gezeigt, dass sein Leben – dieses mit Mängeln, Ungewissheiten und Missverständnissen behaftete Leben – genau jenes war, das er hatte führen wollen.

25

Als er am nächsten Morgen erwachte, fühlte er sich etwas besser. Sein Knöchel war noch geschwollen, tat aber nicht mehr so weh. Er konnte klarer denken und begriff, dass ihn die Schmerzen nicht umbringen würden. Sobald er diese Erkenntnis verinnerlicht hatte, entspannte er sich etwas, und das wiederum erlaubte ihm größere Anstrengungen. Er kam aus dem Bett und fragte sich, was er für seinen Körper tun konnte. Er mochte nicht duschen, weil er befürchtete, auszurutschen, wusch aber an der Spüle Gesicht, Hals und Achselhöhlen. Seine Kleider, in denen er geschlafen hatte, rochen muffig, denn er hatte darin geschwitzt, dann waren sie getrocknet, dann hatte er wieder geschwitzt, und er knüllte sie zusammen und stopfte sie in eine Plastiktüte. Er hatte noch eine saubere Garnitur Unterwäsche und ein sauberes Hemd, und er zog beides an, darüber den am wenigsten stinkenden Pullover und eine Hose. Er hatte kaum Appetit, glaubte aber, etwas zu sich nehmen zu müssen, setzte deshalb Wasser auf und tat einen Kräuterteebeutel in die Kanne. Und als er in seinen ordentlichsten Kleidern am Tisch saß, kam ihm der Gedanke, dass er auf einen Beobachter ganz normal wirken würde.

Er war nicht überrascht, als er nach einer Weile Leute vor der Hütte hörte.

Ed trat zuerst ein, danach Dary. Sie wechselten ein paar Worte, verstummten aber, als sie ihn erblickten. Dann begannen sie, gleichzeitig zu reden. Sie hatten sich Sorgen gemacht und rügten ihn, weil er sang- und klanglos verschwunden war. Sie wollten wissen, wie lange er schon hier sei, und habe er nicht daran gedacht, dass sie ihn irgendwann suchen würden? Dary schenkte ihm einen Blick, in dem widerstreitende Gefühle lagen: Müdigkeit und Verärgerung, Frustration und Erleichterung. »Was hast du dir nur dabei gedacht?«, meinte sie, und er nahm sowohl ihren vorwurfsvollen Unterton als auch den Versuch wahr, diesen zu unterdrücken, damit es nicht nach einer rhetorischen Frage klang, doch als solche wurde sie natürlich trotzdem aufgefasst.

Als er vom Tisch aufstand und durch den Raum ging, um den Tee zu holen, konnte er sein Humpeln nicht verbergen. Dary wollte ihn sofort ins Krankenhaus bringen, aber Ed meinte, es sei besser, ihn zuerst zu untersuchen. Dary widersprach, und die Diskussion artete in einen Streit aus.

Gene beobachtete die beiden mit neu erwachter Neugier. Ed behandelte Dary mit einer didaktischen Art, wenn auch ohne viel Nachdruck oder Geduld – er sprach auf die etwas mürrische Art mit ihr, die er Gene gegenüber oft an den Tag legte. Und aus Darys Stimme hörte er einen genervten, fast hochmütigen Ton heraus, als würde sie Ed unterstellen, dieser wolle ihr etwas rauben.

Die Auseinandersetzung wurde beigelegt, als Ed und Dary eine salomonische Lösung fanden. Ed würde Gene in der Hütte untersuchen, danach würden sie ihn ins Krankenhaus bringen. Dann erklärte Dary, sie wolle ein Stück die Straße hinaufgehen, vielleicht bekomme sie dort eine Verbindung zu Annie, die in Colton bei Gayle sei, was klang, als würde sie sich diskret zurückziehen, um die ärztliche Untersuchung zu erleichtern.

Ed wusch sich die Hände in der Spüle. »Bereit?«, fragte er.

Nein, nicht mal, wenn ich tot wäre, dachte Gene, folgte Ed aber humpelnd und legte sich auf dessen Anweisung auf das Sofa.

Ed tastete Genes Gliedmaßen ab, drückte sie behutsam, aber fest. Er bat Gene, den Mund zu öffnen und die Zunge zu zeigen. Er schob eine Hand unter Genes Hemd und presste sie auf den Unterleib, drückte diesen so tief ein, dass es sich anfühlte, als würde er die Organe verschieben. Gene befürchtete, Ed könnte ihn auffordern, sich zu entkleiden, aber der Moment, in dem dies am hilfreichsten gewesen wäre, verstrich, und Ed tastete weiter ab, was durch Pullover und Hose abgetastet werden konnte. Gene stellte entsetzt fest, dass die Haut von Eds einst muskulösen Unterarmen so schlaff und faltig war wie ausgeleiertes Leder.

Ed drückte lange auf dem Umfeld von Genes Knöchel herum und drehte ihn vorsichtig hin und her. Als er losließ, erklärte er, vermutlich sei nichts gebrochen. Dann verschwand er und kehrte mit einer Plastiktüte voller Eis zurück, schob zwei Kopfkissen unter Genes Fuß und legte die Tüte auf den Knöchel.

»Das ist nur ein Hausmittel«, meinte Ed, »aber genau das Richtige. Im Krankenhaus würde man dir für genau diesen Tipp tausend Dollar abknöpfen. Das wollte ich Dary erklären, aber wenn sie sich etwas in den Kopf gesetzt hat, kann man sie nicht davon abbringen. Da ist sie wie ihre Mutter.«

Gene wusste, dass dies die goldene Gelegenheit war. Wenn er Ed fragen wollte, dann jetzt. »Weißt du, was ich nach meiner Ankunft als Erstes getan habe?«, fragte er.

»Du hast dir den Knöchel verrenkt.«

»Ich meine davor, du Klugscheißer. Ich habe *Anna Karenina* gelesen. Erinnerst du dich noch an den Roman?«

»Sehr angenehm, ja.«

»Nach der Lektüre habe ich mich gefragt, warum du ihn mir damals empfohlen hast.«

Ed schien an diesem Thema durchaus interessiert zu sein, schwieg aber.

»Wolltest du, dass ich dadurch ein besserer Mensch werde, oder irgendeinen Quatsch in der Art?«, meinte Gene. »Aber ich muss gestehen, dass es ein ziemlich gutes Buch ist.«

»Eines der besten überhaupt.«

»Es hat mich allerdings zum Grübeln gebracht – du hattest immer ein Händchen für das Beste, richtig? Nicht nur im Falle von Büchern, sondern … in jeder Hinsicht. Auch im Hinblick auf Menschen.«

Ed schien darüber nachzudenken. Dann erwiderte er: »In letzter Zeit habe ich manches bedauert.«

»Ach ja? Und was?«

»Ich hätte alle möglichen anderen Leben führen können. Ich hätte vielleicht etwas anderes machen sollen. Zum Beispiel in Alaska leben.«

»Dafür ist es noch nicht zu spät.«

»Ja, das sagt man so, aber das ist Unsinn. Man versucht, sich selbst zu erklären, warum das Leben so und so gelaufen ist, und bevor man sich versieht, nehmen andere Menschen diese Erklärungen für bare Münze.«

»Ich hatte immer den Eindruck, dass du das Gefühl hattest, dir stünden alle Wege offen«, sagte Gene.

»Nein, im Gegenteil«, entgegnete Ed. »Um nicht zu scheitern, habe ich das getan, was ich am allerbesten konnte.« In seiner Stimme schwang Enttäuschung mit. »Aber vielleicht ist das Bedauern die nützlichste Art der Erinnerung«, fügte er hinzu, »denn es führt einem vor Augen, dass man in das Leben gehört, das man führt, und nicht in jenes, in dem eine bessere Version der eigenen Person alles besser macht. Jenes herrliche, wunderbare Leben, in dem sich niemand über dich aufregt und in dem du dich nie entschuldigen musst.«

Gene wusste nicht, wie er reagieren sollte. War dies eine dezente Entschuldigung oder nur eine Ausflucht? Und wenn Ed sich entschuldigte, dann wofür? Für das, was Maida ihm und er Maida bedeutet hatte? Eds Antwort war so formlos wie die Haut auf seinen Unterarmen. Gene hatte sich insgeheim stets gewünscht, Ed geschwächt zu erleben. Aber nun, da Ed nicht mehr voll bei Kräften war, empfand er keine Genugtuung. Stattdessen hatte er das Gefühl, irgendwie mitschuldig zu sein. Wenn er Ed jetzt bedrängt hätte, um ihm ein Geständnis von zweifelhaftem Wert abzuringen – dann wäre das so, als würde er sich selbst attackieren.

Ed tippte auf Genes Schienbein. »Wie geht's dem Knöchel?«, fragte er. »Besser?«

»Vielleicht ein bisschen.«

Ed ging nach oben. Er war eine Weile fort und kehrte dann mit einer kleinen Salbentube und einem ausgeblichenen Handtuch zurück. Er entfernte die Tüte mit Eis und trocknete Genes Fuß und Knöchel mit dem Handtuch ab. Als Gene begriff, dass Ed die Salbe auftragen wollte, hatte er den Impuls, dagegen zu protestieren, doch ihm fehlte die Energie. Ed verteilte die Salbe auf Genes Fuß und auf den Sehnen des Knöchels. Gene schloss die Augen. Die Salbe schien die Schmerzen etwas zu betäuben.

Er war offenbar eingenickt, denn als er die Augen aufschlug, hantierte Dary am Ofen, und Ed war weg.

»Wo sind denn alle?«, fragte Gene verwirrt.

Dary zog einen Stuhl neben ihn. Sie erzählte, Ed befreie sein Auto vom Schnee, und erinnerte ihn daran, dass Annie in Colton bei Gayle war. Sie hatte etwas im Schoß, einen großen Umschlag mit einem blauen Emblem. »Das kam während deiner Abwesenheit mit der Post«, sagte sie. »Sieht wichtig aus.«

Er wollte einen Blick darauf werfen, und sie hob den Umschlag. Er stammte von dem Anwalt, Dale Elverson, aber Dary schien den

Namen nicht wiederzuerkennen, und Gene beschloss, sie nicht aufzuklären. Sie fragte, ob sie den Umschlag für ihn öffnen solle.

Die brennende Neugier auf den Inhalt dieses Umschlags schien zu einem früheren Leben zu gehören. Gene wusste nicht mehr, wieso er geglaubt hatte, die im Umschlag enthaltenen Informationen könnten ihm oder seiner Tochter helfen.

»Unwichtig«, sagte er. »Tu ihn ins Feuer.«

Sie stand auf und öffnete die Ofenklappe, zögerte dann. Er ermutigte sie durch eine Geste, und sie schob den Umschlag in den Ofen. Als sie sich wieder setzte, funkelten ihre Augen spitzbübisch. Er versuchte, sich mit ihr zu freuen, aber selbst diese kleine Anstrengung ging über seine Kräfte. Ihm wurde bewusst, wie erschöpft er war.

»Bist du müde?«, fragte sie.

»Ein bisschen«, gestand er.

»Du freust dich sicher auf zu Hause.«

Wenn er an das Haus in Colton dachte, hatte er das Gebäude vor Augen, das Dreieck des in den Himmel ragenden Dachs, wusste aber nicht mehr, was sich in den Zimmern befand. Sie waren leer. Sonderbar, denn das Haus war voller Dinge, die so mit Bedeutung aufgeladen waren, dass es früher den Anschein gehabt hatte, sie könnten seine Ehe einbalsamieren. Nun fiel ihm nichts mehr ein, ob in Schubladen, Regalen, Schränken oder Vitrinen, das er im Falle eines Brandes sofort in Sicherheit gebracht hätte. Er hätte seiner Tochter gern etwas von Wert übergeben, nur ließ sich das, was sie haben sollte, nicht auf ein Objekt reduzieren.

»Gab es …« Er verstummte, wog die Frage noch einmal ab und sammelte seinen Mut. Dann sprach er in seinem sanftesten und behutsamsten Ton, der ihr vermitteln sollte, dass sie ihm jederzeit das Wort abschneiden durfte. »Gab es mal jemanden in deinem Leben?«, fragte er.

»Willst du wissen, ob ich mich einsam fühle?«

»Nein, ich meine die Liebe«, erwiderte er, sprach das Wort aus, bevor er sich besinnen konnte.

»Das könnte ich bejahen und verneinen, und beides träfe zu«, sagte sie. Als sie fortfuhr, klang sie kleinlauter. »Die Zeiten des Ja tilgen oft die Zeiten des Nein aus. Und die Zeiten des Nein scheinen ewig zu währen.«

Bei diesen Worten wand er sich innerlich. »Bist du glücklich? Unter dem Strich, meine ich?«

»Ich glaube, wir meinen nicht das Gleiche, wenn wir von Liebe sprechen.«

»Kannst du mir das erklären?«

»Manchmal ist es so, als würde ich eine nicht zu beantwortende Frage in die Welt entlassen und eine weitere nicht zu beantwortende Frage als Antwort erhalten. Und dann überlege ich, ob sich eine Frage durch eine Frage beantworten lässt.«

»Geht das?«

»Was meinst du?«

Sie lächelte ihn an, ihre Augen strahlten, sie wirkte gelassen. Und es schmerzte und erstaunte ihn wieder, dass sie ihr Dasein im Gegensatz zu ihm nicht als Wunder empfand. In ihren Augen wäre sie immer nur sie selbst, aber für ihn war sie der Riss, der sich mitten durch sein Leben zog, sie war ein in die Leere hineingeborenes Geschöpf, das ihm zwei Welten geschenkt hatte – die vor ihrem Dasein und die danach, und dass er so empfand, sie aber nicht, sorgte sowohl für eine unverbrüchliche Verbundenheit als auch für eine gewisse Distanz, wie sie zwischen zwei Fremden herrschte, die sich gut verstanden.

»Dary«, sagte er.

»Dad.«

»Noch einmal«, flüsterte er. »Sag das noch einmal.«

Und das tat sie.

Als Ed zurückkehrte, besprach er sich kurz mit Dary. Dann erklärten sie, ihn jetzt zum Krankenhaus fahren zu können. Gene willigte ein. Aber zuvor, sagte er, müssten sie noch etwas zusammen erledigen.

Ed und Dary halfen ihm die Stufen hinab und danach über den verschneiten Strand. Die Schneewehen waren zu einer dicken Masse verharscht, die sie auf dem Weg zum zugefrorenen See bei jedem Schritt durchbrachen. Wind und Regen hatten grüne Kiefernnadeln auf dem Schnee verteilt, und unter den größten Bäumen hatten eisige Regentropfen für Löcher in der Größe von Murmeln gesorgt. Der böige Wind wehte ihnen wiederholt den Geruch der Bäume und den scharfen Duft der Kiefernnadeln in die Nase. Dann änderte er die Richtung und war geruchlos, aber bitterkalt.

Sie erreichten das Ufer. Das Eis war stellenweise verschneit, überwiegend aber blank, weiß und kreuz und quer von Streifen überzogen, die in einem noch grelleren Weiß erstrahlten. Dary, die die Dose mit der Asche ihrer Mutter trug, blieb stehen und zog mit den Zähnen einen Handschuh aus. Als sie die Dose öffnete, stellten sich Gene und Ed dicht neben sie.

Der Himmel war von Wolken bedeckt, manche hellgrau, andere dunkelgrau. Der Wind wehte ihnen ins Gesicht, und sie wandten sich ab, aber er schien sie zu verfolgen und noch wilder zu bedrängen. Die buschigen Zweige der Schierlingstannen flogen hin und her, die hohen Kiefern wankten, und die kleinen Kiefern bogen sich. Gene suchte das gegenüberliegende Ufer nach Schornsteinrauch ab, aber die Häuser waren dunkel und verlassen, sie bildeten am Ufer eine Wand, als wollten sie verhindern, dass die schneebedeckten Berge in den See rutschten.

Im fahlen, diffusen Licht wirkten ihre Gesichter bleich und verbissen. Gene hatte Ed gebeten, ein Gedicht auszuwählen, und Ed hatte befürchtet, in der Hütte nichts Passendes zu finden. Am Ende hatte er doch eines ausgesucht, wenn auch eines, das Gene nicht kannte. Als Ed das Gedicht vorzutragen begann, klang er zunächst etwas steif, und Gene befürchtete schon, die Verse könnten zu feierlich und zu traurig sein, aber wie sich zeigte, war das Gedicht gar nicht schlecht. Der letzte Vers bestand zu Genes Überraschung aus den wunderbaren Worten: »Wir enden in Freude.«

Danach schüttelte Dary die Asche ihrer Mutter auf das Eis. Der Wind blies den größten Teil zum Ufer, wo sie wie schmutzige Flocken im Schnee haften blieb. Dary hockte sich hin und leerte die restliche Asche direkt auf der harten Oberfläche des Sees aus. Ein Teil wurde erneut zum Ufer geweht, ein anderer Teil wirbelte über das Eis, sodass die drei am Ende nur noch auf den zugefrorenen See schauten, diese stille weiße, unendlich weite Fläche. Die Bäume hoben sich fast schwarz davon ab, und selbst der Schnee auf dem Gipfel des Mount Orry wirkte im Vergleich damit grau.

»Sieht fast aus wie ein Stück des Mondes«, sagte Dary.

Gene trat auf das Eis. Er wartete nicht auf mögliche Einwände, sondern tat es einfach und entfernte sich humpelnd ein Stück vom Ufer. Sie würden ihn gleich wieder einfangen, doch er hinkte weiter. Er wusste nicht, ob er es schaffen würde – sein Knöchel schmerzte bei jedem Schritt etwas stärker, und sein Atem ging immer schneller –, doch es war nicht weit. Als er die Stelle erreichte, wo früher die Badeinsel gelegen hatte, blieb er stehen. Irgendetwas in seiner Brust schnürte sich zusammen. Sein Herz versuchte, dagegen anzukämpfen, was aber nicht für Erleichterung, sondern für das Gefühl einer noch stärkeren Einschnürung sorgte. Als er in die Hocke ging, glaubte er, die Bewegung kontrollieren zu können, kippte im letzten Moment aber um. Sein

Herz – er spürte das Pochen bis in die Fußsohlen. Er legte sich aufs Eis, mitten auf den See, der sich ringsumher ausdehnte wie ein glitzerndes Bruchstück des Mondes, und machte Maida den Antrag, das Leben gemeinsam mit ihm zu verbringen, und dann fiel ihm ein, dass er es ja schon mit ihr verbracht hatte. Er zog einen Handschuh aus und berührte sein Gesicht. Es war nass, obwohl er sich nicht bewusst gewesen war, geweint zu haben. Als er nach oben schaute, wimmelte der Himmel von Wolken. Die hellgrauen hatten sich mit den dunkelgrauen vermischt, alle drängten ineinander.